KB074019

중국 어문자의 원
한어의 어원

漢字文化漫筆

저자 조선탁
역자 송강호

지식과교양

추천사

　재작년 가을 나는 병으로 입원해 있었다. 하루는 선탁先擢 동지가 병실을 방문해서 내게 작은 책을 한 권 건네며 "무료하실 때 기분전환이나 하십시오!"라고 하였다. 내가 보니 책의 제목이 『자리건곤字裡乾坤』인데, 작은 판형의 책으로 인쇄가 깔끔하게 잘 되어 있었다. 선탁先擢 동지가 떠난 뒤 책을 펼쳐들고 좀 읽어보았는데, 한번 읽어보고는 내려놓을 수가 없어서 간호사가 식사를 들여올 때까지 계속해서 보게 되었다. 그후로 나는 그것을 상의주머니에 넣고 다니며, 산책 후 쉬는 시간에 꺼내어 한두 편 읽고, 또 식후 쉬는 시간에 꺼내어 한두 편을 읽었다. 나는 그것을 최상의 간식으로 여기고 한번에 조금씩 먹어서 족히 열흘 가량을 먹었다.

　현재 선탁先擢 동지는 이 책을 보충하여 『한자문화만필漢字文化漫筆』이라고 제목을 고쳐서 새로 출판하였다. 나는 이 책을 양서를 즐겨 읽는 모든 동지들에게 추천하는 바이다. 그러나 여러분은 이 책을 단숨에 읽어버리지 않았으면 한다. 그것은 설탕에 잰 맛난 과일 간식을 커다란 밀가루 부침개로 먹는 격이다. 나는 여러분도 나처럼 두고두고 여유있게 보았으면 한다. 그래서 점심식사후 오후일과 전이나 회의 중간 쉬는 시간에 또는 기차에 올라서 졸음이 쏟아질 때 읽어보기를 권한다.

　만일 여러분이 이 책에서는 무슨 이야기를 하고 있는가라고 내

4

게 묻는다면, 이 책에는 각 편마다 하나 또는 몇 개의 한자를 가지고 고금왕래의 중국인의 생활과 사상, 천문지리, 의식주 등 논하지 않는 것이 없으며, 또한 논한 것치고 묘하지 않은 것이 없다고 할 것이다.

　나는 그 예를 모두 거론할 수 없는데, 왜냐하면 어느 한 편을 거론하면 다른 한 편이 더 좋아 보이고, 그래서 그것을 거론하면 다시 다른 한 편이 더 좋게 느껴지기 때문이다.

여숙상 呂叔湘

목차

중국어 한자의 어원

漢字文化漫筆

중국어 한자의 어원

漢字文化漫筆

1. 중국 고대문명의 특징, 말과 수레 · 옥 · 도자기[1]

중국의 저명한 고고학자 하내夏鼐1910-1985[2] 교수는『중국 고문명의 기원中國古文明的起源』이라는 저서에서 중국문명을 세계의 여타 고대문명과 비교하면서, 중국이 고대문명의 3요소, 즉 '도시의 발생' '문자의 창제' '야금술의 발명'을 구비한 이외에 또 다른자신만의 특징을 지니고 있다고 하였다. 그 특징이 바로 '말이 끄는 수레'와 '옥석조각玉石彫刻' 그리고 나중에 도자기로 발전한 '질그릇'이다. 하내夏鼐 선생이 지적한 이들 중국문명의 3가지 특징은 우리가 화하華夏 문명文明과 문화文化 및 그 발전과정을 이해하는 데 커다란 도움을 준다.

1) 말과 수레

중국 고대에 말은 주로 수레를 끄는데 활용되었으며, 탈 것으로는 활용되지 않았다. 전하는 바에 의하면 전국시대 조무령왕趙武靈王BC ?-295의 "호복기사胡服騎射"에 와서 비로소 말의 등에 올라타게 되었다고 한다. 청대의 학자 고염무顧炎武1613-1682[3]는『시경詩經·大雅·綿』에 나오는 "고공단보는 아침에 말을 달려왔다古公亶父, 來朝走

---

1) 본편「馬拉車, 玉石, 陶瓷-華夏文化學習札記」은 원래『人民日報·海外版』(1991년 3월 22일)에「華夏文化筆談」으로 발표되었다. 본서에 수록하면서 약간 수정 보완하였다.
2) 역주 : 字는 作銘, 浙江 溫州人. 런던대학 유학, 이집트 고고학 박사. 中國社會科學院 考古研究所 소장 역임. 中國 新石器時代 考古學 등에 중대한 공헌을 하였다. 저서에『考古學論文集』,『考古學和科技史』등이 있다.
3) 역주 : 字는 寧人, 號는 亭林, 江蘇 崑山人. 本名은 絳, 字는 忠淸이었으나 명나라 멸망 이후 고침. 명말청초 經學의 대가로 저서에『日知錄』을 비롯해서 古代音韻學 계통의『音學五書』,『易音』,『唐韻正』등이 있다.

馬"는 기록을 언급하면서, 서주西周 초에 이미 말을 탔다고 하였다. 여기서 이 문제는 논하지 않는다.

　상주시대는 말을 주로 수레를 끄는데 사용하였다. 따라서 수레는 대부분 말에 의해 견인되었으며, 이것에 대해서는 별다른 문제가 없다. 이렇게 말과 수레가 뗄 수 없는 인연을 맺게 되었는데, 이 같은 사실은 한자 속에서 매우 흥미로운 사실로 반영되어 나타나고 있다.

　한자에는 마馬를 편방偏旁으로 하는 자가 많이 있는데, 이들 한자는 만들어질 당시 수레와 밀접한 관련이 있었다. 예를 들어 변騈pián, 참驂cān, 사駟sì 같은 한자들은 한 대의 수레를 몇 마리의 말이 끄는가, 즉 두 필, 세 필 아니면 네 필인가로 구분하여 만들어졌다는 사실을 보여주고 있다. 그런데 이 같은 사항은 말을 기준으로 한 것이 아니고 수레를 기준으로 하였을 때 말의 숫자가 몇인가를 언급하고 있는 점이다. 이와 함께 수레를 지칭한 표현으로는 "사람의 말이 한번 입에서 떠나면 네 마리가 끄는 빠른 속도의 수레로도 따르지 못한다—言旣出, 駟馬難追"는 고사성어가 있다. 이것은 "사람이 한번 실언을 하면 돌이킬 수 없으므로 조심해야 한다"는 것을 비유하고 있는 것이다.

단옥재段玉裁, 『설문해자주說文解字注』

　한대 허신許愼[4]의 『설문해자說文解字』[5] 마馬 부수에 "개骱"자가 있
는데, 청대의 문자학자 단옥재段玉裁1735-1815[6]는 "마미계馬尾聲"라고
하였다. 말 꼬리를 왜 상투처럼 땋아야 하는가? 이 문제는 대답하
기가 쉽지 않다.

　1984년 내가 서안西安의 진시황秦始皇 병마용갱兵馬俑坑에 가서 직

---

4) 역주 : 字는 叔重, 汝南 召陵人. 漢 和帝 永元12년(100)에 『說文解字』를 저술하
　　였다.
5) 『說文解字』는 許愼의 저작으로 중국 최초로 문자 분석의 이론과 방법상의 초석
　　이 된 작품이다. 書名은 "文을 말하고 字를 풀이하다"는 뜻인데, 보통 약칭해서
　　『說文』이라고도 한다. 9,353개 小篆의 字形과 의미를 설명하였다. 이들 9,353
　　자를 偏旁, 즉 部首에 따라서 540부로 나누어 수록하였다. 부수별로 한자를 배
　　열하는 부수법은 許愼의 이 책에서 처음 비롯되어 후대의 『玉篇』, 『康熙字典』
　　등에 그 전통이 이어졌다.
6) 역주 : 字는 懋堂. 江蘇 金壇人. 청대 『說文』 4대가의 한 사람으로 그의 『說文解
　　字注』는 독보적인 저작으로 알려져 있다. 王念孫(1744-1832)은 序에서
　　"대저 1,700년 이래 이 같은 저작은 없었다(蓋千七百年以來無此作矣)"
　　라고 하였다.

접 확인한 결과 전차를 이끄는 말의 꼬리가 모두 상투처럼 땋아져 있는 것을 확인하였다. 이로 보건대 청대 단옥재段玉裁의 추측이 정확한 것으로 드러났다. 해설 안내원의 말에 의하면 전차가 달리는 속도는 매우 빠르기 때문에 말총을 땋지 않으면 말 꼬리가 나뭇가지 같은데 걸려서 말이 놀라 전차를 전복시킬 위험이 있기 때문이라는 것이다. 수레를 떠나서는 왜 말 꼬리가 상투처럼 땋아져 있는지를 이해하기란 참으로 어려운 일이다.

『설문해자說文解字』의 수레 거車 부수에 보면 작은 수레小車, 가벼운 수레輕車, 침대 수레臥車, 군용 수레兵車 등을 나타내는 한자들이 있는데, 예를 들면 초軺, 온轀, 유輶, 돈軘 등이 있다. 그밖에 적의 진지를 공격할 때 사용하는 수레로는 충車童, 전망용 수레로 초轈가 있었다.

명칭은 다양하지만 수레를 끌거나 모는 한자는 "구驅, 치馳, 어馭, 가駕, 사駛" 등이 있는데, 이들 한자는 모두 마馬 부수에 속해 있으며, 거車 부수에 등장하지 않는다. 여기에서 우리는 다시금 한자를 만든 고대인들의 오묘한 제자 원리를 느끼게 된다. 다시 말해서 수레는 말에 의해서 견인되는 것이라 이들 한자가 "마馬" 부수를 따르게 된 것이다.

구驅자와 치馳자는 모두 말을 몰아 수레를 끌고 나가는 것을 가리킨다. 다른 점은 치馳의 속도가 구驅보다 빠르다는 점이다. 『고한어상용자자전古漢語常用字字典』에는 "치馳는 원래 사람이 말을 모는 행위를 가리키는 것인데, 나중에 말의 동작을 가리키게 되었다"고 하였다. 진시황秦始皇이 건설한 "치도馳道"는 마차가 다니던 전용 국도였다. "도로의 너비가 오십보道廣五十步"라고 한 것을 보건대, 네 필의 말이 끄는 수레가 이 넓은 도로에서 달렸던 모습을 상상해 볼 수 있다. 아마 그 같은 모습은 참으로 장관이었을 것이다!

오늘날 우리가 운전하는 버스汽車, 기차火車, 비행기飛機 등은 "말馬"과 하등의 상관이 없다. 그렇지만 운전을 뜻하는 현대한어 "가사駕駛, jiàshǐ"는 이 두 자의 편방에 여전히 "마馬"가 들어있다. 이처럼 중국인은 먼 옛날부터 마차馬車를 몰고 오늘날의 과학시대까지 힘차게 달려 온 셈이다!

수레 모는 것을 나타내는 한자로는 그밖에 어御자가 있는데 이 한자는 마馬 부수에 속해 있지 않은 자이다. 한자의 중간 부분에 오午자가 있는데 이것은 고문자에서 로 쓰고 있으며, 곽말약郭沫若1892-1978[7]은 이것을 말을 제어하는 고삐 비轡pèi로 파악하였다.[8]

말을 몬다는 의미에서는 어御와 어馭는 통용된다. 그러나 어御는 보통 말을 모는 사람을 가리켰는데 그 의미가 변하여 실질은 사라지고, 다스리고 통치한다는 의미를 파생하게 되었으며, 나아가 황제를 지칭하는 말이 되었다. 황제의 의사를 어의御醫라고 하고, 황제가 먹는 쌀을 어미御米라 부르며, 황제가 먹는 음식을 어선御膳이라고 한다. 또 황제의 경비부대는 어림군御林軍이라고 부른다.

문화는 물질문화, 제도문화, 정신문화 등으로 나누어 볼 수 있다. 노예사회, 봉건사회는 그 특징이 계급사회인데, 우리는 제도

7) 역주 : 號는 鼎堂. 四川 樂山人. 원래 學名은 開貞, 고향인 樂山이 大渡河(古名 沫水)와 靑衣江(古名 若水)이 합쳐지는 곳이라서 郭開貞을 郭沫若으로 개명하였다. 문학가, 역사가, 고문자학자. 갑골문 금문 관련 연구서로 『殷周靑銅器銘文硏究』, 『甲骨文字硏究』, 『殷契粹編』 등이 있다.

8) 12地支에서 午는 馬를 가리키는데, 이것은 아마도 우연의 일치이다.

문화에 반영된 이 같은 특징에 주목해야 한다. "어御"는 원래 수레를 모는 것을 말했다. 이것이 변해서 통치하는 것을 더 나아가 최고통치자인 황제를 가리키는 말이 되었다. 이것은 물질문화가 제도문화 방면으로 전환된 것이다.

2) 옥

석기石器와 나중에 생겨난 옥기玉器는 초기에는 노동할 때 사용하던 도구나 호신용 무기로 물질문화 방면에 속하던 것이었다. 옥기玉器는 나중에 물질문화방면의 지위를 청동기靑銅器와 철기鐵器에 넘겨주었다. 그러나 옥玉는 더욱 아름답게 정련되어 그 쓰임이 제도문화와 정신문화방면으로 옮겨갔다. 뿐만 아니라 옥玉은 중요한 지위를 점유하게 되었다.

옥玉은 고대에 중요한 예기禮器였다. 여기서 예禮라는 것은 단지 예의禮儀만 가리키지 않고 보다 중요한 것으로 "제도制度"를 가리킨다. 『논어論語』에 "극기복례克己復禮"라고 하였는데 "복례復禮"는 바로 서주의 각종 제도制度를 회복하자는 것이다.

그 당시 "옥玉"은 정치권력의 상징이었다. 즉 천자는 "옥판玉板"을 쥐고, 제후는 "규圭"를 쥐었으며, 군주가 사용한 것은 "옥새玉璽"였고, 죽어서는 옥玉을 머금었으며, 수의壽衣도 옥의玉衣였다. "화씨벽和氏璧" 한 덩이의 가치는 15개의 성과 맞먹었다. 그것은 상품가치가 아니라 정치문화제도상의 특수한 가치였다. 옥玉의 용도는 상층사회의 각 방면으로 침투하여, 전쟁이나 외교 분쟁에서 모두 중요한 역할을 하였다.

초楚와 한漢이 전쟁하던 홍문鴻門 연회석상에서 옥玉이 지녔던 특수한 기능을 살펴보자. 유방劉邦은 황급히 연회에 참석하러 가면서도 예물禮物인 옥玉을 갖고 가는 것을 잊지 않았는데, 하나는 "백벽白璧"인데, 항우項羽에게 증정하였다. "백벽무하白璧無瑕"라는 것은 자기의 마음이 결백하고 깨끗한 것을 밝힘과 동시에 항우項羽 역시 성심으로 대해 줄 것을 바란다는 의미가 있다. 다른 하나는 "옥두玉斗"인데 옥玉으로 만든 술잔으로 이것은 범증范增에게 선사하였다. 항우項羽는 범증范增을 높여서 "아부亞父[9])"라고 했는데, 유방劉邦은 항우項羽와 "형제의 약속"을 맺었으므로 기묘한 계책을 잘 내는 범증范增을 선배로 대접하였다. 유방劉邦은 범증范增에게 특별한 존경을 표시하였고, 자연 그가 "관대하게 대해주었으면 하는" 뜻을 희망한 것이다.

『한어대사전漢語大詞典』"결玦"

흥미로운 것은 범증范增도 "옥玉"을 가지고 연회석상에서 술잔을 주고받으며 적을 제압했다는 사실이다. 범증范增은 항우項羽가 유방劉邦을 차마 처치하지 못하고 있을 때 "항우項羽를 여러 번 바라보며,

---

9) 역주 : 亞父, 아버지에 버금가는 분이라는 의미.

차고 있던 '옥결玉玦'을 세 차례 들어보였다數目羽, 擧所佩玉玦以示之者三" 여기서 "결玦jué"은 결렬決裂, 결단決斷을 상징하는 의미로 사용된 것 이다. 즉 "결玦"을 들어 보임으로써 항우項羽에게 유방劉邦을 처치하 라는 의사를 분명히 전달한 것이다. 고대문화의 역사적인 배경과 연결하여 보면 이 같은 정보전달 방식을 잘 이해할 수 있게 된다.

옥玉과 관련된 이 세 건의 사건은 그들의 싸움에 생동감을 배가 시켰고 옥玉이 지닌 깊은 문화적인 함축성을 드러낸 결과가 되었 다. 이것으로 보건대 사마천司馬遷이야말로 위대한 역사가요 문인 이라 칭하기에 손색이 없다고 할 것이다.

『홍루몽紅樓夢』속의 남자 주인공인 가보옥賈寶玉과 여자 주인공 임대옥林黛玉도 모두 "옥玉"자와 관련이 있다.[10] 가보옥은 "태어날 때 오색찬란한 옥玉을 입에 머금고 있었다"라고 하였다. 소설가 조설근曹雪芹은 이 같은 훌륭한 작품을 창작할 때 마찬가지로 시 선의 초점을 "옥玉"에 맞추었다. 이 같은 일이 설마하니 우연의 일 치이겠는가? 그 예를 일일이 다 거론할 수 없을 정도이다. 일말의 과장도 없이 말해서 옥玉과 옥기문화玉器文化의 각종 역할을 이해 하지 못하면 여러분은 중국문화를 연구하는데 적지 않은 곤란을 겪을 것이다.

3) 질그릇문화

질그릇은 중국문화에서 그 역사가 매우 오래되었다. 앙소문화 仰韶文化에 속하는 채도는 6천 년 전 고대 중국인들의 걸출한 공예 수준과 순수한 심미관을 우리에게 보여주고 있다. 진시황릉秦始皇

---

10) 역주 : 『紅樓夢』의 주인공 賈寶玉과 林黛玉의 이름에 들어있는 "玉"자를 참고.

陵에서 출토된 병마용兵馬俑은 점토로 구워서 만든 것으로 세계 고대문화의 기적 가운데 하나이다.

해리엇赫·里德Harriet은 그리스의 질그릇과 중국의 질그릇을 비교하여 "BC 5세기에 이르러 질그릇은 가장 유명하며 가장 민감하며 가장 이지적인 그리스 민족의 대표적인 예술로 발전하였다. 동양의 또 하나의 위대한 문명 가운데 하나가 중국문명인데, 이들은 질그릇을 가장 아름다우면서도 전형적인 예술로 발전시켰다. 이 예술부문에 있어서 중국인들의 특이한 조예는 그리스인이 이룩한 성취를 능가하기까지 한다"고 하였다.[11]

『여씨춘추呂氏春秋』에는 질그릇 제작을 농경의 시작, 도시의 출현, 수레의 발명, 문자의 활용, 형법의 제정 등과 함께 거론하고 있는데, 그 중요성은 말하지 않아도 잘 알 수 있는 것이다.[12]

한자 중에 와瓦와 부缶를 의부로 쓰는 한자는 대부분이 질그릇 제품을 가리킨다. 예를 들어 증甑, 구甌, 원盌, 나중에 椀, 碗, 부瓿, 도匋-陶, 병缾-瓶 등이 있다. 이것들의 내용은 제도나 정신문화하고는 어떤 연관성도 없다. 그러나 다만 한 가지 예외가 있는데, "기器"자 바로 그것이다. 기器자는 조어능력이 대단히 큰 문자이다. 예를 들면 다음과 같은 한자가 있는데, 기器자가 최초에 가리킨 것은 질그릇이었다.

철기鐵器, 동기銅器, 옥기玉器, 전기電器, 주기酒器, 악기樂器
향기響器, 형기衡器, 기기機器, 의기儀器, 용기容器, 양기量器

11) 徐恒醇,「埏埴以爲器」에서 인용한 것인데,『人民日報』(1991.4.16) 8쪽.
12)『呂氏春秋』권17 참고.

『노자老子』에 "진흙을 빚어 그릇을 만들다埏埴以爲器"[13]라고 했는데, "식埴"은 점토로 질그릇 제조의 원료를 말한다. 어휘 중에서 일부 고유명사는 그 중요성으로 인해서 일반명사로 전환된 경우가 있다. 예를 들어 강江은 원래 장강長江을 하河는 황하黃河를 지칭하는 고유명사였는데 나중에 강이나 하천을 지칭하는 일반명사가 되었다.

『이아爾雅』 "석기釋器"

기器는 선진시대에 이미 각종 그릇을 가리켰다. 『이아爾雅』[14]의

---

13) 『道德經』11장에 "진흙을 빚어 그릇을 만드는데, 그 비어있음이 그릇의 쓰임이다.(埏埴以爲器, 當其無有器之用.)"

14) 역주 : 중국 最古의 訓詁書로 訓詁學 발전의 초석이 된 저작. 본문은 「釋詁」부터 「釋畜」까지 모두 19권으로 구성되어 있다.

"석기釋器"편에 보면 옥기玉器, 동기銅器, 목기木器, 죽기竹器, 병기兵器 등이 나온다. 기器자는 나아가서 철학에서 중요한 개념이 되었다. 『역易·繫辭』에 "형이상자를 도道라 이르고, 형이하자를 기器라고 이른다形而上者謂之道, 形而下者謂之器"라고 했다. 도道는 정신을 가리키고 기器는 세상의 모든 물질을 포괄하는 개념이 되었다.

우리가 위에서 말이 끄는 수레 문제를 논했는데 수레의 발달과 도로의 발달은 밀접한 관계가 있다. 고대인들의 관념에서 "도道"가 중요한 지위를 차지하고 있는 것은 우연이 아니라고 할 수 있다. 요컨대 고대철학에서 도道와 기器라는 두 개념은 중국문화의 특성이라는 차원에서 고찰할 필요가 있다.

자瓷는 도자기를 말하는데 질그릇이 한 단계 발전한 것이다. 한자에서 "와瓦"를 의부로 한 것은 고대인들이 그것을 질그릇 분야에 포함시켰다는 것을 말한다. 동한시대, 특히 남북조 이후에 도자기가 출현했는데 송, 원, 명대에는 중국 도자기가 매우 번성한 시기였다. 도자기는 중국의 물질문화를 대표하여 전 세계에 퍼졌는데, 어떤 의미에서 외국에서는 도자기를 통해서 중국을 보다 잘 이해하게 되었다. 외국어에서 도자기와 중국은 하나의 어휘이다.[15] 도자기는 중국의 물질문화(당연히 그 속에는 예술성이 있다)의 한 진기한 꽃인데, 그것이 어휘상으로도 중요하다는 것은 외국어의 분석에 반영되어 나타난 것이다. 도자기는 필경 화하문명華夏文明의 중요한 연속이자 발전이다.

---

15) 國名으로서의 中國은 영어로 China이며, 도자기는 china이다.

2. 용龍의 어원, 고문자 탐색

중국의 전통 명절은 많은 행사들이 용龍과 관련을 갖고 있다. 예를 들어 정월 15일인 정월 대보름에는 용등龍燈 놀이를 하고, 5월 단오端午에는 용주龍舟 경기를 하며, 매번 음력으로 용龍의 해가 되면 연하장, 달력, 광고 등에는 대부분 용龍 도안圖案이 있다. 그런데 실제로 진짜 용龍을 누가 본 적이 있는가? 본다는 것은 불가능한데, 왜냐하면 진짜 용龍은 결코 존재하지 않기 때문이다.

용龍은 전설 속의 동물이다. 고서 속에는 용龍과 관련된 기록이 적지 않다. 『좌전左傳』에는 용龍이 물속에서 사는 "수중생물水物"이라고 하였고, 한대 유향劉向BC77-6의 『신서新序』[16]에는 용龍을 "천룡天龍"이라고 칭했는데, 하늘에 날아오른다고 하였다. 『관자管子』에는 용龍이 하늘에도 오르고 물에도 들어간다고 하였다. 『설문해자說文解字』에 용龍은 봄에 하늘에 오르고 가을에 못에 잠긴다고 하면서, 구름을 부르고 비를 내리며, 만민萬民에게 혜택을 준다고 하였다. 전설 속에서 용龍은 신비화 되었다.

진나라 때 어떤 이는 진시황秦始皇을 조룡祖龍이라고 했는데, 조祖는 개시開始의 의미이고 용龍은 황제를 가리키는 것이다. 한고조 유방劉邦은 "용龍을 부친으로 여겼다.認龍作父"[17] 역대 제왕은 그것을 이어 받아서 모두 자신을 "진룡천자眞龍天子"라고 하였다. 그런데 그 목적은 용龍의 권위를 빌어 봉건통치를 유지하고 옹호하

---

16) 역주 : 漢代 劉向이 편찬한 역사 및 고사설화집.
17) 『史記·高祖本紀』에 천둥치고 비오는 날, 교룡이 劉邦 어머니의 몸에 서린 뒤 임신하여 劉邦을 낳았다고 하였다.

고자 한 것이다. 민간에서 백성들은 용龍을 상서로운 동물로 보고 늘 용龍과 봉鳳을 병칭하고 있다. 이른바 "용봉정상龍鳳呈祥"이 그것 이다. 오늘날 용龍은 중국민족의 상징이 되었다.

『용봉정상龍鳳呈祥』

용龍의 최초의 원형은 무엇이었을까? 상형문자 속에 용龍자가 있는가? 갑골문에 용龍자가 나오는데 그 모양은 다음과 같다.

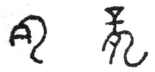

이것이 3천여 년 전의 용龍자인데 고대인들의 마음속에 있던 용龍의 대략적인 모습이다. 근대의 문자학자 장태염章太炎1868-1936,[18]

---

18) 역주 : 字는 枚叔, 號는 太炎. 浙江 餘杭人. 중국의 근대혁명가이자 사상가인 章炳麟. 청대 고증학자 兪樾의 제자이며 국학대사로 불린다.

주방포朱芳圃1897-?[19]는 "코끼리를 먹는 뱀食象蛇"으로 여겼고, 나진옥
羅振玉1866-1940[20]은 악어鰐魚로 여겼다. 속담에 "사람의 욕심은 뱀이
코끼리를 삼키려는 것처럼 만족이 없다人心不足蛇吞象"고 하였는데,
코끼리를 먹는 뱀이라는 것은 본래 거짓된 과장에 속하는 것이다.
용龍이 바로 이런 용龍이라고 한다면 이것은 더욱 이해하기 어려운
억측인 셈이다. 용龍을 악어라고 하는데 이것은 대단히 무리한 주
장이다. 악어가 어떻게 하늘에 오르고 구름을 모으며 비를 내리게
할 수 있겠는가? 어떤 문자학자는 아예 용龍이라는 문자가 괴상한
문자이며 용龍자가 상형한 것이 무엇인지를 알 수 없다고 말한다.

그러나 실상 용龍자의 기원을 탐색하는 일은 가능한 일이다.

용龍자는 특수한 상형문자로 일반 상형문자와는 다르다. 일반
상형문자는 사물의 외부형태를 묘사하여 만든 한자로 예를 들면
해日, 달月, 호랑이虎, 코끼리象, 새鳥 등이다.

日 　 月 　 虎 　 　 象 　 　 鸟

특수한 상형문자란 사물의 기능을 근거로 어떤 형상의미를 지
닌 문자를 말한다. 즉 사물의 기능을 형상화한 것이다. 예를 들어

---

19) 字는 耘僧, 湖南 醴陵人. 中山大學, 河南大學 교수 역임. 갑골학과 상주사 관련
　　저서로『甲骨商史編』,『殷周文字釋叢』등이 있다.

20) 역주 : 字는 叔蘊, 叔言, 號는 雪堂.『殷商貞卜文字考』,『殷墟書契考釋』등 갑골
　　문 연구에 커다란 족적을 남겼다.

물이 얼어서 얼음이 될 때 얼음의 형체를 구체적으로 묘사하기가 대단히 어렵다. 그렇지만 얼음은 어떤 기능을 수행한다. 즉 팽창 현상이다. 물이 얼음으로 응결할 때 부피가 늘어나므로 고대인들은 다음과 같이 빙氷자를 만들었다.

　겨울철 황하黃河유역의 수면이 얼어붙으면 얼음이 나날이 두터워져서 부풀어 오르는데 이 같은 것을 형상한 것이다.[21] 금문金文에는 뢰雷자를

　라고 했는데, 𩄒은 우雨이고 ꙴ은 번개를 말한다. 𤴡은 천둥소리를 말한다. 전국시대에 오면 우뢰는 𤴡로 나오는데, 우르릉 하는 천둥소리를 상형의 의미를 지닌 시각부호로 변하였다. 갑골문甲骨文에는 운雲이 다음과 같이 나온다.

---

21) >>, 나중에 冫으로 편방이 되었다. 冷, 凍과 같다. 冫을 성부로 한 것은 馮자가 있다. 馮은 고대에는 독음을 píng으로 한 것은 憑으로 쓰고 지금은 凭이다. 오늘날의 冰자는 옛날에는 凝자이다.

이二는 하늘을 말하고 丿은 구름의 형상을 말한다. 『역경易經』과 『장자莊子』에는 모두 "구름이 운행하여 비가 내린다雲行雨施" 즉 구름이 움직여야 비가 내리는 것으로 언급하고 있다. 고대인들은 구름의 기능을 비가 오는 것으로 인식하였던 것이다. 고대에는 농업을 국가의 기반을 삼았는데 생산수준이 매우 저하된 상황에서는 소위 "하늘에 의지하여 밥을 먹는다靠天吃飯"라고 하였다. 이는 주로 비가 제때에 내려야 수확이 가능했고 그래서 구름을 숭배하는 일이 생겼다는 것을 가리키는 것이다.

『맹자孟子』에 백성들이 좋은 군주를 바라는 것은 바로 "큰 가뭄에 구름과 무지개를 바라는 것大旱之望雲霓"과 같다고 하였다. 사람들은 한걸음 더 나아가 구름을 신격화하여 용龍을 만들어 냈다. 용龍의 기능은 비를 내리는 것인데, 이것이 바로 고대인들이 용龍을 숭배하게 된 기본 출발점이다.

『산해경山海經』에 "가물어 응용應龍 형상이 되면 큰 비를 얻었다旱而爲應龍狀, 乃得大雨"라고 하였다.[22]

갑골문甲骨文에는 용龍을 으로 나타냈다. 은 구부러진 모양의 구름을 나타내며 은 아래를 향해서 벌린 입口인데, 물을 토해내는 것을 나타낸 것으로 용龍의 기능을 형상화한 것이다.

『주역周易』에 "상구上九는 항룡亢龍이니 후회함이 있다. 용구用九

---

22) 『山海經·大荒東經』 참고.

는 군룡群龍 의 머리 없음을 보면, 길하다上九, 亢龍, 有悔; 用九, 見群龍無首, 吉"고 하였는데, 소위 군용群龍은 권룡卷龍을 가리킨다. 그래서 머리 부분을 볼 수 없게 되었다.

이경지李鏡池1902-1975[23)]의 『주역통론周易通論』에는 "곡룡曲龍은 길吉하고 직룡直龍은 흉凶하다曲龍吉, 直龍凶"고 하였다. 구부러진 용龍이 정상적인 것이고, 곧은 용龍은 비정상적인 것이다. 갑골문甲骨文 속의 ?은 바로 구부러진 용龍의 형상이다.

오늘날 우리가 수돗물이 나오는 장치, 즉 수도꼭지를 현대한어로 "수룡두水龍頭, shuǐlóngtóu"라고 부르는데, 이 단어의 형태소인 용龍은 차용에 속하는 것으로 그 의미가 새롭게 생겨난 것이다.

용龍의 형상은 전설 속에서 더욱 풍부해졌다. 그 결과 뱀의 몸, 사슴의 뿔, 새우의 눈, 매의 발톱, 말의 갈기, 물고기의 비늘, 물고기의 수염 등. 요컨대 기이하면 할수록 초현실적이고 숭배의 가치가 있는 것으로 변했다.

용龍의 문자 형태는 큰 변화를 거쳤는데 갑골문甲骨文에 나오는 용龍자와는 상당히 멀어졌다. 그렇지만 전설 속의 용龍과 갑골문甲骨文의 용龍자는 오히려 비슷해졌다.

---

23) 역주 : 중국 考證易學의 대표적인 학자. 漢·宋代 유학의 견해를 버리고 周易 卦爻辭가 반영한 시대 특징을 드러내어 주해하였다. 그는 『周易』이 經과 傳 두 부분으로 구성되어 있는데, 經은 占卜書이고 傳은 哲學書라고 보았다. 저서에 『周易探源』, 『周易通義』 등이 있다.

28

전설 속에서 창조된 용龍의 형상

〈龍〉

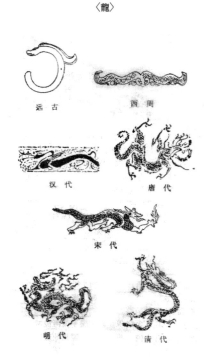

3. 중국中國이라는 명칭의 유래

　한번은 연회석에서 친구인 방方 선생이 내게 물었다. "과거에 중국中國은 역대 왕조별로 명칭이 있었는데, 예를 들면 주周, 진秦, 한漢, 당唐, 송宋, 원元, 명明, 청淸 등 그러다가 최근에 와서 중국中國이라고 부르게 되었다고 하는데 이것이 과연 사실입니까?" 이것은 분명 흥미로운 문제인데 분석하고 설명할 만한 충분한 가치가 있는 문제이다.

『설문해자주전說文解字注箋』

30

"중국中國"이라고 할 때의 "국國"자는 최초에는 지역 · 구역을 뜻하는 "역域"이었다. 청말 문자학자인 서호徐灝는 그의 저서 『설문해자주전說文解字注箋』[24]에서 "봉토 강역을 '역域'이라 하였다. 고대에는 '역或'이라고 했는데, 나중에 위口wéi 圍자가 더해져서 '국國'자가 되었고, '토土'가 더해져서 '역域'자가 되면서 두 개의 다른 의미를 지닌 자로 구별되었다"고 하였다.

한자의 어원상에서 볼 때, 국國과 역域은 최초에는 하나의 문자였으며, 중국中國이라는 말은 최초에는 역중域中이라는 의미였다. 역중域中은 중국中國이라고 불렀으며 나머지 변경지역은 사이四夷, 만이蠻夷, 만맥蠻貊 등으로 불렀다.

『예기禮記·中庸』에 "그러므로 명성이 중국中國에 넘쳐서 만맥蠻貊에까지 이르렀다是以聲名洋溢乎中國, 施及蠻貊"고 나오며, 『시경詩經·小雅·六月·序』 한대 사람이 쓴 서문에서 "「소아小雅」가 다 폐하게 되자, 사이四夷가 서로 침범하여, 중국中國이 쇠미해졌다小雅盡廢, 則四夷交侵, 中國微矣"고 하였다. 여기에서 "중국中國"은 "만맥蠻貊"이나 "사이四夷"와 서로 상대하여 부른 명칭으로 사방의 변경 지역과 대비하여 말한 것이다. 그래서 『사원辭源』 중국中國조 첫 번째 뜻풀이 항목에 "상고시대 중국中國 화하華夏 민족이 황하黃河 일대에서 건국하여 천하의 중심에 거하였으므로, 중국中國으로 부르고 중국中國을 둘러싼 기타 지역은 사방四方이라고 불렀다"고 나온다.

그러나 세계 기타 지역이나 국가 간의 교류와 왕래가 확대됨에 따라 "중국中國"이라는 명칭은 단지 "사이四夷", "만이蠻夷", "만맥蠻

---

24) 역주 : 淸代 徐灝의 文字學 저서. 28권으로 구성되었으며, 段玉裁의 『說文解字注』를 보완하였다.

貊"등과 대비해서만 사용하지 않게 되었다. 『후한서後漢書·大秦傳』 권88에 "그 사람들은 모두 장대하고 반듯해서 중국中國과 비슷하였으므로 대진大秦이라고 하였다其人皆長大平直, 有類中國, 故謂之大秦"고 나온다. 대진大秦은 바로 오늘날의 이탈리아이다.25) 이것은 중국中國이라는 단어가 이미 유럽의 어느 한 국가와 대비되어 언급된 것으로 오늘날 전 세계적인 범위에서 우리나라를 중국中國이라고 하는 것과 같은 것으로 다만 정도상의 차이만 있을 뿐이다.

「대진경교유행중국비大秦景敎流行中國碑」

---

25) 역주 : 원문에서 大秦을 오늘날의 이탈리아라고 한 것은 과거 로마제국을 염두에 둔 것으로 보인다.

기독교基督敎가 당나라 때 중국中國에 들어왔을 때 경교景敎라고 하였다. 당대 덕종德宗 건중建中 2년(781)에 "대진경교유행중국비大秦景敎流行中國碑"[26]가 세워졌는데 또 한 차례 대진大秦과 중국中國을 대비하여 거론하였다.

당대의 한유韓愈는 「논불골표論佛骨表」에서 "불佛이라는 것은 이적의 한 법法입니다. 후한後漢 때부터 중국中國에 들어왔는데, 옛날에는 일찍이 있지 아니하였습니다佛者, 夷狄之一法耳, 自後漢時流入中國, 上古未嘗有也"라고 하였다. 송대의 구양수歐陽修는 「일본도가日本刀歌」에서 "전하는 바에 의하면 그 나라는 큰 섬에 거하는데, 토지가 비옥하고 풍속이 좋았다… 서복徐福이 갈 때 '서書'가 아직 불태워지지 않아, 일실된 '서書' 100편이 지금도 보존되어 있다. 중국中國에 전하는 것을 엄하게 금하여, 세상에서 고문古文을 아는 이가 없다傳聞其國居大島, 土壤沃饒風俗好… 徐福行時書未焚, 逸書百篇今尙存, 令嚴不許傳中國, 擧世無人識古文"라고 하였다.[27] 여기서 중국中國을 일본과 대비하여 거론하였다.

청대의 민족 영웅 임칙서林則徐1785-1850는 『영국 왕에게 알리는 격문擬諭英吉利國王檄』에서 "중국中國이 외국에 유행시키는 것은 사람에게 이롭지 않은 물건이 하나도 없다中國所行於外國者, 無一非利人之物"고 하였는데, 이 말은 중국中國이 외국에 판매하는 생산물은 사람이 사용하는데 어느 것 하나 이롭지 않은 것이 없지만, 대영제국은 오히려 사람을 해치는 아편鴉片을 중국中國에 판매하고 있다는 것이다.

---

26) 역주 : 중국 당나라 때 전래된 동부시리아교회의 선교를 증거하는 기독교 관련 비석. 당시의 에스트랑겔로 문자가 등장한다. 이 경교비는 현재 西安 碑林에 있다.

27) 『歐陽文忠集』 권54.

　　우리가 주의해야 할 것은 중국中國이라는 단어를 사용할 때 언제나 세계 여타 국가나 지역과 대비하여 말한다는 것이다. 바로 근대의 학자 장태염章太炎이 『중화민국해中華民國解』에서 특별히 강조하여 "중국中國 땅에서 중국中國이라고 말하는 사람은 영역을 가지고 이방과 대비하였다"라고 하였다.[28]

　　그런데 우리 사전에는 중국中國이라는 단어의 기원에 대해 적절한 주의를 기울이지 않고 있다. 예를 들어 『한어대사전漢語大詞典』 "중국中國"조에 인용한 책은 앞에서 언급한 임칙서林則徐의 용례인데, 이것은 연대가 매우 늦은 것이다. 『사해辭海』의 "중국中國"조에는 "19세기 중엽 이래 '중국中國'이 비로소 우리나라 영토 전체를 가리키기 시작했는데, 다른 용도로는 사용하지 않았다"라고 하였다. 이는 정확한 인식이 결핍되어 있는 것 같다. 왜냐하면 "중국中國"이라는 단어가 우리나라를 가리킨 것은 아주 오래전부터 시작되었기 때문이다.

中国　❶古时"中国"含义不一。或指京师为"中国"。《诗·大雅·民劳》:"惠此中国,以绥四方。"毛传:"中国,京师也。"《史记·五帝本纪》:"夫而后之中国,践天子位焉。"裴骃集解:"刘熙曰:'帝王所都为中,故曰中国。'"或指华夏族、汉族地区为中国(以其在四夷之中)。《诗·小雅·六月序》:"《小雅》尽废,则四夷交侵,中国微矣。"又《礼记·中庸》:"是以声名洋溢乎中国,施及蛮貊。"而华夏族、汉族多建都于黄河南、北,因称其地为"中国",与"中土"、"中原"、"中州"、"中夏"含义相同。初时本指今河南省及其附近地区,后来华夏族、汉族活动范围扩大,黄河中下游一带,也被称为"中国"。《晋书·宣帝纪》:"孟达于是连吴固蜀,潜图中国。"("中国"指立国于黄河中下游的魏国)甚至把所统辖的地区,包括不属于黄河流域的地方,也全部称为"中国"。《史记·天官书》:"其后秦遂以兵灭六国,并中国。"19 世纪中叶以来,"中国"始专指我国家全部领土,不作他用。❷中国。中华人民共和国的简称。❸中国(Madhya-deśa)。古地名。古代将印度分为东、南、西、北、中五部分,故恒河中游一带的中印度通称为中国。见《法显传》。

『사해辭海』"중국中國"

28) 『章氏叢書』 別錄 권1 참고.

34

방方 선생이 고대에는 왕조의 명칭으로 국명을 하고 최근에 와서야 중국中國이라고 불렀다고 한 것 역시 비슷하지만 그릇된 견해이다. 호삼성胡三省1230-1302은 말하기를 "한나라 때 흉노는 중국인中國人을 진인秦人이라고 불렀는데, 당나라 및 국조國朝, 元는 중국中國을 불러 한漢이라 했다. 예를 들면 한인漢人, 한아지류漢兒之類인데, 모두 옛날을 따라서 그렇게 말한 것이다漢時匈奴謂中國人爲秦人, 唐及國朝則謂中國爲漢, 如漢人, 漢兒之類, 皆習故而言之"[29]라고 하였다.

호삼성胡三省은 원대 사람으로 그는 "중국中國"이라는 명칭을 한대, 당대 그리고 그가 살았던 원대를 포함하여 가리켰다. 이는 틀리지 않다. 한, 당, 송대 등은 "중국中國"이라고 지칭할 수 있었다. 그러나 이것은 다만 어느 일정한 시대만을 한정하여 언급한 것이다. 그런데 "중국中國"이라는 이 단어는 시대 전체를 관통하는 것으로 양자의 뜻하는 바가 다르다는 것은 말하지 않아도 알 수 있는 것이다.

"중국中國"이라는 단어는 최초에는 "역중域中"이라는 의미였다. "역중域中"이라는 말은 "사이四夷"에 상대해서 언급하는 말 이외에, 때로는 "사교四郊"에 대해서도 사용하였는데, 이때는 "국도國都"를 가리켰다. 『시경詩經·大雅·民勞』에 "중국中國의 백성에게 은혜를 베풀어, 사방 각국을 안정시켰다惠此中國, 以綏四方"와 『사기史記·五帝本紀』에 "그런 연후에 중국中國으로 가서 천자의 지위에 올랐다夫而後之中國, 踐天子位焉" 등은 모두 이러한 예에 속한다.

마지막으로 우리가 지적하고자 하는 것은 이것이다. 고대의 그리스인, 로마인, 아라비아인의 저작 중에는 대부분 각각 자신들

---

29) 『資治通鑑』 卷22 注.

의 본토를 세계의 중심으로 여겼다는 것이다.[30] 이로 보건대 본
토를 천하의 중심이라고 보는 것은 비단 중국민족만은 아니었다.

30) 錢鍾書, 『管錐篇』 第4冊, 中華書局, 1979년 1版, 1556쪽.

4. 구어口語의 묘용, 반자사半字師

청대 『소림필담巢林筆談』에 "반자사半字師"라는 고사故事가 실려 있다. 동해 지역의 어느 재주 있는 여인이 「남국藍菊」시 한 수를 지었다. 시에는 "남산의 푸른 비취색을 사랑하여, 동쪽 울타리에 별도로 꽃 한 가지 물들였네爲愛南山靑翠色, 東籬別染一枝花"라는 구절이 들어 있었다. 학자 공위龔煒1704-1769[31]가 몹시 칭찬하였다. 다만 "별別"이라는 표현이 너무 딱딱하다고 느껴져서 붓으로 "도刂" 편방을 제거하여, "남산의 푸른 비취색을 사랑하여, 동쪽 울타리에 따로 꽃 한 가지 물들였네爲愛南山靑翠色, 東籬另染一枝花"라고 하였다. 많은 사람들이 그것이 좋다며 모두 칭찬하였다. 그리하여 공위龔煒는 "반자半字 스승半字之師"이라는 영예를 얻게 되었다.

고대에는 "일자사一字師"라고 한 것이 많이 있었다. 예를 들어 송대의 유명한 시인 양만리楊萬里1127-1206는 동진시대 『수신기搜神記』의 저자 간보干寶?-336를 언급할 때 우보于寶라고 잘못 읽었다. 한 하급 관리가 옆에서 말하기를 "간보干寶입니다. 우보于寶가 아닙니다"라고 하였다. 양만리楊萬里는 겸허하게 가르침을 받아들여 말하기를 "너는 나의 일자 스승이다汝乃吾一字之師也"라고 하였다.

당대 스님이었던 제기齊己약 860-937는 「조매早梅」를 지을 때 "앞마을 깊은 눈 속에, 어젯밤 매화 몇 가지 피었네前村深雪里, 昨夜數枝開"라고 하였다. 진사進士 정곡鄭谷이 "수지數枝"를 "일지一枝"라 고치자

---

31) 역주 : 字는 巢林, 江蘇 昆山人. 저서에 『巢林筆談』이 있다.

제기齊己가 절을 하며 감사를 표했는데, 당시 사람들이 정곡鄭谷을 "일자사一字師"라고 불렀다.

전자는 대학자라도 우연한 실수가 있으며 어느 부분에서는 자신만 못한 사람에게서도 배운다는 것을 말하고 있다. 후자의 경우 문자를 사용하는 것이 그림을 그리는 것과 같아서 문자 하나를 적절하게 사용하면 화룡점정畵龍點睛하여 전체 문장이 생동감을 발휘하는 효과를 가져 온다.

"반자사半字師"는 특별한 흥미가 있다. 한자의 형태로 보면 영另자는 분명 별別자의 절반에서 만들어진 것으로 매우 묘하다. 우리가 알고 있듯이 한자 중의 복합어는 편방으로 구성되는데, 편방은 한자 구성의 단위이다. 편방이 독립적으로 사용되어 단어를 구성하고 문장을 만드는 단위가 될 때 자字가 된다. "영另"자처럼 "별別"자 속에서는 편방이고 단독으로 사용할 때는 독립 한자가 된다. 편방은 그것으로 구성된 한자와 함께 어떤 것은 의미상 서로 근접하거나 같다. 예를 들어 "견見"은 고대에는 "사람으로 하여금 보게 하다"는 의미로 '나타나다呈現chéngxiàn'는 뜻이다. 고대의 유명한 민가民歌 「칙륵천勅勒川」에 "하늘은 푸르고, 초원은 망망한데, 바람 불어 풀이 누우니 소와 양이 드러나네天蒼蒼, 野茫茫, 風吹草低見牛羊"라고 하였다. 견見jiàn은 현xiàn으로 읽는다. 후대에 현現xiàn으로 쓰게 되었다.

또 "식食"은 먹는 것을 말하는데 그밖에도 공양供養하다, 먹여 기르다는 위양喂養wèiyáng의 뜻이 있다. 『맹자孟子』에 "마음을 수고롭게 하는 자는 다른 사람을 다스리고, 힘을 수고롭게 하는 자는 다른 사람을 먹인다. 다른 사람을 다스리는 자는 다른 사람에게 먹여지고, 다른 사람을 먹이는 자는 다른 사람의 다스림을 받는다勞心者治人, 勞力者食人; 治人者食於人, 食人者治於人"라고 하였다. "사인食人"은 즉 다른 사람을 공양供養하는 것을 말한다. "사어인食於人"은 다른 사람에 의해 공양供養 받는 것을 말한다. 이 "사食"는 sl로 읽는다. 나중에 "사飼"로 쓰게 되었다.

『삼자경三字經』에 "도稻, 숙菽, 양粱, 맥麥, 서黍, 직稷, 이 여섯 곡물은 사람이 먹는 것이고, 말, 소, 양, 닭, 개, 돼지, 이 여섯 가축은 사람이 먹여 기르는 것이다稻菽粱麥黍稷, 此六穀, 人所食; 馬牛羊鷄犬豕, 此六畜, 人所飼"라고 했는데, 여기서 "인소식人所食"은 사람에게 먹을 것으로 제공된다는 뜻이고, "인소사人所飼"는 사람에 의해 사육된다는 뜻이다. 그러나 한 학자가 『삼자경三字經』의 이 말을 잘못 인용하여 "마우양계견시, 차육축, 인소식馬牛羊鷄犬豕, 此六畜, 人所食"하고, 아울러 "『삼자경三字經』의 저자가 '말과 양은 단지 사람에게 먹을 것으로만 제공되는 것은 아니다'는 것을 이해하지 못했다"고 비평하였다. 이 학자는 "사飼"를 "식食"으로 오해했는데, 이것은 다만 "문자의 절반"만을 인용한 것이다.

내 생각에 그가 만약에 고대한어를 알았다면 설령 "식食"자로 했어도 마땅히 사sl로 읽고 사육飼育하다는 의미로 보았어야 했다. 왜냐하면 소와 말은 고대에는 주로 사역使役시키는 가축이었기 때문이다. 『삼자경三字經』을 편찬한 남송의 대학자 왕응린王應麟1223-1296이 어찌 몰랐겠는가?

문자의 발생학적인 측면에서 보면 견見→현現, 식食→사飼인데 모두 성분이 증가했다. 그런데 "별別"자가 "영另"으로 된 것은 성분의 감소현상에 속한다. 육서六書의 관점에서는 이 같은 것을 해석할 수 없다. 본론으로 다시 돌아가서 시의 내용에서 말해보자. 어떻게 해서 "별別"자를 쓰면 딱딱하고 "영另"자로 고쳐 쓰면 좋은가?

"별別"자에는 원래 "달리, 따로"라는 "영외另外língwài"의 뜻이 있다. 『사기史記·高祖本紀』에 "패공沛公과 항우項羽를 보내 따로 성양城陽을 공격하게 하였다使沛公, 項羽別攻城陽"라고 나온다.[32] 『자치통감資治通鑑·赤壁之戰』에 "만약 노숙魯肅을 보고자 한다면, 별도로 찾아갈 수 있다若欲見魯子敬, 可別過之"라고 하였다. "별과지別過之"는 따로 방문하는 것을 가리킨다.

오늘날 "별칭別稱"이라면 또 다른 호칭을 말한다. "별서別墅biéshù"는 따로 건축한 휴양용의 가옥, 즉 별장을 말한다. "별자別字biézì"는 원래는 이 문자를 써야 하는데 잘못해서 다른 자, 즉 오자誤字를 쓴 것을 가리킨다.

고대에는 "별別"자 하나로 "영외另外língwài"의 뜻을 나타냈다. "영另líng"자는 나중에 늦게 생겨난 문자이다.

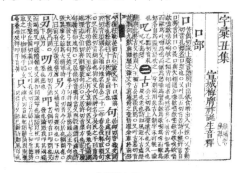

『자휘字彙』

---

32) 『史記·項羽本紀』참고.

명대 말기의 『자휘字彙』33)에서 비로소 그 문자가 자서字書에 수록되었다. 명대 양신楊愼1488-1559³⁴)의 『승압외집升庵外集』에 "속칭 '이일異日'을 '영일另日'로 한다俗謂異日爲另日"고 했는데, 이를 보건대 당시에 "영另"자를 속자로 간주하였다.

언어학상에서 말하자면 이것은 나중에 생겨난 속자로 구어체 표현인 것이다. 공위龔煒가 "별別"자를 "영另"으로 고친 것은 시구를 구어체화 하여 뜻을 더욱 분명하고 알기 쉽게 한 것이다. 당시의 구어 중에 "영외另外"의 뜻을 나타내는데, 이미 "별別"자를 사용하지 않았다. 그래서 원래의 시에서 "별염일지화別染一枝花"가 다소 딱딱하고 난삽하였다. 이것은 바로 원인이 그 안에 있었던 것이다.

문언文言 한자를 사용할 때 어떤 경우에는 구어체 문자로 바꿀 수 없다. 예를 들어 고사성어 "별유천지別有天地", "별유용심別有用心"35), "별수일치別樹一幟"36), "별구일격別具一格"37), "별개생면別開生面"38) 등은 만약에 "별別"자를 "영另"으로 고친다면 의미가 변한다. 그렇게 되면 "별別"자의 우아한 맛을 사용하는 것만 못하게 된다. 문언과 백화를 사용하는 데 차이가 있으므로 운용의 묘미를 살리는데 세심하게 살펴야 한다. 이로써 "반자사半字師" 노릇을 하는 것 역시 결코 쉬운 일이 아니라는 것을 알 수 있다.

---

33) 역주 : 梅膺祚의 저작으로 1615년 완성되었으며 최초로 214부의 부수 체계를 갖추었다. 『康熙字典』 역시 본서의 214부 체계를 따랐다.
34) 역주 : 字는 用修, 號는 升庵. 四川 新都人. 明代의 文學家. 明代 중엽 儀禮 사건으로 부친 楊廷和가 연루되어 雲南 永昌으로 유배 생활을 하였는데, 이 기간 동안에 방대한 저작을 남겼다.
35) 역주 : 달리 나쁜 생각을 품고 있다.
36) 역주 : 남다른 학설이나 견해를 내놓다. 따로 학파를 형성하다.
37) 역주 : 독특한 풍격을 지니다.
38) 역주 : 새로운 국면을 열다.

5. ○과 수학문화

한자漢字는 네모난 형태의 문자라서 둥근 형태의 "○"자는 중문자전中文字典에 나오지 않는다. 『강희자전康熙字典』, 『중화대자전中華大字典』 및 근래에 출판된 『한어대자전漢語大字典』 모두 한자를 많이 수록한 것으로 유명한데, 그럼에도 불구하고 "○"이 수록되어 나오지 않는다. 그러나 『신화자전新華字典』, 『현대한어사전現代漢語詞典』 같은 사전에는 líng 음절 부분에 뚜렷하게 "○"이 수록되어 있다. 『신화자전新華字典』의 주석에 "수의 빈자리로 숫자 가운데에 사용한다. 三○六호, 197○년, 一○八八"이라고 나온다.

○이 한자의 체계에 들어온 것은 하나의 "돌파突破" 현상이다.

○은 본래 아라비아숫자이다. 아라비아숫자는 원래 인도숫자이다. 당대 개원開元 5년(718)에 이루어진 『개원점경開元占經』[39)]에서는 "천축산법天竺算法"을 말하였다. "그 문자는 모두 일거에 이루어지는데, 9에서 10에 이르러 앞자리에 들어가며 빈자리마다 '항안일점' 한다其字皆一擧而成, 九數至十, 進入前位, 每空位處, 恒安一點"라고 하였다. 중국 고대에는 인도를 천축天竺이라 불렀는데, 당대에 인도의 불교문화가 대량으로 중국에 전해지면서 인도의 숫자도 함께 중국에 소개되었다. 그때는 참으로 개방의 시대였다. 그러나 안타깝게도 인도숫자는 중국에 전해오지 않았다.

---

39) 역주 : 정식 명칭은 『大唐開元占經』이다. 당대 현종 때 인도 출신의 天文學者 瞿曇悉達(Gautama Siddhartha)이 편찬한 중국 古代天文學書. 원래 명칭은 『大唐開元占經』이다. 본문에는 인도의 천문계산법을 정리한 『九執曆』도 포함되었는데, 九執은 산스크리트어 나바그라하(nava grāha)의 意譯으로 9行星을 가리킨다.

42

『개원점경開元占經』에 기록된 내용은 매우 간단하다. "그 문자는 모두 일거에 이루어진다其字皆一擧而成"고 했는데, 대개 한자와 비교하면 인도숫자는 대부분 붓을 연속하여 이루어졌다. 그러므로 "항안일점恒安一點"이라는 것은 아마도 ○을 말하는 것이다. 인도숫자는 중세 때 아라비아에 전해졌고 그 후 변화를 겪은 뒤 다시 유럽에 전해졌다. 그리고 마지막에는 전 세계로 전파되었다.

아라비아숫자는 원대에 중국에 전해졌다. 1956년 서안西安에서 출토된 원대의 5개의 철판鐵板에는 그 위에 6단위 마방진魔方陣이 나오는데 ○에서 9까지 10개의 숫자를 포함하고 있다.[40]

28	4	3	31	35	10
36	18	21	24	11	1
7	23	12	17	22	30
8	13	26	19	16	29
5	20	15	14	25	32
27	33	34	6	2	9

그런데 아라비아숫자는 지지부진하면서 응용되지 못했다. 1892년 적고문狄考文[41]과 추립문鄒立文[42]이 공저한 『필산수학筆算數

40) 梁宗鉅, 『世界數學史簡編』, 遼寧出版社 참고.
41) 역주 : 본명은 캘빈 윌슨 마티어(Calvin Wilson Matteer, 1836-1908), 미국 북장로교 선교사이다. 同治 2년(1863) 중국에 와서 山東省 登州에서 선교활동을 했고, 1864년 登州에 文會館을 설립하였다. 數學에 정통하였고, 당시 중국 초등학교에서 算數教科書로 사용되었던 『筆算數學』3책 (1892), 『代數備旨』13권(1890) 등을 편집하였다.
42) 역주 : 字는 憲章, 山東省 平度人. 청말 캘빈 윌슨 마티어와 함께 많은 종류의 서양의 초등 수학서적을 번역하여 서양수학의 전래와 교육발전에 많은 공헌을 했다.

『學』에서 정식으로 아라비아숫자를 채용하여 그 후로 점차 많이
사용하게 되었고 금세기에 더욱 광범위하게 응용되었다.

『필산수학筆算數學』

아라비아숫자의 응용은 한자의 수량, 숫자를 표시하는 방법에
영향을 끼쳤다.

한자(실제로는 한어)는 두 자리 이상의 수를 표시할 때 "계위구조系
位結構"를 채택한다. 예를 들어 3,657은 한자 고유의 표시 방법으
로 "삼천육백오십칠三千六百五十七"로 나타낸다. 한자의 일一, 이二,
삼三, 사四, 오五, 육六, 칠七, 팔八, 구九, 십十은 계수系數이고, 십十, 백
百, 천千, 만萬, 억億 등은 자릿수位數이다. 이 양자가 결합되어 단위
구조를 이룬다. 계수와 자릿수, 이 둘 사이에는 서로 곱하는 관계
이고, 단위구조 간에서는 서로 합하는 관계이다.

$$31000+6100+510+7$$

아라비아숫자에는 자릿수를 사용할 필요 없이 숫자의 위치로 자릿수를 표시한다. "3"이 4자리 수의 첫 번째즉 천 자리에 위치 했기 때문에 3천三千을 나타낸다. 만약에 맨 끝에 ○이 보충되어 36570이 되면 5자리 숫자가 되어서 "3"은 3만三萬을 나타내게 된다. 사람들은 한자로 숫자를 나타낼 때 아라비아숫자의 그 같은 영향을 받아서 자릿수를 사용하지 않고 숫자의 위치로 자릿수를 표시하여 쓰게 되었다.

三六五七, 三六五七○, ...

아라비아숫자의 123456789와 한자의 숫자 일이삼사오륙칠팔구一二三四五六七八九는 서로 딱 들어맞는다. 다만 ○이 한자에는 대응하는 숫자가 없어서 하는 수 없이 "영零"을 빌려서 사용하게 되었다. "영零"자의 필획이 많아서 여타 숫자와는 짝이 맞지 않아서 쓰기에 매우 불편했다. 더욱 중요한 것은 "영零"이 원래는 나머지나 우수리를 말했다.

"일백영팔一百零八", "일천영팔一千零八", "일만영팔一萬零八"은 중간에 자릿수를 얼마나 생략했는가에 상관없이 단지 "영零"만을 써서 나타냈다. 그러나 아라비아숫자는 자릿수에 공백이 있을 때 모두 ○을 보충한다. 一○八, 一○○八, 一○○○八. 우리는 이것을 자연히 다음과 같이 표기할 수 있다. 일영팔一零八, 일영영팔一零零八, 일영영영팔一零零零八. 그러나 이렇게 하면 첫째 불편하고, 둘째 "일천령팔一千零八"과 같은 전통적인 표시 방법과 모순이 된다. 그래서

○을 빌어 빈 자릿수를 표시하는 것이 필연적인 결과가 되었다.

"○"을 중간에 끼우는 것은 중국 대륙 뿐만 아니라 대만에서도 이렇게 사용한다. 대만의 『국어사전國語辭典·序』에 "인명, 서명, 지명 모두 一○一九四四 항목을 수록하였다. 특별히 초빙한 각 대학 교수 二八○ 명이 담당하였다"라고 하였다. 우리는 일본, 한국 등 한자 사용 국가들도 한자로 숫자를 표시할 때 "○"을 끼워서 사용하고 있다는 것에 주목할 필요가 있다.

○과 비슷하게 공백을 나타내는 부호는 중국 선조들도 일찍이 창안한 적이 있다. 채미표蔡美彪가 주편한 『중국통사中國通史』[43]에 소개되어 있는데, "남송 채침蔡沈1167-1230의 『율품성서律品成書』에 118098을 한자로 十一萬八千□□九十八로 나타내는데. □□이 바로 공백을 나타낸다. 네모를 그릴 때 빨리 쓰면 곧잘 ○으로 변했다. 대략 강남은 남송 말에 북방은 금말원초의 수학 저술 속에 ○ 부호가 출현했다"고 하였다.

지적해야 할 것은 여기서 ○과 아라비아숫자의 ○은 실질적인 성격이 다르다는 것이다. 그것은 "계수係數"도 나타내고 "자릿수位數"도 나타낸다. 그래서 "계위係位" 구조에서 두 개의 ○을 사용해야 한다. 그러나 아라비아숫자에서는 ○을 하나만 사용하여 나타냈다.

우리가 한자 속에는 ○이 없다고 한 것은 바로 해서楷書를 두고 말한 것이다. 해서는 필획筆劃 문자이다. 매 문자가 모두 필획으로 이루어져 있다. 한자의 기본 필획에는 5종류가 있다. 一橫가로

---

43) 蔡美彪 主編,『中國通史』, 人民出版社, 제7책.

획, ㅣ竪세로획, 丿撇삐침[44], 丶點점, 乙折꺾음인데, 모든 한자가 이 5종류의 필획으로 이루어져 있다. 반대로 말하면 매 한자를 분석하여 보면 그 필획이 이 5종류의 범위를 벗어나지 않는다. 그런데 유일한 예외가 바로 ○이다. 이것은 닫혀진 원형이라서 필획의 처음과 끝이 없고 더 작은 단위로 분해할 방법도 없다. 그래서 한자의 구조체계에서 말하면 일반 한자와 상이하다. 즉 소위 "비중국적인 부류의 문자이다." 그렇지만 고문자에는 ○이 있었는데 그것이 원형 ○의 최초의 표기이다.

○→員→員→圓

○은 이렇게 변천했다. ○→員→員[45]→圓간체화되어 圆. 고문자 속의 둥근 원형 구조가 나중에 예외 없이 모두 네모 형태로 변했다. 예를 들어 ⊙/日, [illegible]/果, [illegible]/星, [illegible]/雷, [illegible]/車 등이다. 원형에서 네모 형태로 바뀌었는데, 예서隸書가 변한 결과이다. 어떤 사람은 고문자가 4가지 상을 갖추고 있다고 지적하였다. 즉 점, 직선, 곡선, 닫힌 원의 네 가지이다. 해서체가 되자 곡선과 원형이 없어졌다. 해서에는 5종류의 필획이 있는데 주로 직선으로 되어있다. 통계에 의하면 가로획과 직선획의 출현 빈도가 50%에 달하는데 모두가 직선이다. 삐침의 굽은 정도가 매우 작은데, 기본적으로 직선의 변형이다. "점획點劃"은 길게 늘여서 왼쪽이나 오른쪽으로

44) 역주 : 삐침에는 좌측 삐침 撇[丿]과 우측 삐침 捺[㇏]이 있다.

45) 폭과 둘레를 뜻하는 "幅員"이라는 단어에서 員은 여전히 圓의 의미를 지니고 있다.

경사지게 하는데 짧은 직선에 가깝다. "절획折劃"은 직선이 방향
을 바꾸어 만들어진 것이다.

　문자의 기본적인 요구사항은 쓰는데 편리한가 하는 데에 있다.
쓰는 과정은 일정한 쓰기 단위로 문자를 형성하는 과정이다. 쓰
는 단위가 적을수록 쓰기가 빠르고 편리하며 규범이 요구하는 바
에 쉽게 도달한다. 고문자의 4가지 형상은 해서楷書에 와서 2가지
만 남게 되었다. 그래서 해서楷書는 쓰기 응용에 편해졌다. 한자는
쓰기가 쉽지 않은 곡선으로 된 고문자에서 쓰기에 편한 직선 위
주의 필획문자로 발전했는데 이것은 역사의 진보인 셈이다. ㅇ 형
태가 사라진 것은 바로 이 같은 중요한 역사적인 배경이 담겨있
는 것이다. 당대 무측천武則天은 문자를 만들면서 ㅇ자를 가지고
별을 가리켰는데 이것은 한자의 발전 법칙을 위배한 것이다. 자
연히 전해 내려올 수 없었다.[46]

　오늘날 ㅇ을 채택하는 것은 선조들을 위반하는 것은 아니라 외
래문화를 흡수하는 진보적인 현상의 하나이다. 세계문화는 상호
영향을 주고받으며 발전하는 것이다. 중국이 발명한 나침반, 종
이, 화약, 활자 인쇄 등은 세계문명의 발달을 가속화시켰으며 마
찬가지로 중국도 기타 세계 각국 여러 민족으로부터 많은 과학문
화 지식을 배웠다. 인도숫자는 아라비아에 전해졌고, 다시 유럽
으로 전파되었으며 종국에는 세계 곳곳으로 전파되었다.

---

46) 『集韻』에 武則天의 制字 18개를 수록하였고, 宋代의 王觀國은 『學林』에 武則
　　天의 制字 12개를 수록하였다. 지금 전해 내려오는 것은 다만 "曌"자이다.

48

『수에 관한 재미있는 이야기數的趣談』

아라비아숫자 중에 가장 중요한 것은 ㅇ이다. 미국의 과학대중화 작가 아시모프1920-1992[47)는 『수에 관한 재미있는 이야기數的趣談』에서 "최초로 숫자 부호를 기록하기 시작해서 '무無'를 표시하는 부호를 생각해내기까지 인류는 대략 5천 년의 시간이 걸렸다"고 하였다. 우리는 절대로 이 ㅇ이라는 것을 무시해서는 안 된다. 비록 우리가 당대에 인도문화에 접촉하였다 하더라도 1,300년 후인 금세기에 들어와서야 비로소 우리는 이 과학적인 숫자를 응용하기 시작했다. 최근 몇 년 사이에 동서 문화, 중국과 세계 각국 문화의 교류가 가속화되었는데 이 같은 배경에서 한자 숫자 중에 ㅇ자를 끼어서 사용하기 시작하였다. ㅇ이 한자의 체계 속에 들

47) 역주 : 아이작 아시모프(艾薩克·阿西莫夫, Issac Asimov), 화학자이자 과학소설가, SF 매거진 창간.

어오게 된 것이다. ㅇ의 "돌파突破" 현상은 동서 문화 교류의 진전이 가속화된 것을 뚜렷하게 보여주는 것이다.

그러나 모든 것은 응용을 목적으로 한다. ㅇ은 한자의 체계 속에서 단지 숫자 표시에서 보충적인 위치에 사용될 뿐이다. 그것은 자유로이 응용할 수 있는 한자는 아니다. 형태상으로 말하자면 그것은 여전히 "비중국적인 부류"의 면모를 지니고 있다. 만약 자전 부수 필획으로 배열 검색을 하면 그것은 제대로 위치를 잡기가 참으로 힘들 것이다.

6. 계啓의 어원

"계啓"자는 갑골문甲骨文에서 戶로 쓴다. 戶는 문門을 가리키고
又는 손手을 가리킨다. 손을 문 쪽으로 향하여 문을 여는 것을
나타낸다. 한자의 본래 의미가 한자의 형태 속에 그대로 형상되
어 나타나고 있다.

"계啓"자의 의미는 파생되어 각종 여는 동작을 가리키게 되었
다. 예를 들어 "계관두啓罐頭qǐguàn·tou"라는 표현이 있는데, 이것은
"통조림 깡통을 따는 것"을 말한다. 다른 사람에게 요구할 것이
있어도 말로 꺼내기가 부끄러운 것을 고상한 표현으로 "난이계치
難以啓齒"라고 하는데, "계치啓齒qǐchǐ"는 "입을 열고 말을 하다"는 뜻
이다. 우리가 편지를 쓸 때 편지 봉투에 "모모선생계某某先生啓"라
고 하는데, 여기서 "계啓"는 바로 편지 개봉, 즉 편지를 뜯는 것을
의미한다. 이것을 실제 의미상 분석하면 현재 모두가 사용하는
"계啓"자는 의미가 다소 변해서 "수收"의 뜻과 대동소이하고 다만
공경의 뜻만 갖게 되었다.

이밖에 배가 출항할 때 "계항啓航qǐháng"이라 하고, 차가 시동되는
것을 "계동啓動qǐdòng"이라고 하는데, 모두 "개開"의 뜻이 들어있다.
"개開"에는 시작의 의미가 있다. 복합어 "개시開始" 속에 이 의미가
남아 있다. 예를 들어 "개국開國"은 처음 나라를 세우는 것을 말한
다. "계啓"와 똑같이 시작하다는 의미가 있다. 예를 들어 "계명성啓
明星"은 해뜨기 전 여명기에 나오는 동쪽 하늘의 "금성金星"을 말한
다. "계명啓明"은 곧 밝기 시작한다는 "시명始明"의 뜻이다.

또 다른 자는 "조肇"인데, 본래는 개문開門, 즉 문을 여는 것을 의미했다. 후대에 다만 "시始"의 뜻만 갖게 되었으며, 복합어 "조시肇始zhàoshǐ",[48] "조단肇端zhàoduān",[49] "조사肇事zhàoshì"[50] 등이 있다.

자는 후에 "구口"가 첨가되어 이렇게 사용했는데, 바로 해서楷書의 "계啓"자이다. 본래는 입을 열고 말을 하다는 의미로 진술하다는 뜻이다. 고시古詩「공작동남비孔雀東南飛」[51]에 "부리府吏, 焦仲卿가 듣고서는, 당상堂上에서 모친께 아뢴다府吏得聞之, 堂上啓阿母"라고 하였는데, 여기서 "계啓qǐ"라는 것은 어머니께 말씀드리는 것으로 아뢰다는 의미를 지니고 있다. 오늘날 편지를 쓸 때 서두에 "경계자敬啓者jìngqǐzhě"라고 하는데 "삼가 아룁니다"라는 의미이다. 때때로 편지의 끝부분에 "모모계某某啓"라고 하는데, 이것은 "아무개가 말하다, 아무개가 진술하다"를 의미한다. "근계謹啓"는 공경되게 아뢴다는 의미이다. 신문에 실린 광고 가운데, 결혼광고인 결혼계사結婚啓事, 학생모집광고인 초생계사招生啓事, 개업광고인 개업계사開業啓事, 구인광고인 심인계사尋人啓事 등이 있다. 소위 계사啓事qǐshì라는 것은 어떤 일을 사회를 향하여 발언하는 것으로 사회에 널리 통지하다는 의미이다. 계사啓事라는 단어에서 "계啓"의 의미가 약해졌지만 그것의 원래 의미인 말하다는 것을 알아보는 것이 어렵지 않다.

（启）자는 나중에는 사용하지 않게 되었고, 문을 열다는 뜻

도 "계啓"자로 나타내게 되었다. "계啓"는 "문을 여는 것", "입을 열
어 말하는 것"을 아울러 가리키는데, "개開"의 의미가 가장 기본적
인 뜻이다.

7. 촉룡언觸龍言과 촉섭觸讋, 알卵과 단蛋

「촉룡설조태후觸龍說趙太后」는 『전국책戰國策』에 나오는 명편名篇이다. 예전에는 "촉룡설조태후觸龍說趙太后"라고 했는데, 어떻게 해서 "촉룡觸龍"이 "촉섭觸讋讋, zhé이 되었는가? 이것은 본문의 첫 번째 구절인 "좌사 촉룡이 말하기를 태후를 뵙고자 합니다左師觸龍言, 願見太后"라는 대목 때문이다. 고대에는 한자를 세로로 내려서 썼다. "용언龍言" 두 자가 상하로 연결되어, "섭讋"자로 잘못 이해된 것이다. 북송 이래로 『전국책戰國策』은 이와 같아서 오랫동안 오류를 답습하였다.

청대 훈고학자 왕념손王念孫1744-1832[52]이 고증한 이후로 첫 번째 구절은 "좌사촉룡언, 원견태후左師觸龍言, 願見太后"로 해야 한다는 것을 알게 되었다. "섭讋"자는 마땅히 "용龍"과 "언言" 두 자로 읽어야 한다. 1973년 장사長沙 마왕퇴馬王堆에서 출토된 한대 백서帛書『전국종횡가서戰國縱橫家書』에 "촉섭觸讋"이 아닌 "촉룡觸龍"으로 나왔으므로 오류를 원래의 올바른 표현으로 바로잡게 되었다.

고서 가운데 한자 하나를 잘못해서 두 자로 판독한 경우가 많이 있다. 청대 유월俞樾1821-1906[53]의 『고서의의거례古書疑義擧例』에서 일찍이 이 같은 문제를 언급하였는데, 근대학자 진원陳垣1880-1971은 『교감학석례校勘學釋例』에서 "한 자가 잘못해서 두 자가 된 예—

52) 역주 : 字는 懷祖, 號는 石ㄷ, 江蘇 高郵人. 청대 문자학의 段玉裁와 더불어 훈고학의 王念孫이라고 병칭된다. 대표 저서로는 魏 張揖의 『廣雅』를 주해한 訓詁學 방면의 『廣雅疏證』이 있는데, 마지막 1권은 아들 王引之(1766-1834)의 저작으로 알려져 있다.
53) 역주 : 字는 蔭甫, 號는 曲園, 浙江 德淸人. 청대 考證學者. 저서로 『群經平議』, 『諸子平議』, 『古書疑義擧例』 등이 있다.

字誤爲二字例"를 들고 있다.

「교감학석례校勘學釋例」

진원陳垣 선생의 책은 전문적으로 심각본沈刻本 『원전장元典章』[54] 자구의 오류를 바로 잡고 있다. 예를 들면 "올량알근저설자兀良歹根底說者"에서 "알歹"을 잘못하여 "일석一夕"으로,[55] 또 "대사삼십일大事三十日"을 잘못하여 "대사일이십일大事一二十日"로 본 것 등이다.[56]

근대의 활자 인쇄는 고정된 동판이 있어서 이 같은 오류는 크게 감소되었다. 그러나 어떤 자들은 한 자인지 아니면 두 자로 봐야 하는지 어느 때는 의문이 든다. 근대의 작가 풍원군馮沅君1900-

54) 역주 : 元代 世祖 때인 1279년부터 英宗 즉위인 1321년까지 43년 동안의 각종 제도 등을 기록한 것으로 특히 罪人을 조사 심문하는 과정이 대화체로 기록되어 있어 원대 구어체 연구의 자료로 가치가 높다.
55) 역주 : 陳垣, 「一字誤爲二字例」, 『校勘學釋例』, 中華書局,1959 1판, 2006년 2쇄.
56) 역주 : 三을 一二 두 자로 잘못 이해한 것이다.

1974[57])의 소설 『격절隔絕』에서 주인공 이름이 孌華로 나온다. 현대 문학사를 연구하는 한 대학교수가 자전을 찾아보니 孌자가 없었다. 그런데 孌자가 가운데 "내乃"가 아래로 치우쳐 있어서 "孌華"가 마치 "유내화維乃華" 3자 같았다.

"孌華"인가 아니면 "유내화維乃華"인가? 이것이 그의 연구 가운데 한 문제가 되었다. 관건은 孌자의 유래를 찾는 것이다. 현재 통용되는 자전에 孌자는 나오지 않는다. 어떻게 孌자를 변별해야 하는가? 변별할 수 있는 방법은 자에만 매달리지 않고 편방이 지닐 수 있는 변화를 분석하는데 있다. 孌자는 두 개의 편방으로 이루어져 있다. "멱糸" 형태는 안정되어 있어 다른 변화가 없지만, 雟은 달라서 준巂으로도 쓴다. 그러면 자전에 "찬纁"자는 있는가? 만약 "찬纁"자가 있다면 그것과 "孌"는 마땅히 이체자에 속한다.

우리는 『강희자전康熙字典』, 『중화대자전中華大字典』에서 쉽사리 纁자를 찾을 수 있었는데, 찬纂zuǎn으로 발음하며 편찬編纂하다는 뜻이다. 孌華는 바로 "편화編花"의 의미로 매우 아름답고 우아한 이름이다. 나중에 『옥편玉篇』 잔권殘卷에서도 "孌"자를 찾아냈는데, 그것은 "纁"자의 이체자이다. 『옥편玉篇』 잔권殘卷은 일본에 보존되어온 당나라 때 사람의 판본인데, 근대에 모사되고 사진 촬영되어 중국에 다시 전해졌다.[58])

57) 역주 : 본명은 淑蘭. 字는 德馥, 河南 唐河人. 중국 여류문인. 淦女士라는 필명을 사용하여 소설을 출판하기도 하였다. 프랑스에 유학하여 파리대학 문학박사 학위를 취득하였다. 中山大學, 山東大學 교수 역임.

58) 역주 : 黎庶昌(1837-1897)이 중국에서는 일실되었으나 일본에 전해오던 중국서적 26종을 수집하여 『古逸叢書』로 간행하였다.

『古逸叢書』「玉篇」

　고문자 연구 중 편방을 운용하여 분석하는 방법은 흔히 볼 수
있는 것이다. 예를 들어 최근에 출토된 문화재 중에 銂자가 있는
데 판별하기가 쉽지 않았다. 『시경詩經·小雅·小弁』에 "시름으로 가슴
만 방아 찧는 것 같다怒焉如擣"가 나오고, 『한시韓詩』[59]에 "도擣"자가
"주犨"로 나온다. 이것은 편방 "수壽"와 "촌寸"이 서로 통용 교환 가
능하다는 것을 말해준다. 그러면 "주銂"자가 바로 "주鑄"자이다.
그렇게 하면 전체 문장이 순조롭게 해석된다.[60]

　그렇지만 편방 분석으로 "식금識夲"하는 작업은 오늘날 한자 판
별 연구에 기여하는 바가 비교적 적은데, 이 방면에도 할 수 있는
작업은 많다. 최근 온단정溫端政1933-[61] 교수의 보고에 의하면 산서

---

59) 『詩經』의 다른 판본의 일종.

60) 李學勤, 『古文字學初階』 참고.

61) 역주 : 筆名은 靳雨, 浙江 平陽人. 北京大學 중문과를 졸업. 山西省 社會科學院
　　言語研究所長 등 역임. 言語學者, 속담 관련 저서와 사전이 있다.

성山西省의 많은 지방에서 "계단鷄蛋"을 "계탄鷄彈"으로 쓴다고 한다. 내가 말하지만 이것은 고대에도 증거가 있다.

『역아유의易牙遺意』

『박통사언해朴通事諺解』

원대 한혁韓奕의 『역아유의易牙遺意·盞蒸鵝』에 "오리알 3, 5개를 안에 쏟아 넣는다以鴨彈三五枚洒在內"라고 나온다. 명대 조선朝鮮에서 편찬한 한어漢語 교과서 『박통사朴通事』 속에서도 "단蛋"을 "탄彈"으로 사용하였다.[62]

오늘날의 "단蛋"은 뒤늦게 생긴 자이다. 청대 초 『자휘보字彙補』[63]에 비로소 수록되었는데, "속칭 새의 알을 단蛋이라 한다俗呼鳥卵爲蛋"고 나온다.

62) 역주 : 『朴通事諺解』에 "鴿子彈 비둘기 알"이라고 언해한 것이 보인다.
63) 역주 : 淸代 吳任臣(1628?-1689?)이 明代 梅膺祚의 『字彙』를 補正한 저작. 吳任臣의 字는 爾器, 征鴻, 號는 託園, 浙江 仁和人.

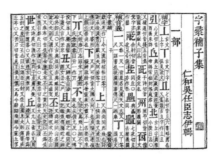

『자휘보字彙補』 "단蜑"

"단蜑"은 어떻게 나왔는가? 이것 역시 편방을 고쳐서 만든 자에 속한다.

『설문해자說文解字·新附字』[64]에 "단蜑은 남방 오랑캐이다蜑, 南方夷也"라고 하였다. "단蜑"은 음이 dàn이다. "연延"은 성부이다. 바로 탄생하다는 "탄생誕生"에서 "탄誕"자가 "연延"을 성부로 한 것과 같다.[65] 나중에 "단蜑"으로 새의 알, "조란鳥卵"을 나타냈다. 윗부분에 편방 "연延"은 잘못 "필疋"로 와전되었다. 그래서 바로 오늘날의 "단蛋" 자가 된 것이다.

---

64) 역주 : 徐鉉(917–992)이 宋 太宗 때 『說文解字』를 교정하고, 古典의 通用字를 새로 덧붙이는 형태로 보완한 저서.

65) "延"은 喩四로 古喩四歸定母이다.

　　원래 "단蜑"자는 "단蛋"의 영향을 받아서 "疍"으로 변했다.『신화 자전新華字典』에 "단민疍民은 광동廣東, 광서廣西, 복건福建의 연해 지역 일대에서 수상水上에 거주하는 주민을 말한다. 대부분 배를 가옥으로 삼고 어업과 운수업에 종사한다"고 나온다.

8. 경련痙攣의 해석

의학적으로 말하면 "경련痙攣jingluán"은 근육이 긴장되어 수축이
자연스럽지 못한 것을 말한다. 여기에서는 한자의 어원이라는 측
면에서 분석을 한다.

어떤 한자들은 같은 어원 관계를 갖고 있는데 음이 같거나 비
슷하며 중심이 되는 공통된 의미를 지니고 있다. 어원이 같은 한
자가 반드시 같은 성부를 공유하지는 않는다. 그러나 대부분의
많은 한자가 어원을 공유할 때 성부를 같이 한다. 이처럼 어원을
같이 하는 한자는 우리가 성부에서 착수하여 동일 어원의 의미를
분석하는데 비교적 편리하다.

농農nóng을 성부로 하는 농濃nóng, 농釀nóng, 농穠nóng 등은 모두 후
厚hòu의 의미를 지니고 있다. 또 예를 들어 "당當"은 "저底"의 뜻이
있다. 『한비자韓非子·外儲說右上』에 "'천금의 옥잔이 있는데, 관통되
어 밑이 없는데, 물을 채울 수 있는가?' 말하기를 '가능하지 않다
'有千金之玉卮, 通而無當, 可以盛水乎?' 曰: '不可'"라고 하였다. 『상군서商君書·靳
令』에 "네 치의 관管에 밑바닥이 없으면 반드시 가득 채우지 못한
다四寸之管無當, 必不滿也"라고 하였는데, 여기에서 "당當"은 모두 밑이
나 바닥을 가리킨다.

오늘날 우리가 현대한어에서 말하는 "고당褲襠kùdāng"에서 "당襠"
은 두 바짓가랑이가 엉덩이에서 서로 연결된 부위로, 엉덩이를
감싸는 부분에 해당한다. 어린 아이의 바지는 개구멍바지, 즉 "개
당고開襠褲kāidāngkù"라고 하는데 엉덩이 아래를 감싸는 부분이 개방

되어 있어서 대소변을 보기에 편하게 되어 있다. 이하에서 우리
는 이 같은 방법에 근거하여 경莖, 연輦, 두 자를 분석할 것이다.

경莖의 성부는 "경巠"인데, 문자의 근원으로 말하면 경巠을 편방
으로 하는 자는 대부분 곧다는 "직直"의 뜻을 지니고 있다. 예를
들어 "경莖jīng"은 고등식물의 줄기부분을 가리키는데 뿌리나 잎과
비교하면 그것은 곧은 것이다. "경經"은 베를 짤 때의 직선直線을
말한다. 횡선橫線은 위緯wěi라고 한다. 지구의 경위선을 표시할 때
경선經線은 남북 방향의 직선을 가리키고, 위선緯線은 동서 방향의
횡선을 가리킨다.

"경頸jīng"은 신체의 기관인데, 속칭 발자脖子bózi[66]라고 부른다.
"경脛jīng"은 무릎에서 발꿈치까지의 부분, 즉 정강이를 말한다. 경
頸, 경脛은 외형상으로 모두 곧은 형태이다.

"경徑jīng"은 직선의 작은 길, 소로小路를 말하는데, 곧은 선, 직선
을 가리키기도 한다. 원圓을 그릴 때 직경直徑과 반경半徑이 모두
직선이다. 경류徑流는 직선의 물흐름을 말한다.[67]

"경痙"은 당대 안사고顏師古의 『급취편急就篇』[68]주注에 해석하기
를, "몸이 뻣뻣하여 굴신하기 어려운 것體強急, 難用屈伸"이라고 하였
다. 난용굴신難用屈伸은 굽히고 펴는 것이 어렵다는 것으로 뻣뻣하
다는 뜻이다. 이 같은 해석은 "경巠"을 성부로 하는 어원의 의미에
딱 들어맞는다.

---

66) 역주 : 현대한어로 脖子(bózi)는 인체의 목을 말한다.
67) 역주 : "徑流(jīngliú)"는 증발되거나 흡수되지 않고 땅위나 땅 속으로 흘러 유
    실되는 빗물을 말하기도 한다.
68) 역주 : 漢代 元帝(BC48-33) 史游의 저작으로 『急就章』이라고도 부른다. 急就
    는 빠르게 성취한다는 뜻이니 오늘날의 아동들을 위한 속성 한자 교본
    에 해당한다.

연攣의 성부는 "亦䜌"으로 한자의 어원에서 보면 "亦䜌"을 성부로 하는 문자는 "서로 연결되어 있다"는 뜻이 있다. 예를 들어 "연생 孿生luánshēng"은 서로 연속으로 태어난 아이, 즉 쌍둥이를 가리킨다. 한 배에서 낳은 아이는 고대에는 "연자孿子"라고 불렀다. "만巒 luán"은 작으면서 연달아 있는 산을 가리킨다. 그래서 "산만기복山 巒起伏"이라고 말한다. "연戀lián"은 사상적으로 모종의 사물이 서로 연결되어 있어서 분리할 수 없는 것을 말한다. 연애戀愛lián'ài는 이성끼리 서로 사랑하고 흠모하여 감정상으로 하나로 융합된 것을 말한다. 연고토戀古土liàngǔtǔ는 감정상으로 자기의 고향을 그리워하는 것을 말한다. 연잔戀棧liànzhàn은 말이 마구간을 떠나기 아쉬워하는 것을 말하는데, 사람이 관직에 연연하고 탐내는 것을 비유한다. 그런데 "연攣"자는 손과 발이 곱아 들어서 굽혔다 폈다 할 수 없는 것을 말한다.

"경련痙攣"은 단어 구성이 매우 묘한데, 경痙은 직直을 가리키고, 연攣은 만彎을 가리키는데, 합쳐져서 일종의 병적인 상태를 말한다. 마땅히 굽혀져야 할 곳은 뻣뻣해지고, 곧게 펼쳐져야 할 곳은 곱아서 펼칠 수 없는 것을 말한다.

이상의 분석을 통하여 한자의 어원적인 의미가 어느 때는 현대 한어 어휘 속에 여전히 남아 있으며, 어떤 단어들은 그 구성이 오묘한 것을 설명하였다. 물론 여기에서의 분석은 단어의 의미 차원에서 말한 것으로, 의학상의 경련이라는 단어에 대한 과학적인 정의는 한자의 어원상에서 논할 문제는 아니다.

9. 홍콩香港의 어원[69]

　본편에서는 4가지 방법을 채택하여 향香, 취嘴, 보埗, 오澳 4개의
한자를 분석하고자 한다. 향香자는 한자 구성상의 구조를 분석하
고, 취嘴자는 고대의 한자 뜻을 분석하고, 보埗자는 형태와 의미상
의 특수성을 분석하고, 오澳자는 동일 어원의 의미를 분석한다.

　홍콩香港Xiānggǎng[70]이라는 명칭의 유래에 대해서는 견해가 통일
되어 있지 않다. 어떤 사람은 홍콩香港 남부의 향항자香港仔에 천수
泉水가 있어서 큰 바다로 흘러들어 가는데, 그 물이 달고 향기로워
맛이 좋았기 때문에 천수泉水가 향강香江이라는 이름으로 되었고,
그 항구의 입구가 바로 홍콩香港이라는 것이다.

　어떤 사람은 홍콩香港이 청대에 광동廣東의 동완東莞에 속했는데
동완東莞에는 "완향莞香"이라는 향료가 많이 생산되었으므로 이 향
료가 구룡九龍을 거쳐 홍콩香港으로 운반되었기 때문이라고 한다.
홍콩香港은 또 향강香江, 향해香海, 향도香島, 향주香洲라고도 부른다.
그런데 여기에는 서로 다른 가운데도 같은 점이 있으니 바로 "향
香"자가 모두 들어간다는 사실이다.

　"향香"의 의미에 대해서는 모두가 잘 알고 있는 바이다. 그런데 그
것은 왜 "향香"의 뜻을 지니고 있는가? 이것은 "향香"자를 분석할 필
요가 있다. "향香"은 전문篆文에서 ☖으로 쓴다. 윗부분은 ☖로 "서黍"
이다. 아래 부분은 ☖으로 감甘이다. 이 서黍, 감甘, 두 자가 합성되

---

69) 이 글은 홍콩의 季刊『普通話』第4期(1987年)에 수록되었다.
70) 역주 : 오늘날 홍콩(Hong Kong)이라는 영문식 표기는 광동어 발음에서 기인
　　한 것으로 알려져 있다.

어 한자가 만들어진 것이다. 수수는 점성이 강한 기장쌀로 밥맛이 아주 좋다. 고대인들은 그것으로 손님을 접대하였다. "향香"은 각종 향을 가리키는데 한자를 만들 때 편방으로 "서黍"와 "감甘"을 취한 것은 고대 농업국가로서의 식량을 중시하는 관념의 반영이다.

"향香"은 좋은 의미를 포함한 문자이다. 그것은 파생하여 "호好"를 가리킨다. 예를 들어 "잠을 달게 자다睡得香"라는 표현이 있다. 또 "모모 상품이 인기이다某某産品很吃香"라고 하는데, 이것은 그 상품이 매우 판로가 좋아서 환영을 받는다는 의미이다. 홍콩香港의 음식은 대단히 발달되어 있어서 "먹는 것은 홍콩에서吃在香港"라는 영예를 얻고 있다. 재미있는 것은 "향香"자의 밑바탕이 원래 맛이 감미롭다는 "감甘"자라는 것이다. 이것은 물론 묘한 일치이다.

첨사취尖沙嘴의 취嘴[71]는 현대한어로 말하면 문자의 뜻과 지명이 일치하지 않는다. 왜냐하면 우리 사람들의 입은 길쭉한 타원형이기 때문이다. 어떻게 해서 바다 쪽을 향해 뻗어나간 좁고 뾰족한 육지를 첨사취尖沙嘴라 부르게 되었는가? 알고 보니 여기의 "취嘴"자는 고대한어의 의미가 남아있는 것이다. "취嘴"는 고대에는 다만 새의 부리를 가리켰고 사람의 입은 구口라고 했다. 새의 부리는 뾰족하고 길다. 그래서 그것으로 어떤 사물의 길고 뾰족한 부분을 가리키게 되었다.

송대 범성대范成大1126-1193는 『계해우형지桂海虞衡志』에서 말하기를 "도자기가 잔 모양 같은데, 옆에 작은 관管을 장식하여 병의 부리 같았다有陶器如杯碗, 旁植小管若瓶嘴"고 하였다. 추측하건대 이것이 바로 우리가 오늘날 항상 사용하는 차주전자일 것이다. 그런데

---

71) 현재는 "咀"로 쓴다.

"다호취茶壺嘴", "연대취煙袋嘴"라는 표현을 "다호구茶壺口", "연대구煙袋口"라고 바꾸어 말할 수 없다. "취嘴"자는 지명에도 쓸 수 있는데 그렇다면 그 지역은 당연히 새의 부리 같은 모양일 것이다. 첨사취尖沙嘴는 바로 이렇게 해서 생긴 명칭이다.

"포浦"는 강변이나 물가를 가리킨다. 고대에는 "보步"라고 썼다. "보步"자는 원래 걸어가는 보행을 가리켰다. 그것으로 물가를 가리킨다니 이해하기가 약간 곤란할 것이다. 당대의 문학가인 유종원柳宗元은 이 같은 상황을 보고 『영주철로보지永州鐵爐步志』에서 특별히 해석을 내려 "장강의 물가에서 배를 묶고 오르내리게 하는 곳을 일러 보라고 한다江之滸凡舟可縻而上下者曰步"고 하였다. 그렇다면 "보步"가 바로 물가의 부두를 가리키는 것이다.

이 같은 의미를 나타내는 "보步"는 나중에 "부埠"로 사용하게 되었다. 중국에는 강과 하천에 접해있는 지방이 많은데, "부埠"자로 지명을 지을 때 이 자를 사용한다. "보步"라고 하는 것도 있는데 "보步"에 "토土" 편방을 증가시켜서 그것이 지명에 사용하는 문자라는 것을 더욱 잘 나타내고 있다. 그리고 "물가의 부두"라는 이 같은 의미는 예나 지금이나 변화가 없다.

고대에는 가옥의 남서향 구석을 "오奧"라고 불렀다. 구석이 되다보니 안쪽이 오목凹하게 움푹 들어가서 광선이 충분치 못하게 되었다. "오奧"에서 의미가 파생되어 심오深奧하다, 오묘奧妙하다는 뜻이 나왔다. 지명에 사용하는 것은 물가에서 안쪽으로 움푹 들어간 지역을 가리키는데 "오澳"라고 쓴다. 장군오將軍澳[72]는 바로 이 같은 바닷가 지역이다.

72) 역주 : 홍콩의 동부 바닷가에 있는 지명.

10. 실失자의 용법

"실失"자는 조어력이 매우 큰 한자이다. 그것으로 구성된 한자는
제목 외에도 많은 것을 보충할 수 있다. 예를 들면 다음과 같다.

실책失策, 실상失常, 실전失傳, 실덕失德, 실화失和,

실검失檢, 실절失節, 실경失敬, 실연失戀, 실명失明,

실면失眠, 실색失色, 실신失身, 실신失愼, 실성失聲,

실수失手, 실조失調, 실오失誤, 실소失笑, 실사失事,

실영失迎, 실족失足, 실직失職, 실금失禁, 실구失口,

실군失群, 실양失養, 실화失火, 실수失修 …

만약에 위에서 언급한 단어의 의미를 파악하려면 관건은 "실失"
자의 의미를 이해하는 것이다. "실失"자의 의미를 이해하려면 먼
저 이 한자의 문자 형태상의 구조를 분석하고 이 단어를 구성할
때의 원래 의미를 파악해야 한다.

"실失"은 전문篆文에서 夫로 나온다. ⊌은 손 수手를 가리킨다. 물
건이 손아귀에서 빠져나가는 것, 즉 잃어버리는 것을 말한다. 손
에서 빠져 나갔다는 것은 그 같은 일이 "주관적 의지로 원하던 바
를 이루지 못했다"는 뜻을 그 속에 담고 있다. 우리가 "실失"자의
이 같은 특성에 근거하여 보면 위에서 말한 일련의 의미를 분석
하고 설명하는 일이 어렵지 않다.

소위 "실배失陪shīpéi"라는 것은 자신이 손님을 모실 수 없다는 것

을 설명할 때 사용하는데, 주관적인 면에서는 이렇게 하고 싶지
않으나 객관적인 입장에서 몸을 뺄 수가 없다는 것을 말한다. "실
언失言shīyán"은 예의 없고 부적절한 말을 부주의하게 저지른 것을
말한다. 이는 일부러 이렇게 말하고자 한 것이 아니다. "실례失禮
shīlǐ"는 예절에 부주의해서 부족함이 생긴 것으로 일부러 이렇게
태만한 것은 아니다. "실수失手shīshǒu"는 부주의하게 손을 제어하
지 못해서 좋지 않은 결과를 가져온 것을 말한다. 예를 들어 실수
失手로 새를 놓쳐버렸다는 경우이다. "실혈失血shīxuè은 체내의 혈액
이 대량으로 유출하여 자신은 어떻게 통제할 수 없는 것을 말한
다. 이들 표현들은 모두 현대 어휘이지만 "실失"자의 "주관적으로
자신의 바라던 바가 아니다"는 의미가 여전히 보존되어 있다.

"실失"자는 고대에는 독립적으로 사용한 단어였다. 후대에 발
전하여 오면서 그에 상응하는 구어체가 등장하였다. "주丟diū"나
"도掉diào"자 등이 그것이다.[73] 구어체에서 일반적으로 "×× 물건
을 '丟'했다"고 하지, "×× 물건을 '失'했다"고 하지 않는다. "실失"자
는 고대에는 구문을 만드는 성분이었는데, 오늘날에 와서는 단어
를 구성하는 성분이 되었고 그 의미도 약해졌다. "주丟"와 "도掉"는
모두 구어체 표현으로 조어력이 약해서 그것을 이용한 단어는 그
양이 한정되어 있다.

또 다른 한자는 "봉奉"인데 "실失"자의 상황과 비슷하다. 그것
의 본래 의미는 "봉捧"인데, "봉捧"자는 비교적 나중에 생겼다. "봉
奉"은 현재 단독으로 사용하지 않는다. 예를 들어 봉환奉還, 봉고奉

---

73) 고대에도 "掉"자가 있었는데, 그것은 흔든다는 의미로 예를 들면 꼬리가 커서
흔들지 못하다(尾大不掉)는 의미로 쓰였다. 잃어 버리다는 "失"의 의미는 나중
에 생겼다.

68

告, 봉송奉送, 봉권奉勸, 봉명奉命, 봉헌奉獻, 봉양奉養 등인데, "봉奉"자
는 여기에서 존경을 나타내는 형태소이다. 의미는 허화虛化 되었
는데, 의미가 비어있게 된 것은 "봉捧" 같은 실질적인 뜻이 발전해
나온 결과이다.

  만약에 "봉奉"자 원래의 의미와 관련지어 고려해 본다면, 존경
을 나타내는 추상적인 형태소의 의미를 이해하는데 도움이 될 것
이다.

11. 통적通籍과 호적戶籍

고대에는 관직에 처음 나가는 것을 "통적通籍"이라고 불렀다. 청대의 저명한 문학가 원매袁枚1716-1797는 「황생차서설黃生借書說」에서 "벼슬에 오른 후 봉급을 가지고 책을 사온다通籍後, 俸去書來"라고 하였다. 이 말의 의미인즉, 자신이 젊었을 때 생활이 어려워서 책을 살 수가 없었는데, 관리가 된 후에 비로소 봉급을 받아서 책을 살 수 있게 되었다는 뜻이다. 어떤 문장에서는 "통적通籍"의 의미를 분명히 알지 못하여, 원매袁枚의 글을 잘못 표점標點하였는데, 그 결과 "종종 서적을 살펴보고 기억했다가, 나중에 봉급을 가지고 가서 책을 사왔다輒省記通籍, 後俸去書來"라고 바꿨다.

"통적通籍"의 "적籍"과 "호적戶籍"은 의미상 관련이 있다. 이를 위해서 먼저 고대 필기도구의 특징을 살펴보면 "적籍"의 의미를 보다 잘 이해할 수 있다.

중국 고대에는 아주 일찍부터 붓을 사용하여 글씨를 썼다. 문자는 비단에 쓰기도 했는데 비단의 가격이 비싸서 일반인은 사용할 수 없었다. 대부분은 목편木片으로 만든 독牘과 대나무 죽편으로 만든 간簡에다 썼는데, 간簡에 쓴 것이 대다수를 점유하였다. 간簡에는 여러 종류가 있었다. 예를 들어 전牋이 있는데 이것은 비교적 작은 죽간을 말한다. 적籍도 역시 간簡의 일종인데, 대부분 신고나 등록할 때 사용하는 등기용으로 많이 사용한 것이 특징이다.

"적籍"은 동사로 사용할 때는 등기登記, 등록登錄을 가리킨다. 예를 들어 『사기史記·項羽本紀』에 "관리와 백성을 등록하고, 관청의 창고를 봉하였다籍吏民, 封府庫"라고 나온다. 이것은 유방劉邦이 함곡관函谷關에 진입한 후에 가는 곳마다 관리와 백성들을 등록하고, 관청의 창고에는 봉인지를 붙이고, 항우項羽의 처분을 기다리고 있었다는 것에서 나왔다. 고대에는 민간의 말을 징발할 때도 등기를 하였는데 그것을 "적마籍馬"라고 하였다. 등기한 물건이 만약 몰수된 후에 공공의 소유로 귀속되면 "적몰籍沒"이라고 하였다.

"적籍"은 명사로 사용할 때는 등기용 책자를 말한다. 호구戶口는 자연히 책자에 등록해야 한다. 『관자管子·禁藏』에 "호적과 전결은 빈부貧富의 차등을 알게 하는 것이다戶籍田結者, 所以知貧富之不訾也"라고 하였는데, 이 말은 "매 가구당 호적을 등록하고 전답의 생산량을 헤아려 빈부貧富의 격차를 파악할 수 있었다"는 의미이다. 『삼국지三國志·魏書·崔琰傳』에 "어제 호적을 조사하니, 30만 명을 얻을 수 있다昨案戶籍可以得三十萬衆"라고 하였다. 이로 보건대 중국에는 일찍부터 호적제도가 있었다는 것을 알 수 있다. 중국인들은 오랫동안 살아온 곳을 떠나지 않으려 하였기 때문에 대대로 어느 지방에 거주하여 호적도 줄곧 그 지방이었다. 이른바 출생지, 본적, 즉 "적관籍貫jíguàn"은 바로 이것을 가리키는 것이다. 본적이 있는 곳이 자기의 고향이며 옛집이다. "조적祖籍zǔjí", "원적原籍yuánjí"은 바로 자기가 새로운 지방에 이사 갔을 때, 자기 조상들의 본적 소재지를 부를 때 이 같은 표현을 사용한다.

기타 각종 등록하는 책자를 모두 적籍이라고 한다. 예를 들어 학적學籍xuéjí은 학생의 명부를 등록하는 것이다. 회적會籍huìjí은 회원의 명부를 등록하는 것이다. 책자에 등록을 하게 되면 모종의 신분을 취득하게 되는 것을 나타낸다. 그래서 "국적國籍guójí"은 개인이 어느 국가에 소속되어 있는 신분을 갖춘 것을 말한다. "군적軍籍jūnjí"은 군인의 신분을 말한다. 현재 모든 사람이 호적戶籍이라든가 국적國籍과 같은 표현을 사용하고 있는데, 대부분 "적籍"자가 최초에 등기용 죽간竹簡을 가리켰다는 것을 모르고 있을 것이다.

고대에는 관리가 되면 자기의 성명, 나이, 신분 등을 적籍에 기록하였다. 이 적籍이 궁정宮庭에 보내지면 궁정宮庭의 문간방에 내걸리게 되는데 문지기는 이 "적籍"을 근거로 신분을 검사하였다. 명적名籍을 궁정에 보고하는 것을 통적通籍이라고 칭했는데, 이것이 관리가 되는 첫 과정이었다. 이 때문에 나중에 통적通籍이 관직 생활의 시작을 대신 지칭하게 되었다.

12. 오척동자五尺童子와 세 치 혀

고대인들은 아동을 오척동자五尺童子라고 불렀다. "비록 오척동자로 하여금 시장에 가게 하더라도雖使五尺之童適市"[74]라고 하여 "오척五尺"이라는 단위를 사용해서 아동들을 지칭했는데, 오척五尺은 당시 아동들의 평균 신장이었다. 후대의 오척五尺의 길이는 약 1.67m인데, 고대 아동들의 키가 유달리 컸다고 생각하기는 어렵다. 실상을 알고 보면 그 당시의 단위가 작아서 1척이 약 23㎝로 오척五尺이래봐야 불과 1.15m 정도이다. 현재 중국의 어떤 지방에서는 버스에서 아동의 무임승차의 한계를 키 1.1m로 한다. 이로 보건대 예나 지금이나 아동들의 키는 대개 비슷했다고 볼 수 있다.

중국 도량형度量衡의 길이는 고대에는 짧았고 후대로 갈수록 점점 길어졌다. 아래 표를 보면 대체적인 것을 이해할 수 있을 것이다.[75]

시대	商	戰國	西漢	吳	南朝	北魏	唐	北宋	明	淸	淸
자 (尺)	牙尺	銅尺	竹尺	銅尺	銅尺	銅尺	銅尺	木尺	牙尺	木尺	銅尺
길이 (cm)	15.78	23.1	23.6	23.5	25.0	30.9	29.71	31.7	35.8	34.18	29.37

북송의 유명한 신하였던 호전胡銓1102-1180[76]은 「무오상고종봉사戊午上高宗封事」에서 말하기를 "삼척동자三尺童子는 지극히 어리석습

---

74) 『孟子·滕文公上』 참고.
75) 도표는 『中國古代度量衡圖集』 참고 인용.
76) 역주 : 字는 邦衡, 號는 澹庵, 廬陵 薌城人. 금나라와의 화해를 주장하던 秦檜 등을 강력하게 비판하는 상소를 올린 바 있다.

니다三尺童子, 至無知也"라고 하였다. 고대의 "오척동자五尺童子"가 여기에서 "삼척동자三尺童子"로 변하였다.[77) 이것은 우연히 그렇게 된 것일까? 그렇지 않다. 송대의 1척尺은 약 31.7㎝로 척尺이 커졌다. 자연히 "오척동자五尺童子"라고 말할 수 없게 되었다. 오척五尺을 삼척三尺으로 바꿨다는 것은 다만 대략적인 견해였는데, 지하에서 출토된 자의 길이로 계산해보니 송대에는 삼척三尺이 1.15m로 고대의 오척五尺과 완전히 상응하였다.

고서에는 "세 치 혀, 삼촌금련三寸舌, 三寸金蓮"이라는 표현이 있는데 비록 모두 "삼촌三寸"이지만 실제로 가리킨 길이가 다르다. 『사기史記·留侯世家』에는 "지금 세 치 혀로 황제의 스승이 되었다今以三寸舌爲帝者師"라고 하였다. 진한시대의 길이는 표준으로 계산하면 "삼촌三寸"이 대략 7㎝ 정도로 매우 길었다. 고대에는 일종의 관념이 있었는데 긴 혀가 언변에 능하다고 여겼다. 남자는 혀가 긴 것이 좋고 여자는 혀가 길면 좋지 않은 것으로 여겼다. 『시경詩經·大雅·瞻卬』에 "부녀의 긴 혀 있음이여, 화의 근원이라네婦有長舌, 維厲之階"라

---

77) 唐代에 이미 "三尺童子"라고 불렀다. 韓愈의 「論淮西事宜狀」에 "그 힘이 쇠약해진 틈을 타면 삼척동자라도 가히 그를 제압할 수 있다(乘其力衰, 三尺童子, 可使制其死命)"라고 하였다.

74

고 하였다. 나중에 혀가 긴 부녀자, 즉 "장설부長舌婦"를 말이 많은
여자라고 하였다. 이것은 남존여비의 그릇된 관념의 반영이다.

전족纏足의 풍습은 오대에 시작하여 송·명대에 전성기를 이루
었다. "삼촌금련三寸金蓮"은 부녀자의 작은 발을 형용하던 말이었
다. 여기에서 "삼촌三寸"은 송대 이후의 기준에 의하면 약 10㎝ 정
도이다. 고대의 도량형 길이의 변화와 연관시켜 살펴보면 고대인
들이 한자를 만들었던 묘미를 깨달을 수 있다. 만약 고대의 세 치
혀를 오늘날의 길이로 계산하면 10㎝ 정도에 해당한다. 그렇게
되면 혀를 움직일 수도 없는데 무슨 언변을 기대할 수 있겠는가?

설舌은 사람이 말을 하는 기관으로 언어와 밀접한 관계가 있
다. 고문자 중에 언言자는 로 나오는데, 내밀은 혀의 모습이다.
반대로 말을 할 때 혀는 또 언어를 가리키기도 한다. 고사성어에
서 "일언기출, 사마난추一言既出, 駟馬難追"라고 하는데, 이것은 "네 말
이 끄는 수레도 혀를 따르지 못한다駟不及舌"라고도 말할 수 있다.
언어로 변론을 진행하는 것을 "설전舌戰shézhàn"이라고 하고, 교사
가 강의로 수업하는 것을 "설경舌耕shégēng"이라고 한다. 말을 잘하
는 것은 "교설巧舌qiǎoshé"이라 하고, 말을 어눌하게 하는 것은 "본
설笨舌bènshé"이라 한다. 다른 사람을 모방하여 말하는 것은 "학설
學舌xuéshé"[78]이라 한다. 고사성어로는 다음의 것들이 있다.

> 순창설검脣槍舌劍chún qiāng shé jiàn : 변론이 격렬하고 말이 날카롭다.
> 본구졸설笨口拙舌bèn kǒu zhuō shé : 말재주가 없다.
> 장구결설張口結舌zhāng kǒu jié shé : 말문이 막히다.

---

[78] "學舌"에는 쓸데없는 말을 남에게 재잘거린다. 여기저기 말을 퍼뜨리고 다니
다는 의미도 있다.

이밖에도 당목결설瞠chēng目結舌, 빈취박설賁嘴薄舌, 요순고설搖脣鼓舌, 설별이롱舌敝耳聾이라는 표현들이 있는데, 여기서는 모두 혀로써 말하는 것을 나타냈다.

마지막으로 나는 본편의 원래 주제인 '고대의 도량형은 후대와 비교해서 짧았다'로 다시 돌아간다. 만약 상나라 시대로 거슬러 올라가면 1척이 15.78㎝에 해당한다. 그래서 고대인은 "장부丈夫"라는 단어로 남자를 가리켰다. 남자는 통상 여자보다 더 크기 때문에 키를 가지고 남자에 대한 호칭으로 사용하였다. 이로부터 "장부丈夫", "대장부大丈夫"라는 단어가 전해져 내려왔는데, 이제는 사람들이 더 이상 사람의 신장이라는 입장에서 이해하지 않게 되었다. 왜냐하면 후대에는 이미 1장丈이 3.3m에 해당하므로 세계에서 이렇게 키가 큰 거인이 있을 수 없기 때문이다.

76

13. 두소지인斗筲之人과 북두칠성北斗七星

두斗dǒu는 일종의 도량형기구로 고대에 일찍부터 있었다. 그러나 두斗의 용량과 형태는 옛날과 오늘날에 있어서 큰 변화가 생겼다.

고대의 두斗의 용량은 후대에 비해서 훨씬 적었다. 춘추전국시대 1두斗는 현재의 두 되兩升에도 미치지 못하였다. 두斗와 소筲shāo[79]는 모두 매우 작은 용기였다. 그래서 『논어論語』에서 공자孔子가 당시의 관리를 비판하여 국량이 협소한 사람을 "두소지인斗筲之人"[80]이라고 하였다. 서안西安 삼교三橋에서 출토된 서한시대 도량형 용기는 10두斗의 동종銅鐘에 소맥小麥 32.3근斤을 담을 수 있었으므로, 1두斗는 소맥 3.23근斤을 담을 수 있었다.

"두斗"의 용량이 작아도 그것으로 사람의 담膽을 형용하면, 그 담은 대단히 큰 것이다. 『삼국지三國志·蜀書·姜維傳』에 강유姜維가 참수를 당한 후에 그의 시체를 해부했는데, 그의 "담膽이 두斗처럼 큰膽如斗大" 것을 발견하였다. 이 말이 비록 과장이라고 하더라도 사실과는 거리가 멀다. 삼국시대 1두斗는 현재의 세 되三升 남짓이다. 만약에 현재의 1두斗 10승升의 용기로 계산하면 "담이 두斗처럼 컸다"는 것은 불가능한 일이다. 왜냐하면 사람의 전체 내장이라고 해봐야 얼마나 크겠는가?

원대에 와서는 1두斗의 용량이 9,500ml로 오늘날 두斗의 용량

---

79) 역주 : 筲는 1말 2되들이의 대그릇.
80) 『論語』子路篇.

10,000ml에 근접한다. 원대에 노기盧琦?-1360?[81]의 「지정기해하숙진
정암至正己亥夏宿眞淨巖」이라는 시에서 "기쁘게 내 두실斗室 바닥에 앉
으니, 방안 가득 맑은 가을 기운이로다欣然坐我斗室底, 滿室嵐氣生淸秋"라
고 하였다. 왜냐하면 두斗의 용량이 크게 변해서 사람들은 그것을
방과 연관시켜 말하면서 방이 협소한 것을 형용하기 시작하였다.

　고대의 두斗는 박물관에서 볼 수 있는데, 만약 박물관에 갈 기
회가 없으면 밤하늘의 북두칠성北斗七星을 관찰해도 무방하다. 북
두칠성北斗七星은 북쪽 하늘에서 두斗의 형상을 하고 있는데 아래
그림을 보라.

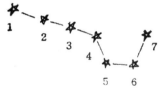

1.搖光　2.开阳　3.玉衡　4天权
5.天玑　6.天璇　7.天枢

1. 요광搖光 2. 개양開陽 3. 옥형玉衡 4. 천권天權
5. 천기天璣 6. 천선天璇 7. 천추天樞

　갑골문甲骨文과 금문金文에서 두斗는 ₹로 나오는데 모두 돌출된
두斗의 자루, 즉 두병斗柄dǒubǐng이 있다. 오늘날의 담뱃대를 말하는
"연두煙斗yāndǒu"와 다리미를 뜻하는 "울두熨斗yùndǒu"는 모두 "두斗"
자를 사용하여 구성된 실물명사이다. 이들 실물은 공통된 특징이
있는데 고대의 "두斗"와 같이 자루를 지녔다는 것이다.

---

81) 역주 : 字는 希韓, 號는 立齋, 泉州 惠安人. 저서에 『규봉집(圭峰集)』이 있다.

14. 여사女士와 남사男士

여사女士라는 단어는 왜 존칭의 의미를 지니게 되었는가? 이것은 사士자의 분석을 필요로 한다. 사士는 고대에 여성女性과 상대되는 남성男性을 가리켰고, 처妻와 상대하여 남편이라는 뜻으로 사용했다.

『주역周易·歸妹』에 "여자가 대바구니를 받았는데 열매가 없고, 남자가 양을 베어도 피가 없다女承筐, 無實; 士刲羊, 無血"라고 나온다. 여기서 여女와 사士는 여자와 남자의 구별이다.

『순자荀子·非相』에 "부인은 지아비 삼고자 원치 않는 이 없고, 처녀는 신랑 삼고자 원치 않는 이 없다婦女莫不願得以爲夫, 處女莫不願得以爲士"라고 하였다. 여기서는 약혼녀와 약혼남의 구별이다.

『시경詩經·鄭風·女曰鷄鳴』에 "아내가 말하기를 닭이 울어요, 남편이 말하기를 날이 아직 밝지 않았어요女曰鷄鳴, 士曰昧旦"라고 하였다. 여기서 사녀士女는 부부夫婦를 가리킨다.

사士는 남자라는 의미에서 파생되어 도덕이 고상한 사람, 대장부를 가리키게 되었다.『논어論語·泰伯』에 "사士는 크고 씩씩하지 않을 수 없으니, 책임은 무겁고 길은 멀다士不可以不弘毅, 任重而道遠"라고 하였다. 도덕이 있는 대장부는 굳세고 의지가 있어야 했다. 왜냐하면 이는 맡은 바 임무가 무겁고, 시간은 오래 걸리기 때문이다.

사士는 더 나아가 무리 중에 뛰어난 사람을 가리키는데, 현대한어 복합어에서는 힘이 무리에서 뛰어난 사람인 역사力士, 용감함이 무리에서 뛰어난 사람인 용사勇士, 한 나라에서 뛰어난 사람인

국사國士,[82] 힘과 용기가 뛰어난 사람인 장사壯士 등이 있다.[83]

"여사女士"라는 단어는 멀리 서주시대에서부터 있었다. 『시경詩經·大雅·旣醉』에 "그 따름이 어떠한가? 임에게 좋은 부인 주어졌네 其僕維何? 釐爾女士"라고 하였다. 당대 공영달孔穎達은 해석하기를 "여자로서 사士의 품행이 있는 자"라고 하였다. 사실 여사女士는 여성 가운데 걸출한 사람을 뜻하는 것으로 공영달孔穎達의 해석이 깊이 있게 추구한 바가 있음을 알 수 있다. 이후에는 여사女士라는 단어는 여자에 대한 존칭, 미칭으로 변하고 형태소인 사士의 의미는 사라졌다.

근대에는 "여사女士"가 대부분 번역 작품에서 많이 사용되고 있다. 예를 들어 여사女士를 영어 "Lady"의 번역어로 사용하고 있다. 『현대한어사전現代漢語詞典』에 나오는 여사女士 항목의 주석에 "부녀에 대한 존칭, 현재는 사교적인 장소에서 많이 사용한다"라고 나와 있다. 번역의 영향을 받아서 "여사女士"라는 단어는 부녀에 대한 존칭을 가리키게 되어 문화 관념상의 함의에 있어서 옛날과 지금의 차이가 크게 되었다. 고대에는 봉건문화의 관념을 반영하는 존칭이었는데, 오늘날에는 서양문화 관념의 영향을 받은 존칭이다. 바로 이 같은 차이 때문에 사용 범위상의 차이를 가져왔다. 그래서 "현재는 외교상의 상황에서 많이 사용한다"라고 한 것이다. 그런데 소위 "외교상의 상황에서 많이 사용한다"는 이 말은

---

82) "國士無雙"이라는 표현이 있다.
83) 士는 무리에서 뛰어난 사람을 가리킨다. 전국시대 군웅 쟁투의 시대에 널리 인재를 구하는 이가 우세하게 되었다. 그래서 士를 양성하는 기풍이 있었다. 士에는 遊說之士, 武士, 謀士 등이 있는데, 鷄鳴狗盜하는 무리같이 특수한 능력을 지닌 이도 士였다. 고대에는 또 士를 讀書人, 甲士를 가리키기도 했는데, 여기서는 전반적인 분석을 하지는 않는다.

80

주로 "문화대혁명" 이전의 상황을 말하는 것으로 개혁 · 개방사업
이 발전함에 따라서 "여사女士"라는 단어의 사용 범위가 크게 확대
되었다. 예를 들어 특구라든가 연해 지역에 있는 많은 개방 도시
에서는 이미 상용어가 되었다.

　여사女士라는 말을 사용하는 이외에도 "남사男士"라는 말이 있는
데, 이 말은 여사女士에서 부연되어 나온 신조어이다. "남사男士"는
의미상 포폄褒貶의 뜻이 확실치는 않다. 혹자는 이 단어가 지닌 색
채가 중층적이라고 한다. 사전의 해석을 한번 찾아보자. 『현대한
어사전現代漢語詞典』 보충편에 "성년 남자를 가리킨다. 대부분 희학
적戱謔的인 의미를 지니고 있다"라고 하였고, 『고금한어사전古今漢
語詞典』에는 "남자의 존칭이다. 종종 희학성戱謔性을 띄고 있다"라
고 하였다. 『한어신사사전漢語新詞詞典』에는 "남자에 대한 일종의
칭호, 서면어에 많이 보이며, 장중하고 문아한 의미를 지니고 있
다"고 나와 있다.[84]

　이상의 주석은 남자를 가리키는 것 이외에 기타 부가적인 의미
에 있어서 일치하지 않는 점이 있다. 심지어 모순되기도 한다. 여
기에서 문제를 하나 언급해보자. 다시 말해서 이 같은 말을 어떤
문화적인 배경에서 이 단어를 이해하고 사용할 것인가 하는 것이
다. 만약에 그것을 "gentleman"의 번역이라면,[85] "신사紳士"에는
장중 문아한 의미가 포함된다. 만약 한자에서만 출발하여 전통문
화 개념을 따른다면, 남사男士라는 단어는 여사女士의 반의어로 사
용하는 것으로 자연히 희학적인 의미가 있게 된다. 『고금한어사

---

84) 『漢語新詞詞典』附例, "該廠還生産了'美加淨'男士系列化粧品, 包括須後蜜, 古
　　龍水, 營養霜, 營髮水等."(文匯報, 1987년 7월 11일)
85) 통상 先生이나 紳士로 번역한다.

전古今漢語詞典』의 주석은 이 두 가지 층위의 의미를 하나로 합쳤다.

사土는 고문자 중에 ⊥로 나오는데 수컷의 생식기를 나타낸다. "모牡mǔ"자는 가축 가운데 수컷을 가리킨다. 청대 단옥재段玉裁는 옆의 토土 편방이 원래는 사土라고 했는데, 분명 고문자에서는 사土를 사용했다. "사士"는 나아가 남자를 가리키고 무리에서 뛰어난 사람을 가리키게 되었는데 실로 남성을 존중하던 고대 관념의 반영이다.

장사壯士, 지사志士, 국사國士, 여사女士는 복합어인데 형태소가 약화하여 접미사에 가까워 접미사류로 볼 수 있다. "남사男士" 속의 사士에 와서는 완전히 하나의 접미사가 되었다. 한자의 의미가 발전하는 과정에서 때로는 외래문화의 영향을 받았는데 이것이 그 같은 것의 한 예이다.

15. 질質과 양量

한 친구가 내게 다음과 같이 물어본 적이 있다. "물건의 품질을 말하는데 홍콩 사람은 '질소質素zhìsù'라고 하고, 북경 사람은 '질량質量zhìliàng'이라고 한다. 품질品質을 말하면 양量은 포함하지 않는다는 의미가 내재되어 있는데, 어떻게 질량質量이라고 할 수 있는가?"

이 문제는 좋은 질문이다. 내 개인적인 생각으로는 이것을 이해하기 위해서는 먼저 한어의 단어구성법을 알아야 분명히 납득할 수 있게 된다고 본다.

한어에는 복합어가 많이 있는데 종류도 여러 가지가 있다. 한 부류는 두 개의 동일한 의미를 나타내는 성분즉 동의어이 결합하는 것으로 병렬식으로 구성되어 있다. 예를 들어 양식糧食, 미려美麗, 수면睡眠 등이다. 이 같은 어휘들은 糧/食, 美/麗, 睡/眠처럼 의미가 서로 같은 것이 병렬관계로 구성된 것이다. "질소質素"도 바로 이 같은 부류에 속하는 단어이다.

어떤 복합어는 비교적 특수하여 두 개의 동일한 의미를 지닌 단어나 또는 서로 상반되는 뜻을 지닌 단어로 구성되기도 한다. 그중의 한 성분은 의미를 나타내지 않기도 한다. 사람들은 그것을 편중된 의미의 복합어, 즉 편의복사偏義複詞라고 한다.

예를 들어 『맹자孟子·公孫丑上』에 "마치 '시조市朝'에서 매 맞은 것처럼若撻之於市朝"이라고 나오는데, "시조市朝"는 여기에서 시장과 조정을 둘 다 지칭하는 것이 아니고 시장만을 가리킨다. 왜냐하면 고대에는 조정에서 직접 사람을 때릴 수 없었기 때문이다.

『묵자墨子·非攻上』에 "오늘 어떤 사람이 남의 '원포園圃'에 들어가서 복숭아와 오얏을 훔쳤다今有一人, 入人園圃, 竊其桃李"라고 하였다. 복숭아와 오얏을 훔쳤다면 잠입한 곳은 마땅히 "포圃"이지 "원園"이 될 수 없다. 왜냐하면 "포圃"는 과일나무가 아닌 채소를 심는 곳이기 때문이다.

『사기史記·刺客列傳』에 "'득실得失'이 생기지 않을 수 없다不能無生得失"라고 나오는데, 여기서는 "실失이 없을 수 없다不能無失"를 가리키며, "득得"자의 의미는 없는 것이다. 시조市朝, 원포園圃, 득실得失 모두가 편중된 의미, 즉 한쪽 의미만 지닌 복합어이다.

현대한어에도 이러한 종류의 단어가 있다. 예를 들어 어떤 선생이 나는 "교학敎學"에 종사한지 벌써 10년이 되었다고 말한다면, 여기서 "교학敎學"이라는 단어는 가르치다는 의미이다. 배운다는 "학學"은 다만 아무 의미 없는 음절에 지나지 않는다. 또 "개인의 안위를 돌보지 않다不顧個人安危"에서 "안위安危"는 편중된 의미의 복합어로 "위危"를 말한다. 위에서 언급한 "질량質量"은 바로 이런 부류에 속하는 단어이다.

"질소質素zhìsu"와 "질량質量zhìliàng"은 어휘 구성 방식은 다르지만 그 의미하는 바는 모두 물건의 "질質"을 가리키고 있다. 이 같은 예는 모두 한어 어휘의 구성 방식이 다양하다는 것을 설명해주고 있는 것이다. 편중된 의미의 복합어는 언어를 사용하는데 있어서 사회적인 약속으로 형성된 것이다. 예를 들어 "사녀士女"는 병렬 복합어로 남자와 여자를 가리킨다. 그런데 "여사女士"는 편중된

복합어로 여성에 대한 존칭이며, 남성을 가리키는 의미는 포함되지 않는 단어이다.[86]

---

86) "士女"라는 것은 편중된 의미의 복합어로 *婦女*를 가리킨다. "*女士*"는 병렬 복합어의 의미로 여자와 남자를 가리키는 것으로 사용할 수 있지만, 모두 일상적인 예는 아니다.

16. 봉화연삼월烽火連三月

"봉화烽火는 석 달이나 이어지고, 집의 서신은 만금의 가치에 달하네烽火連三月, 家書抵萬金" 당대의 시인 두보杜甫의 시구이다. 봉화烽火는 전쟁을 비유하는데 이것은 모두가 잘 알고 있는 어휘이다. 그렇지만 봉화烽火가 원래 무엇을 가리켰는가 하는 문제는 그렇게 간단하지만은 않다.

고대에는 변경지역에 봉화대가 설치되어 있어서 적군이 침입할 경우 봉화烽火를 피워서 각각의 봉화대의 봉화烽火가 연달아 점화되어 소식을 신속하게 지휘센터로 전달하였다. 이렇게 보면 매우 간단하지 않은가? 그러나 이것은 단지 일반인의 상상으로 실제는 이렇지 않았다. 고려해야 할 문제는 낮과 밤의 상황이 달랐다는 것이다. 야간에 점화를 하면 멀리까지 신호를 보낼 수 있지만 낮에는 햇빛이 강해서 불빛이 크게 영향을 받는다. 낮에도 과연 봉화烽火를 피웠을까?

작은 것조차 세밀하게 연구하는 사람들은 고대의 봉화대에 두 가지 종류의 경고신호가 있다는 것을 어렵지 않게 발견하였다. 그중 하나는 연기기둥을 올리는 방법으로 이것은 낮에 사용하였고, 다른 하나는 불을 피우는 방법으로 이것은 밤에 사용하였다. 그러나 어느 것이 불을 피운 것이고 어느 것이 연기기둥을 올린 것인가에 대해서는 오랫동안 두 가지 견해가 있어 왔다. 하나는 낮에 봉烽을 들고 밤에 수燧을 태웠다는 것과 또 다른 견해는 낮에 수燧를 사용하였고 밤에 봉烽을 태웠다는 것이다. 그런데 "봉화烽

火"라는 단어가 후대에 늘 함께 쓰이게 되자 후자의 견해가 우세를 점하게 되었다.

실제 상황은 훨씬 더 복잡한 편인데, 다행히도 지하에서 문화재가 출토되어 이 문제에 대해 분명하게 알게 되었다.

감숙성 거연居延 지구는 한대에 봉수대烽燧臺 유적이 있던 곳이다. 최근에 대량으로 한대의 죽간竹簡이 출토되었는데 표면에 봉수烽燧 같은 경고 신호의 성질과 사용 방법이 기록되어 있었다. 이들 경고 신호는 대략 5종류로 나눌 수 있는데 봉烽, 표表, 연煙, 거화苣火,[87] 적신積薪이다.[88]

"봉烽"은 광주리 모양을 한 커다란 물체로 풀을 가지고 엮은 것인데, 간혹 나무틀로 만들어 겉에 베나 비단을 씌운 다음 두레박에 고정시키고, 지렛대의 원리를 이용하여 하늘 높이 위로 올려서 멀리에서도 모두 볼 수 있도록 한 것이다. "표表"는 삼이나 비단으로 깃발을 만들어 나부끼도록 하는 것이다. "연煙"은 연기 아궁이를 이용하여 연기기둥을 높이 올리도록 하는 것이다. 봉烽, 표表, 연煙은 모두 낮에 사용하는 방법들이다.

"거화苣火"는 갈대처럼 타기 쉬운 물질로 만들어서 야간에 사용한다. "적신積薪"은 거대한 건초더미로 낮에 연소시킬 때 짙은 연기를 뭉게뭉게 피워서 이용하고, 야간에는 활활 솟는 불길을 이용하는 것으로 밤낮을 겸용한 신호 장비이다. 위에서 언급한 방법으로 소식을 전달하는 경우 하루에 1천 3,4백 리를 갈 수 있었

---

87) 苣는 오늘날의 炬.

88) 勞榦, 『居延漢簡考釋釋文』권2, 烽燧制度에 4종류가 있다고 보았다. 1. 表인데 赤과 白 두 가지 색으로 천에 색칠한 것을 장대 끝에 매단 것, 2. 煙, 3. 炬火, 4. 積薪.

는데 고대에는 이것이 매우 빠른 속도였다.

한대 사마상여司馬相如의 「유파촉격喩巴蜀檄」에 "변경 지역에 있는 병사들은 봉燧이 높이 들리고 수화燧火가 불태워지기 시작하면, 모두 활을 휴대하고 무기를 들고 달려 나간다夫邊郡之士, 聞烽擧燧燔, 皆攝弓而馳, 荷兵而走"고 하였다. 이것으로 보건대 "봉燧"은 들어 올려서 사용하는 것이다. 후대에 간편하게 할 목적으로 "봉화烽火"라는 단어 하나로 각종 경고 체계를 모두 포함하게 되었고, 아울러 전쟁을 비유하는 말이 되었다. 결국 봉화烽火는 불을 피우는 것으로 높이 들어서 사용하였다는 것을 알게 되었다. "봉화연삼월烽火連三月"은 전쟁이 아주 오랫동안 진행되는 것을 가리키는 표현인 바, 이 얼마나 형상화된 언어인가!

17. 술문화, 주酒와 추酋

　고대에는 상형의 방법으로 한자를 만들었다. 이른바 "가깝게는 자신의 신체에서 멀리는 사물에서 취하였다近取諸身, 遠取諸物"는 말은 바로 자신과 주위의 사물을 본떠서 한자를 만들었다는 말이다. 고대인들은 술을 좋아했다. 그래서 술단지도 한자를 만드는 소재로 삼았다. 갑골문甲骨文에 ᗷ로 나오는 것은 술단지를 그린 모습이다. 바로 후대의 "유酉"자이다. 단지의 옆에 ⦙⦙水를 첨가하여 ⦙⦙酉를 만들어서 술이라는 뜻을 나타냈다.

제백석齊白石의 그림

화가 제백석齊白石1864-1957에게 그림이 한 폭 있었는데, 그림의 내용은 납매 하나, 기름등잔 하나, 주전자 하나였는데, 제목은 "추운 밤에 손님이 찾아오니 차로 술을 삼는다寒夜客來茶當酒"였다. 그 주酒자는 〖𤔔〗로 나오는데 편방 "유酉"는 외양과 내용을 갖춘 술 단지로, 문자도 되고 그림도 되는데 음미할 만한 가치가 있다. 유酉를 편방으로 하는 한자는 대부분 주酒와 관련이 있다. 예를 들어 "취醉"자는 술을 지나치게 먹어서 정신이 흐린 것을 말한다. "성醒"은 고대에는 "취醉"자의 반의어였다. 『초사楚辭·漁父』에 "세상 사람들 모두 취해 있는데, 나 홀로 깨어 있구나世人皆醉我獨醒"라고 했는데, 술 마시는 것과 결합해야 이 같은 수사학의 비유법을 이해할 수 있다.

고대에는 잠이 깨다는 뜻을 나타낼 때는 "오寤"자를 사용하였다. 잠이 깨는 것을 "성醒"자로 한 것은 비교적 나중에 생긴 것이다. 당대 원진元稹의 시에 "닭 우는 소리 새벽을 재촉하고, 달그림자 비추니 꿈에서 막 깨어나네鷄聲催欲曙, 蟾影照初醒"라고 했는데, 여기서는 꿈에서 깨어나는 것을 가리킨다.

술은 병을 치료하기도 한다. 그래서 "의醫"자는 "유酉"를 편방으로 하였다. 술의 종류에는 여러 가지가 있다. "예醴"은 일종의 감주甘酒이다. 당대 서예가 구양순歐陽詢이『예천명醴泉銘』을 썼는데 "예천醴泉"이란 맛이 아주 좋은 샘을 말한다. "순醇"은 물을 섞지 않은 술이다. "배醅"는 거르지 않은 술이다. 두보杜甫의 시「객지客至」에 "가난하여 술동이는 다만 묵은 탁주로다樽酒家貧只舊醅"라고 하였다. 두보杜甫는 생활이 빈곤하여 다만 옛 "배醅"로 손님을 접대했다. "배醅"는 비교적 탁한 술이라 "탁주濁酒"라고도 부른다. 두보杜甫의 시「등고登高」에 "노쇠하여 새로 탁주를 끊었다潦倒新停濁酒杯"라고 하였다. 탁주조차 입에 댈 수 없었다는 것은 심신이 몹시 쇠약하였다는 것을 말하는 것이다.

"주酒"에는 여러 성분이 들어 있기 때문에 오래 경과되면 맛이 시큼하게 변한다. 그래서 "산酸"자에도 "유酉"가 편방으로 들어있다.[89]

『한비자韓非子·外儲說右上』에 이 같은 고사故事가 나온다. 송나라에 술을 파는 사람이 있었다. 간판을 높이 내걸었는데, 술맛이 좋고 양도 넉넉했으며, 서비스도 주도면밀하였다. 그런데 손님들이 매우 적었다. 날이 오래되니 술이 시어져서 팔 수 없게 되었다. 그는 한 어른에게 가서 가르침을 청했다. 그러자 그 어른이 말하기를 "당신네 집은 사람을 무는 사나운 개를 키우고 있으니 누가 당신 가게를 찾아갈 용기가 나겠는가?"라고 하였다.

고대의 술은 독한 소주 종류가 아니라서 자연히 많은 양을 마

---

89) 영어로 식초는 vinegar인데, 옛 프랑스어 vinegère(지금의 프랑스어 vinaigre)에서 유래하였다. vin은 酒이고, egère는 酸이다. 즉 변해서 신맛의 "酒"로 변했다.

실 수 있었다. 고서에는 요순이 1천 잔의 술을 마실 수 있었다고 한다. 공자孔子는 1백 잔의 술을 마실 수 있었다고 하는데 모두 과장된 전설에 속한다. 이백李白이 "술 한 말에 시가 백편斗酒詩百篇"이라고 한 말은 이미 천고의 미담이 되었다. 계산해보니 당대의 1두斗는 현재의 6되에 해당하니 이백李白은 가히 주량이 큰 시선詩仙이라 할만하다.

근대의 학자 공자진龔自珍1792-1841[90]은 고대에는 백성들로 하여금 밥 먹고 술을 마시게 할 수 있는 사람이 대중에 의해 우두머리로 옹립되었으며, 제왕이라는 것이 바로 이렇게 하여 생겨난 것이라고 하였다.

장량채張亮釆는 그의 『중국풍속사中國風俗史』에서 말하기를, 전설상의 고대 제왕 복희, 신농, 후직 등은 모두 백성들에게 음식을

---

90) 역주 : 字는 瑟人, 號는 定庵, 折江 仁和縣人. 청대 문자학자인 段玉裁의 외손, 魏源 등과 함께 정치개혁을 주장하였으며 詩에도 뛰어나 『己亥雜詩』등을 남겼다.

먹일 수 있었으므로 이 같은 존호를 얻게 되었다고 하였다.[91]

술은 보통 배고픔이 충족된 후에 생겨난 것으로 술이 생겼다는 것은 식사에 충분한 개선이 이루어졌다는 것이다. 그러므로 추장의 추酋자에 유酉를 편방으로 하게 된 것은 사람들로 하여금 술을 마실 수 있게 했기 때문에 그가 추장酋長으로 옹립된 것이다. 이 책은 계속해서 말하기를 "공씨의 견해는 이상한 것 같지만 실은 정확하다"고 하였다. 그러나 계급사회에 진입하게 된 이후에 백성들은 음주의 즐거움을 충분히 즐길 수 없었다.

한대에 3인 이상이 아무 연고 없이 모여서 술을 마시면 벌금 4량을 내야 했다.[92] 황제는 경축할 일이 닥치면 백성들에게 술을 하사하여 서로 모여 마시게 하였는데, 그것을 "포酺"라고 하였다. "포酺"는 조서를 발표하여 천하에 알린다. 그러나 통치계급은 "주지육림酒池肉林" 하고 "장야지음長夜之飮" 하였다. 상나라의 주왕紂王은 바로 이 같은 어리석은 군주였다.

전설상의 고대 하나라 우임금은 "의적儀狄"이라고 하는 사람에게 술을 만들라고 명령을 내렸다. 의적儀狄이 기막히게 맛좋은 술을 제조하자 하나라 우임금은 의적儀狄을 멀리하였다. 왜냐하면 우임금은 맛좋은 술로 인해서 나라를 망치게 될까봐 그렇게 한 것이다. 의적儀狄은 결코 잘못이 없었다. 문제는 맛좋은 음료인 술에 대해 분명한 태도를 지녀야 한다는 점이다.

고대의 술그릇은 "작爵"이라 했다. 갑골문甲骨文, 금문金文에 다음과 같이 나온다.

91) 복희는 庖犧라고도 하는데, 庖는 廚房을 犧는 제사용의 牲畜을 말한다. 神農의 農은 농업, 后稷의 稷은 일종의 곡물을 말한다.
92) 『漢書·文帝紀』注 참고.

甲骨文爵字   金文爵字

중간에 있는 두 기둥은 안면 부위를 떠받칠 수 있기 때문에 "작
爵"을 기울여서 마시는 데에는 이르지 않게 되었다. 『설문해자說
文解字』에는 발음상으로 해석하여 "작爵"이라 했는데, 음을 취한 것
이 잘 부합한다. 허신許愼은 한자의 의미를 해석할 때에도 사람들
로 하여금 과음하지 않도록 경계했는데, 가히 애쓰고 고심했다
할만하다.

18. 마음 심心과 사유思惟

사람은 심心으로 사유思惟하는가? 오늘날 이 질문은 초등학교 학생들도 정확하게 "아니요. 대뇌大腦로 생각하는 것입니다"라고 답변할 수 있는 것이다. 그러나 고대에는 사람들이 오랫동안 "심心"이 사유思惟를 주관하는 것으로 여겼다.

한자는 늘 고대인들의 견해를 반영하고 있다. 심心은 고문자에는 ∀으로 나오는데 심장의 형상을 나타내고 있다. 『맹자孟子』에 말하기를 "마음의 기능은 사유思惟이다"[93]라고 하였다. 이 말은 "심心이 사유思惟를 주관하는 기관"이라는 의미이다. 고대인들이 "심心"자를 사용해서 구성한 한자는 대부분 사유思惟하는 것과 관련이 있다. 이것은 그들이 심心을 사유思惟의 기관으로 인식한 것을 보여주고 있다. 예를 들어 사思, 상想, 의意, 지志, 염念, 회懷, 모慕, 노怒, 망忘, 원怨, 우愚, 추愁, 비悲 등이 있다.

고대인들은 정신병을 심병心病으로 여겼는데, 이것은 마음의 작용을 뇌腦의 작용으로 잘못 이해하고 있는 것을 보여주는 것이다. 그런데 이것은 전혀 이상한 것이 아니다. 고대에는 기타 세계 여러 나라에서도 마찬가지로 뇌腦의 작용을 이해하지 못했다. 예를 들어 고대 그리스의 철학자 아리스토텔레스BC 384-322는 대뇌大腦가 공기를 조절하는 것으로 여기고 그렇게 함으로써 지나치게 뜨거워진 혈액을 냉각시킨다고 생각하였다.

유럽인들은 후대에 와서 뇌腦가 사유思惟를 주관하는 기관이라

---

93) 『孟子·告子篇』 참고.

는 것을 알게 되었다. 청대 중국에 온 벨기에의 페르비스트南懷仁
1623-1688는 『궁리론窮理論』이라는 그의 저서에서 기억하는 작용은
뇌腦에 있다고 하였다. 그의 책은 비록 청나라 조정에서 불태워졌
지만,[94] 중국의 의사들은 생리 해부를 통해 대뇌大腦의 사유思惟 작
용을 발견하였다. 그중의 한 사람이 바로 청대의 왕청임王淸任1768-
1831[95])이다. 그의 저서 『의림개착醫林改錯』에서 "정신작용과 기억력
은 심心에 있지 않고 뇌腦에 있으며 귀, 눈, 입, 코, 혀 모두 뇌腦와
서로 통한다靈機記性不在心而在腦. 耳目口鼻舌皆與腦相通"고 하였다.

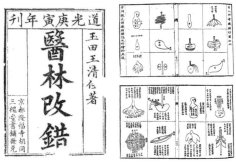

『의림개착醫林改錯』

언어는 관습의 산물이다. 비록 현재는 모두가 대뇌大腦를 사유思
惟하는 기관이라고 알고 있지만 우리가 일상 말할 때는 "마음속으

---

94) 董含, 『三岡識略』에 보인다. 董含, 字는 閬石, 榕城, 號는 華亭, 贅客, 江蘇 華亭
人. 『三岡識略』은 1644년에서 1697년의 54년 동안 그가 보고 들은 일들을 기
록한 것이다.
95) 역주 : 一名 全任, 字는 勛臣, 直隷 玉田人. 청대 醫學者. 解剖學에 깊은 관심을
지니고, 人體 臟腑에 대한 이해가 중요함을 역설하였다. 瘀血治療의 대
가로도 알려져 있으며 저서에 『醫林改錯』이 있다.

로 생각 좀 해보세요心裡想一想"라고 말한다. 우리가 "심산心算"[96]이
라고 하는 것을 일본인은 "암산暗算"이라고 하고, 유럽과 미국인은
"뇌산腦算mental arithmetic"이라고 하는데 가리키는 바는 모두 같아도
언어의 형식이 다르다. 이로 볼 때 언어라는 것이 민족적인 특성
을 지니고 있다는 것을 알 수 있다.

---

96) 역주 : 현대한어로 心算(xīnsuàn)은 암산하다는 뜻이다.

19. 운하運河와 홍구鴻溝

   운하運河는 인간이 인공적으로 건설한 수로를 말하는데, 다른 하천의 물길을 통하게 하는 것을 말한다. 유명한 운하運河로 파나마운하가 있는데 태평양과 대서양을 소통시키고 있고, 수웨즈운하는 지중해와 홍해를 연결시키고 있다.

   중국 춘추시대에도 운하運河가 있었다. 당시에는 운하運河라고 부르지 않고 "구溝"나 "거渠" 등으로 불렀다. 춘추 말기 오나라가 건설한 "한구邗Hán溝"는 남쪽으로 지금의 강소성 양주에서 시작하여 북으로 청강淸江에 이르는데, 장강과 회하를 연결시키고 있다. 전국 초에 위나라에서 건설한 "홍구鴻溝"는 제濟, 복濮, 변汴 고대에는 汳으로 씀, 수睢, 영潁, 와渦, 여汝, 사泗, 하荷 등 주요 물길을 연결시켰다.

鴻溝

   진말한초에는 "홍구鴻溝"를 경계로 동쪽은 초나라, 서쪽은 한나라로 나뉘었는데, "차이가 홍구鴻溝처럼 크다"는 뜻의 고사성어 "판약홍구判若鴻溝pàn ruò hóng gōu"는 여기에서 유래하였다. 중국 장기에서 장기판 가운데의 "하河"는 "초하한계楚河漢界"라고 하는데 이 역시 여기에서 차용한 것이다.

   운하運河라는 말은 송대에 시작하여 원대에 통용되었다.[97] 원대 이전의 유명한 운하運河로는 앞에서 언급한 운하運河까지 포함하

---

97) 역주 : 송대 이전 수당시대에는 運河를 漕渠, 漕河, 運渠 등으로 불렀다.

여 다음과 같이 정리할 수 있다.

춘추 말기의 오나라에서 건설한 "한구邗溝". 전국 초 위나라에서 건설한 "홍구鴻溝". 한무제漢武帝가 건설한 "조거漕渠". 한대 말기에 조조曹操가 건설한 "백구白溝". 수대 수양제가 개통시킨 통제거通濟渠, 한구邗溝, 강남하江南河, 영제거永濟渠. 송대의 조운 4하 등이다. 원대에는 수·당 이래 있었던 운하運河와 일부 자연 물길을 이용하고, 또 제주하濟州河, 회통하會通河, 통혜하通惠河를 파서 대도大都[98]에서 직접 항주에 이르는 남북 대운하를 만들어 해하海河, 황하黃河, 회하淮河, 장강長江, 전당강錢塘江의 5대 물길을 소통시켰다.

고대에는 남북南北을 "운運"이라고 했다. 『국어國語·越語上』에 "광운백리廣運百里"라고 했는데, "광廣"은 동서東西를 가리키고 "운運"은 남북을 가리킨다.[99] 그래서 남북을 관통하는 인공강물을 운하運河라고 하였다. 운하運河는 처음에는 고유명사였다가 나중에는 일반적으로 부르는 보통명사가 되었다.

중국은 자연하천의 대부분이 서에서 동으로 흐르는데 운하運河는 인공하천이라 주방향이 남북을 향하고 있다. 지금 이후로 남쪽에 있는 장강의 물을 끌어들여서 물이 부족한 북쪽의 화북지역에 공급하려는 계획은 운하運河를 이용하거나 건설해야 한다. 운하運河라는 말에는 고대한어의 의미를 지니고 있을 뿐만 아니라 동서로 흐르는 중국의 자연하천의 특징과도 조화를 이루며 잘 어울린다. 언어문화와 지리문화가 바로 이 점에서 서로 만나고 있다.

---

98) 원대의 大都, 지금의 北京을 말한다.
99) 땅의 넓이가 천리를 뜻하는 "廣袤千里"에서도 袤[mào]로 남북의 거리를 지칭하였다.

20. 육축六畜의 세계

고대인들은 말, 소, 양, 닭, 개, 돼지 여섯 종류의 가축을 육축六畜이라고 불렀다. "견犬"은 후대에 "구狗"로 바뀌고, "시豕"는 "저猪"로 부르게 되어 어휘에 변화가 생겼는데, 다른 4종류는 변화 없이 기본 어휘가 지속되는 안정성을 보여주고 있다. 육축 가운데 말과 소는 주로 일을 부리는데 사용하였고 나머지 4종류는 주로 식용으로 공급되었다.

고대에는 말은 주로 수레를 끄는데 사용하였다. 군용 마차는 그 당시 가장 중요한 군사장비로 한 국가의 군사력을 가늠하던 것인데, 종종 군용 마차의 다소, 예를 들면 천승지국千乘之國, 만승지국萬乘之國으로 기준의 근거를 삼았다. 군사 역량이 쇠미해진 것을 "융마戎馬를 부리지 않았다戎馬不駕[100]라는 말로 형용하였다. 전마를 공급하는데도 어려운데 하물며 다른 것을 논할 수 있겠는가? 이른바 소위 "융마戎馬"라는 것은 수말로써 충당한 것이다. 『염철론鹽鐵論·未通』에 "군대가 자주 출동하여 융마가 부족하자 암말을 진지에 투입하였으므로 전쟁터에서 망아지를 낳게 되었다師旅數發, 戎馬不足, 牸牝入陣, 故駒犢生於戎地."라고 하였다. 이것은 전쟁이 빈번하게 발발하여 전투에 사용할 수말이 부족하게 되어 암말을 투입하게 되자 전쟁터에서 암말이 새끼를 낳는 살풍경이 생기게 된 것을 말하고 있다.

"모牡"는 원래 짐승의 수컷을 가리켰다. 수말의 특수한 지위 때

100) 『左傳·昭公4年』

문에 "모牡"자로 수말을 가리켰는데 이것이 바로 융마戎馬이다.
『시경詩經·小雅·車攻』의 네 필의 수말이 달리는 "사모방방四牡彭彭"은
네 마리의 수말이 끄는 전차의 위풍당당함을 묘사하고 있는 표현
이다. 말은 군사력을 상징한다. 그래서 『설문해자說文解字』에 "마
馬는 무武이다馬, 武也"라고 하였다. 고대에는 "마馬"의 발음은 "모牡"
와 비슷하게 읽었고, "무武"의 발음과도 비슷했다. 한대에는 음이
같거나 음이 비슷한 문자로 주석을 했는데 이를 성훈聲訓이라고
한다.

소는 고대에는 제사용으로 사용했다. 순색의 소를 골라서 사용
했는데, 최고 등급의 것을 "희생犧牲"이라 불렀다. 제사와 전쟁은
고대 국가의 각종 행사 중 최고로 중요한 두 가지 사항이었는데
말은 전쟁에 사용하고, 소는 제사에 사용하여 각각 임무를 나누
었다. 희생犧牲이라는 단어는 나중에 의미가 확장되어 공적으로
재물이나 생명을 바친다는 의미가 되었다.

우경牛耕의 발명은 춘추시대보다 더 내려가지 않는데 그때 이후
로 오늘날까지 이어지고 있다.[101] 오늘날 트랙터를 달리 "철우鐵牛
tiěniú"라고 부른다. 중국 역사에서 소는 경작에 사용되는 주요 축
력畜力이었다.

양고기는 고대 식육 가운데 중요한 지위를 차지하고 있었다.
"미美"자는 윗부분이 "양羊"으로 되어 있다. 『설문해자說文解字』에
"미美는 감甘이다. 양羊과 대大를 따랐다. 육축으로 주로 식용으로
사용했다"[102]라고 나온다. 이 말은 "미美라는 것은 맛이 좋다는 뜻

---

101) 孔子의 제자 冉耕은 字가 伯牛였다. 『論語』雍也篇 참고.
102) 『說文解字』, "美, 甘也, 从羊从大, 在六畜, 主給膳也."

이다. 자의 구성이 양羊과 대大의 두 부분으로 이루어져 있다. 육축 가운데 주로 식용으로 제공되었다"는 의미이다. "미美"는 그밖에 아름답고, 멋지다는 의미의 "미려美麗měilì"와 "표량漂亮piàoliàng"을 가리킨다. 뿐만 아니라 고문자 가운데 "미美"의 상부는 "양羊"이 아니라 양의 뿔角 형상으로 분명 장식물을 가리킨다. 한자 하나가 여러 가지 뜻을 지니는 일은 흔히 볼 수 있는 것이다.

『설문해자說文解字』에 "감甘, 미야美也", "지旨, 미야美也"라고 하였다. "감甘"과 "지旨"는 모두 맛이 좋다는 것을 의미한다. 우리가 오늘날 미식美食, 미식성美食城, 미미美味, 미미재美味齋라고 하는 것은 여전히 옛 의미를 지니고 있는 것이다.

羞

"수羞"자는 최초에는 미식美食을 가리켰다. "수羞"자의 상변은 "양羊"자가 변형된 문자로 나중에 "수饈"자의 의미를 나타내게 되었다. 이백李白이 "옥쟁반의 맛있는 음식, 일만 전의 가치로다玉盤珍饈值萬錢"라고 했는데, 여기서 "수饈"자는 맛있는 고급 음식을 가리켰다.

"계압어육鷄鴨魚肉"이라 하여, 후대에 닭과 오리, 즉 "계압鷄鴨"은 늘 함께 거론하였다. 고대에도 오리鴨子를 먹었는데 그 당시에는 일반적으로 "목鶩"이라고 불렀다.[103] 『좌전左傳·襄公28年』의 기록에 보면 두 관리가 있었는데, 공식 식사의 공급으로 매일 닭 두 마리를 준비하였다. 그런데 요리사가 못된 짓을 꾸며, 하루는 몰래 두

---

103) 야생오리는 鳧, 집오리는 鶩으로 구분하기도 한다.

마리의 "목鶩"으로 바꾸었다. 그 결과 두 명의 관리가 크게 노하였다. 집오리로 닭을 대체한 것이 음식 접대의 수준을 떨어뜨렸다고 본 것이다. 그래서 참을 수가 없었던 것이다. 닭은 손님을 대접하는 최고의 맛좋은 요리였다.

『논어論語』에 공자孔子의 제자인 자로子路가 한 농민 집에 갔는데, 농민이 "닭을 잡고 기장밥을 지어 먹게 하였다殺鷄爲黍而食之"고 나온다. 도연명陶淵明의 「도화원기桃花源記」에 손님을 반기는 주인은 외부인을 접대할 때, "술상을 차리고 닭을 잡아 식사 대접하였다設酒殺鷄作食"고 하였다. 속담에 "손님이 보태져도 닭을 잡지 않는다添客不殺鷄"는 말이 있다. 따로 닭을 잡지 않는다는 것은 손님을 모두 다 접대할 수 있다는 뜻이다. 닭을 잡아 손님을 접대하는 것은 일부 농촌에서는 여전히 관습으로 남아 있다.

고대인들은 개를 먹었다. 전국시대 섭정聶政, 고점리高漸離와 한대의 번쾌樊噲가 있는데, 이들은 모두 "개백정" 출신이었다. 개는 사람들의 중요한 고기 음식 가운데 하나였다. 사람들은 언제나 가장 좋은 물건을 신神에게 헌납했는데 그래서 살진 개를 제사 식품으로 하였다. "헌獻"자는 견犬을 편방으로 하고 있는데, 바치다는 의미로 개를 신神에게 바치는 것에서 유래하였다. 개는 또 수렵시의 좋은 조수이기도 하다. 갑골문甲骨文에 "기종견입其從犬卅"이라고 했는데, 근대의 학자 양수달楊樹達1885-1956[104] 선생은 해석하기를 20마리의 개를 데리고 사냥을 나간다고 하였다. 얼마나 큰 수렵규모인가!

---

104) 역주 : 字는 遇夫, 號는 積微. 湖南 長沙人. 일본 유학을 다녀왔으며, 北京師範大學, 淸華大學, 湖南大學 교수 역임. 古代言語와 文字學 방면에 종사하였다. 저서에 『積微居甲文說』, 『積微居小學述林』 등이 있다.

　육축 가운데 돼지는 가장 일찍부터 사람들에 의해서 사육이 되었다. 그래서 "환豢"자의 아래 부분에 "시豕"자가 들어 있다. "가家"자도 상부의 면宀이 원래 집을 가리키는 것으로 돼지를 기르던 곳을 말한다. 청대 단옥재段玉裁는 돼지우리가 변해서 사람의 집을 가리키게 되었다고 하는데, 이는 결코 이상한 것이 아니다. 바로 "뢰牢"가 본래 소와 양을 가두던 곳이었는데, 고사성어에 "소 잃고 외양간 고친다亡羊補牢"라는 말이 있다. 나중에 사람을 가두는 곳으로 변한 것이 아니겠는가?

　다음은 조자造字와 용자用字를 통해 이들 문자와 관련된 문화적 함의를 소개한 것이다.

　마馬, 우牛, 양羊, 계鷄, 견犬, 시豕 이 여섯 자는 계鷄를 제외하고, 5자 모두 편방으로 새로운 한자를 만들 수 있다. 예를 들면 다음과 같다.

마馬 : 사騅, 준駿, 참驂, 양驤, 기騏, 구驅, 치馳, 기騎, 가駕, 사駟,
　　　려驪, 라騾, 역驛
우牛 : 독犢, 특特, 목牡, 빈牝, 생牲, 희犧, 리犁
양羊 : 저羝, 군群, 갈羯, 령羚, 미美, 수羞
견犬 : 헌獻, 구狗, 호狐, 포狍, 패狼, 리狸, 성狌, 후猴, 사獅, 원猿,
　　　환獾, 맹猛, 독獨, 광狂, 압狎, 렵獵
시豕 : 저豬, 파豝, 희豨, 호豪, 환豲, 가家

　이상의 예로 든 한자 중에는 성부로 구성된 한자는 열거하지
않았다. 의부를 편방으로 하는 이들 한자에는 그 속에 고대문화
의 배경이 담겨있다. 고대에는 말을 이용하여 수레를 끌었다. 그
래서 가駕, 사駟, 구驅 같은 자들이 "마馬"에서 만들어졌다. "가駕"는
원래 "輅"자로 쓰는데 전해지지 않았다.

　고대인들은 특히 뛰어난 말을 좋아했다. 소위 "천금매후골千金買
朽骨"이라는 고사성어도 있는데, 이는 "천금을 주고 죽은 천리마의
뼈를 산다"는 것으로 이로써 천리마의 가치를 미루어 생각해 볼
수 있다.[105] 그래서 좋은 말을 나타내는 한자는 사람의 이름으로
사용하는 한자가 되었다. 예를 들면 기騏, 준駿, 양驤, 화驊, 류騮, 총
驄, 기驥 등이 있다.

　개犬는 인간 생활 가운데 중요한 동반자였다. 고대인들은 개에
대해 자세하게 관찰하고 개의 성격을 나타내는 일련의 한자를 만
들었다. 예를 들면 맹猛, 독獨, 압狎, 려戾, 한狼, 광狂 등이 있다. 이
들 문자는 나중에 사람의 성정이나 성격을 지칭하게 되었다.

　사자獅子는 외국에서 들어온 것으로 처음에는 사자師子로 사용하

---

105) 『戰國策·燕策一』 참고.

다가 나중에 사자獅子로 썼다. 견犬, 犭 편방은 동물을 나타내는 부
류에 광범위하게 사용되는 부호가 되었다. 한자가 간략하게 되어
저猪, 묘猫도 모두 견犭 편방으로 바뀌었다. 후대의 의부를 분석해
보면 고대의 기준을 고수할 수는 없다.

한자의 사용빈도로 말하자면 마馬의 사용빈도가 가장 높다. 다
음 표의 미니통계를 보라.[106)

六畜 文獻	馬	牛	羊	鷄	犬	豕
尙書	13	9	1	2	1	1. 豬5
春秋經典	119	53	33	17	12. 狗2	7. 豬2
莊子	54	20	18	12	4. 狗11	7
筍子	44	14	5	4	1. 狗3	1. 豬1
史記	636	173	115	39	55. 狗60	11. 彘42/豚4
杜甫詩集	168	29	11	40	26. 狗7	3. 豬1

위의 6종류의 서적에서 한자의 출현빈도로 말하자면 "마馬"자
가 첫 번째이다. 현행 한자 중에서 관련 자료의 통계에 의하면 마
馬자의 빈도가 여전히 첫째를 차지하고 있다.

	馬	牛	羊	鷄	狗	猪
『3000高頻度漢字字表』[107)	1	2	6	3	5	4
『現代漢語頻率詞典』	1	2	5	3	4	6
『漢字頻度表』	1	3	4	5	6	2

---

106) 이것은 대략적인 통계이다. 이들 한자는 六畜 의미 외에도 다른 의미로도 사
　　용하는데, 우리는 자세히 분석하지 않는다. 다른 의미로 사용된 예는 그 수량
　　이 극히 적다.

107) 北京航空學院과 中國文字改革委員會가 합작하여 연구 제정한 『3000高頻度
　　漢字字表』; 北京語言學院, 『現代漢語頻率詞典』의 『漢字頻度表』; 鄭林曦 高景
　　成, 『漢字頻度表』.

윤빈용尹斌庸1930-[108) 교수의 주장은 이렇다. "만약에 어떤 동물과
인류의 관계가 매우 밀접하다면, 고대부터 지금까지 단순히 현대
뿐만 아니라, 인류의 언어 속에는 그것에 대한 언급이 언제나 있
을 것이다. 바꾸어 말하자면 동물을 나타내는 이 같은 자字나 사
詞가 언어 속에서 출현하는 빈도가 높다면 이것은 이 같은 동물이
예로부터 지금까지 인류와의 관계가 밀접하다는 것을 설명하고
있는 것이다 ... 중국사회로 말하자면 사람과의 관계가 최고로 밀
접한 동물은 말이 분명하다." 그는 또 말하기를 "나는 영어나 일
어에서도 단어의 빈도에 관한 자료를 찾았는데 마馬의 빈도가 가
장 높았다 ... 개狗는 중국사회, 엄격히 말하면 한어사회에서, 빈
도율이 맨 앞자리에 위치하지는 않는다. 그러나 영어권 사회, 예
를 들어 미국에서는 두 번째 자리를 점했다." 그래서 그는 "언어
사용 빈도율의 비교는 흥미로운 대다수 사회문제에 대해 많은 설
명을 할 수 있다"고 하였다.[109)

나는 그가 위에서 말한 것에 동의한다. 그렇지만 중국민족으로
말하면 소와 인간의 관계에 있어서 그 밀접한 정도는, 특히 고대
농경사회에서는 말에 결코 뒤지지 않는다. 그러나 왜 그 한자가
빈도율에 있어서 말에 크게 뒤지는 것일까? 이것은 언어의 재료
와 관련이 있다. 왜냐하면 우리의 통계는 서면어이기 때문이다.
인구의 90% 이상을 차지하는 농민은 온종일 소와 씨름을 하는데
언어 속에 "우牛"의 출현빈도가 어떻게 나타나야만 마땅한 것이겠

108) 역주 : 四川 榮縣人. 1956년 中國文字改革委員會 「文字改革」편집 담당. 주요
　　　저서로 「漢語拼音和正詞法」, 「現代漢字規範化問題」 등이 있다.
109) 이상에서 인용한 것은 모두 「語言定量硏究的一個趣例」참고. 「語文天地」,
　　　1988년 第2期 수록.

는가? 그렇지만 대부분 서면어에는 들어가지 않는다. 이로써 이 문제에는 아직 복잡한 측면이 있다는 것을 알 수 있다. 컴퓨터의 한자 빈도 통계도 "사람에 의한 적절한 보충"이 있어야 하는데, 더욱이 문화적인 측면에서 자字와 사詞를 연구하는 것은 더욱 복잡한 일이다.

21. 하품 홈欠

사람들이 피곤할 때 하품을 하게 된다는 것은 다 아는 사실이다. 갑골문甲骨文에서 "홈欠"자는 ⅓이었다. 사람이 입을 크게 벌리고 가슴 속의 기氣를 배출하여 잠시 동안 이완하는 모양이다.

하품을 뜻하는 "합홈哈欠"에서 "홈欠"자는 해서楷書 속에서는 이미 상형象形의 의미가 없어졌다. 이것은 한자 발전의 당연한 귀결이다. 흥미로운 것은 "홈欠"자를 편방으로 구성된 많은 한자가 대부분 숨을 내뱉는 것과 의미상 관련을 지니고 있어서 한자 구성의 묘미를 보여주고 있다.

예를 들어 "가歌"자는 노래를 부를 때 입을 벌리고 공기를 폐에서 내보내야 하는데, 그래서 "홈欠"자를 써서 의부로 하였다. "환歡"자 역시 "홈欠"으로 편방을 삼았는데, 환호歡呼, 환가歡歌, 환성歡聲 등의 어휘를 구성하였다. "구歐"자는 원래 토하는 것을 가리켰는데 나중에 "구嘔(ǒu)"자로 바꾸어서 사용하였다. 취吹(chuī), 해欬(hāi)(咳)자는 그 특징이 모두 입을 벌리고 공기를 밖으로 배출하는 것을 가리키고 있다.

그러나 "홈欠"을 편방으로 삼은 한자 중에는 공기를 안으로 흡입하는 것도 있는데, 이것이 바로 "음飮"자다. 이처럼 "홈欠"이라는 의부가 제공하는 뜻은 비교적 넓어서 원래 의미에만 지나치게 구속받는 것도 적절치 않다.

사람들이 입을 벌리고 침을 흘리는 것은 맛있는 음식을 보고 먹고 싶어할 때 일어나는 반응이다. 고사성어에 "먹고 싶어 군침을 흘리다(饞涎欲滴)"라는 말이 있다. 구수口水(kǒushuǐ)", 즉 침이 바로 "연수涎水(xiánshuǐ)"이다. 고대에는 그냥 "연涎(xián)"이라고 했다. 이 한자는 소전小篆에는 濊로 되어 있다. 해서楷書로는 次으로 쓰는데, 입을 벌리고 침을 흘린다는 뜻이다. 次을 편방으로 하는 두 개의 한자는 그 구성 의미가 고대인들의 생각을 잘 보여주고 있다.

그 중의 하나가 "선羨"자이다.[110]

羨

윗부분에 양羊자가 있는 한자인데, 양羊고기를 보고 입에서 침을 흘린다는 뜻으로 부러워하며 갖고 싶다는 것을 말한다. "미美"자는 고대에 아름다운 것을 가리키는 이외에 맛있는 식품을 가리켰다. 『설문해자說文解字』에 "미美는 감甘이다. 양羊과 대大로 이루어졌다. 육축(말, 소, 양, 닭, 개, 돼지) 가운데 주로 식용으로 공급되었다美, 甘也. 從羊從大, 在六畜, 主給膳也"고 하였다. 미美자는 양羊자와 대大자로 이루어져 있다. 양이 크다는 것은 양이 살쪘다는 의미이다. 맛좋은 음식물은 또 "수饈"라고도 했다. 고대에는 "수羞"라고 썼는데, 윗부분은 역시 "양羊"이 있다.

양고기도 맛이 있고 생선도 맛이 있는데, 모든 맛있는 음식은 "부러움" "선망羨望"의 대상이 될 수 있다. 고사성어에 "연못에 임하여 고기를 선망하는 것은 물러나 그물을 뜨는 것만 못하다臨淵羨魚, 不如退而結网"라는 말이 있다. 이 말은 "연못에 가서 고기를 탐내

---

110) 羨, 盜는 간체화되었다. 여기서는 자형을 분석하기 위하여 옛 자형을 사용한 것이니, 사용할 때는 간체자를 사용하기 바란다.

는 것보다는 물러나서 그물을 뜨는 것만 못하다"는 것으로 공연히 부러워하지 말고 실제로 실천해야 하는 것을 비유한 것이다. 부러워하다는 "선모羨慕(xiànmù)"의 "선羨"자는 그 의미가 더욱 추상적으로 확대되었다.

다른 하나는 "도盜"자이다.

盜

한자의 윗부분이 "연㳄"이고 아래는 "명皿"으로 되어 있다. "명皿"은 음식을 담아 놓은 그릇을 말한다. 그런데 어떻게 해서 훔치다는 뜻이 되었는가? 고대인들은 "연㳄"자와 "명皿", 두 자로 표시하였다. 맛있는 음식은 도둑질의 대상이었기 때문에 그렇게 된 것이다. 이것은 특별한 연상의 결과인데, 이로 볼 때 고대인들이 한자를 구성할 때에 지녔던 솔직 대담함과 유머 감각을 볼 수 있다. 물론 이 한자를 활용할 때는 그 훔치는 대상이 어떤 것에 한정될 수 없을 것이다.

22. 함양咸陽과 남양南陽

　전국시대 진나라의 도읍지는 함양咸陽이었다. 이곳은 명당으로 구준산九峻山의 남쪽, 위수渭水의 북쪽에 위치하여 산이 병풍처럼 둘러 있고 수운水運이 편리했다.

　고대인들은 산의 남쪽을 양陽, 산의 북쪽을 음陰이라고 하고, 강의 북쪽을 양陽, 강의 남쪽을 음陰이라고 하였다. 함양咸陽은 산의 남쪽에 위치하고 물의 북쪽에 위치하여 이양二陽을 겸해서 이 같은 명칭을 얻었다.

　고대에는 세 군데가 남양南陽으로 불렸다. 하나는 태산泰山 이남, 한수漢水 이북으로 춘추시대에 노나라의 땅에 속했다. 하나는 태행산太行山 이남, 황하黃河 이북으로 춘추시대에 진나라에 속했다. 하나는 복우산伏牛山 이남, 한수漢水 이북으로 전국시대 초와 한에 속했다.

　이 세 남양南陽은 모두 산의 남쪽 물의 북쪽에 있어서 함양咸陽과 지리적인 환경이 같았다. 그렇지만 그 지명들을 함양咸陽이 아니라 남양南陽으로 부르게 된 것은 "남南"은 산의 남쪽을 가리키고 "양陽"은 물의 북쪽을 가리키기 때문이다. 고대인들의 이름 짓는 법이 참으로 묘한데, 함양咸陽과 남양南陽은 명칭은 다르지만 가리키는 바는 같은 것이다.

　중국 지명 가운데 음양陰陽 두 문자를 지닌 것이 상당히 많다. 우리는 언제나 지명에서 이 지방의 대체적인 방향을 알 수 있다. 예를 들면 다음과 같다.

112

강소성 강음현江陰縣은 장강 이남, 회음현淮陰縣은 회수의 남쪽에 있다.
하남성 회양현淮陽縣은 회수의 북쪽에 있다.
귀주성 귀양貴陽은 귀산貴山의 남쪽에 있다.
섬서성 화음華陰은 화산華山의 북쪽에 있다.

물론 약간의 예외가 있다. 예를 들어 호북성의 한음漢陰은 한수漢水의 북쪽에 있지 않고 한수漢水의 남쪽에 있는데, 이것은 한수漢水가 명대 성화成化 3년(1467) 물길이 변경되었기 때문이다. 원래는 한수漢水의 북쪽에 있던 한양漢陽 현치縣治에 위치하였는데, 수나라 대업大業 3년(607) 한수漢水의 물길이 변한 후 한수漢水의 남쪽에 위치했다. 그렇지만 한양漢陽이라는 명칭은 습관이 되어서 한수漢水가 물길을 바꾸었다고 명칭까지 변하지는 않았다.

23. 장강長江과 황하黃河

고대 중국에서 큰 하천은 대부분 고유명사를 사용하여 불렀다. 예를 들어 강江은 장강長江을, 하河는 황하黃河를, 회准는 회하准河를, 한漢은 한수漢水를, 상湘은 상강湘江을 가리켰다. 보통명사로 사용하면서 앞에 수식어를 붙여서 장강長江, 황하黃河, 회하准河, 한수漢水, 상강湘江 등의 명칭을 사용한 것은 후대의 일이다. 그렇다면 고대에는 하천을 부르는 일반 명칭이 없었는가? 있었다. 바로 수水이다.

수水에는 두 가지 의미가 있었다. 하나는 먹는 물로서의 수水를 가리키고, 다른 하나는 하천으로서의 수水이다. 고대에 하천을 전문적으로 언급한 지리서로 『수경水經』이 있었는데, 북위北魏의 역도원酈道元(약 470-527)은 주注를 달고 풍부한 자료를 보충하여 『수경주水經注』라고 하였다.

『수경주水經注』

이백李白의 시에 "황하黃河의 물 하늘에서 내려오네黃河之水天上來"
의 수水가 바로 하천을 말하는 것으로, 황하黃河가 천지간에 쉬지
않고 흐르는 기세를 잘 드러내고 있다. 만약에 수水를 먹는 물로
이해하면 그것은 아주 재미가 없게 된다.

당나라 원진元稹의 시에 "창해를 겪어본 이에게 여느 물은 물이
아니다曾經滄海難爲水"라고 했는데, 이것은 큰 바다를 본 사람이 다시
작은 하천을 보았을 때, 그것을 눈에 담을 수 없을 정도로 성에 차
지 않는다는 의미이다. 만일 여기에서 "수水"를 먹는 물로 이해한
다면 사람들은 뜻을 이해하지 못할 것이다. 이 시구는 그 출전이
『맹자孟子』에 나오는데, "창해를 본 자는 물이라 하기 어려워 하
고, 성인의 문하에 들었던 자는 말씀이라 하기 어려워 한다觀於滄海
者難爲水, 遊於聖人之門者難爲言"라고 하였다. 수水는 바로 하천을 말한다.

강江은 장강長江만을 지칭하던 것이다. 장강長江은 강이 긴데, 어
느 때는 강江자의 앞에 다른 자를 붙여서 장강長江의 일부를 지칭
하게 되었다. 예를 들면 형강荊江은 호북성 지강枝江에서 호남성
악양岳陽 성릉기城陵磯의 장강長江 구간을 가리킨다. 경강京江은 진
강시鎭江市 북쪽에 위치한 장강長江을 말한다. 양자강은 의정儀征과
양주揚州 부근 일대에 위치한 장강長江을 말한다. 항우項羽의 군대
는 오강烏江에서 패하였는데 실제로는 안휘성 화주和州 지역 내의
구간이다.

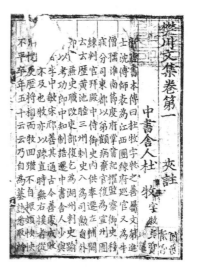

두목杜牧, 『번천문집樊川文集』

당대 두목杜牧(803-952)의 시에 "경강의 물은 맑고 시원하여, 딸을
낳으면 희기가 지분을 바른 듯했다京江水淸滑, 生女白如脂"라고 했는
데, 장강長江은 이 일대의 수질이 좋아서 진강鎭江에서 미녀美女가
난다고 하였다.

장강長江은 무호無湖에서 남경에 이르는데 남쪽으로 약간 치우친
서남쪽에서 북으로 약간 치우친 동북쪽으로 흐른다. 그래서 강동
江東, 강서江西라는 호칭이 생겼다. 즉 강동은 강의 남쪽이고 강서
는 강의 북쪽을 말한다.

항우項羽가 "강동의 부로父老를 볼 면목이 없다無顔見江東父老"라고
했는데, 바로 그가 강남의 근거지로 돌아갈 체면이 없었다는 것
을 말한다. 양자강은 원래 장강長江의 일부를 가리키던 말인데, 나

중에 장강長江 전체를 가리키는 말이 되었다. 이것은 일부에서 전체를 포괄하게 된 셈이다.

하河는 원래 황하黃河를 가리키는 고유명사였다. 그래서 하내河內는 황하黃河의 북쪽을 하외河外는 황하黃河의 남쪽을 가리키게 되었다. 하곡河曲은 산서 풍릉도風陵渡 일대를 가리킨다. 하곡河曲이라는 명칭이 생긴 것은 황하黃河가 북에서 남으로 흐르는데 이 일대에서 동으로 꺾어져 흐르면서 굽은 만곡彎曲 지역을 형성했기 때문이다.

장강長江과 황하黃河는 중국에서 가장 큰 양대 하천으로 중국인에게 가장 친숙해져서 강江과 하河라는 말로 하천을 포괄하여 지칭하기도 한다. 재미있는 것은 북방 하천은 하河로 부르는 것이 많고 남방의 하천은 강江으로 부르는 것이 많다. 고대인들은 일찍이 이 같은 현상에 주목했다. 『한서漢書·司馬相如傳』文穎 注에 "남쪽 지방에는 하河가 없다. 기주冀州에서 수水는 대소大小 모두 하河로 부른다南方無河也, 冀州凡水大小皆謂之河"라고 하였다. 이것이 대체적인 설명이다. 시대의 발전에 따라 언어 속에 융합성이 증가하여 오늘날에는 남방에도 홍하紅河가 있고, 북방에도 송화강松花江, 눈강嫩江, 흑룡강黑龍江 등이 있다.

24. 화火의 어원, 광光/송送/주主

　불이 인류문명의 발전 과정에서 일으킨 중요한 작용은 말할 필요가 없다. 북경의 주구점周口店의 원인猿人은 최초로 불을 사용한 인류로 세계고고학계의 공인을 받았다. 한자에서 볼 때 3천여 년 전 갑골문甲骨文에 이미 "화火"자와 관련된 한자들이 나오는데 고대인들의 불에 대한 인식을 보여준다.

　갑골문甲骨文의 화火자는 ❤로 나오는데 타오르는 불처럼 세 개의 불꽃 기둥이 솟아오르고 있다. ❤자는 사람이 한 명 그려져 있는데 머리 위에 불이 있는 모습으로 광光자이다. 불이 있으면 밝게 된다. 전설상에서 백성에게 농사일을 가르쳐준 신농神農은 달리 염제炎帝라고도 하는데 남방 화덕火德의 제왕이다. 수인씨燧人氏[111]는 나무를 마찰하여 불을 얻었는데, 백성들이 음식을 익혀서 식사하게 되었고 질병을 줄일 수 있게 되었다. 그 결과 수인씨燧人氏가 임금으로 추대되었다. 이들 모두 고대인의 불에 대한 숭배의식을 반영하고 있는 것이다.

　"송送"자는 예나 지금이나 의미 변화가 없는 자이다. 그런데 이 한자의 편방인 关은 무슨 뜻인가? 그것과 "송送"자는 무슨 관련이 있는가? 전에는 줄곧 명확하게 밝혀지지 않았다. 근대에 와서 문자학자들은 고문자 자료에 근거하여 关을 분석, 원래 ⛷로 사용했으며, 㕚은 두 손이고 위에는 화火를 나타내는 것으로, 의미는 사람에게 불火을 주는 것이며, 나중에 다만 "증정하다"는 의미만 취하

---

111) 역주 : 중국 전설상의 옛 제왕 이름. 나무를 마찰하여 불을 얻고, 백성들에게 음식을 익혀 먹는 것을 가르쳤다고 한다.

게 되었다는 것을 밝혀내었다. 이 같은 분석은 믿을 만한 것이다.

중국 운남 지구의 고총인苦聰人은 몇 십 년 전까지만 해도 여전히 가부장적 부계사회였다. 그들 사회에서 불은 특별히 귀했다. 매번 이주할 때는 가장 먼저 휴대하는 것이 불이었다. 가장家長이 친히 불씨를 들고 대열의 최전방에 선다. 사물이 희귀하면 귀하게 여기는 법인데 다른 사람에게 불을 주는 일은 매우 귀한 선물에 해당하는 것이다. "송燈"자는 나중에 단지 증정하다는 "증송贈燈"의 의미만 지니게 되었는데, 누가 그것이 화火와 관계가 있었다고 생각하겠는가?

주인의 "주主"자는 최초에는 등불의 불기둥을 가리키는 말로 소전小篆에는 坣로 나오는데 불기둥의 형상이다. 그 한자가 어떻게 해서 주인의 뜻을 지니게 되었을까? 오랫동안 밝혀지지 않았다. 그러나 고총인苦聰人의 가장이 불씨를 장악했던 것으로 봐서 불기둥을 뜻하는 "화주火柱"에서 "주인主人"이라는 의미가 발전되어 나온 것 같다.

25. 동서남북중과 오색

혹해黑海는 유럽의 남부와 소아시아의 사이에 위치하고 있다. 이
곳은 왜 혹해黑海라고 부르게 되었는가? 『외국지명어원사전外國地名
語源詞典』에 이 같은 해석이 나와 있다. "혹해黑海의 남부는 모두 아
시아 국가인데, 고대에 아시아의 많은 민족들이 혹색으로 북방을
나타냈기 때문에 북방의 바다를 혹해黑海라 부르게 되었다." 혹해黑
海라는 명칭이 생긴 것이 과연 이러한가? 그런데 중국에는 전통적
으로 동남서북과 중앙의 5방위와 청적백흑황의 5색이 서로 배합
하는 관습이 있었는데, "북北"은 분명히 "흑黑"과 서로 짝이 된다.

북경의 중산공원에는 명청시대 황제가 토신土神과 곡신穀神에게
제사하던 사직단社稷壇이 있는데 단위에 5색의 흙을 깔아 놓았다.
동남서북은 순서대로 청토靑土, 적토赤土, 백토白土, 흑토黑土 그리고
중앙에 황토黃土를 깔아 놓았다. 이것이 바로 우리가 볼 수 있는 5
방위와 5색이 배합되었다는 것에 대한 실질적인 증거인 셈이다.

고대에는 북방의 신을 "현무玄武"[112]라 했는데, "현玄"은 검은색
을 말한다. 예를 들어 "현호玄狐"는 검은색의 여우를 말한다. 여기
서 "현玄"으로 방위상의 북쪽을 가리켰다. 당대의 현종은 현무문玄
武門의 정변을 일으켜, 태자 건성建成을 배출하고 자신이 황제에 등
극했다. 현무문玄武門은 바로 장안 태극궁太極宮의 정북문正北門이다.

이외에도 남경에 현무호玄武湖가 있는데 그것은 남경시 동북 현
무문玄武門의 밖에 있다. 현무호玄武湖의 옛 명칭은 상박桑泊이다. 삼

---

112) 武는 烏龜, 즉 거북이를 가리킨다.

국시대 오나라가 물을 성으로 끌어들인 이래로 남조 유송에 이르기까지 다음의 명칭들이 있었다. 즉 후호後湖, 연호練湖, 장릉호蔣陵湖, 북호北湖 등.

송 문제文帝 유의륭劉義隆 때 호수에서 흑룡黑龍이 출현한 것을 보고, 북호를 현무호玄武湖라고 고쳤다. 현무玄武는 본래 북방이므로, 북호北湖에서 현무호玄武湖라고 고친 것은 매우 타당한 것이다. 소위 흑룡黑龍이 출현했다는 것은 하나의 구실에 지나지 않는다. 그런데 현무호玄武湖는 북호北湖라는 명칭에 비해서 문화적인 함축이 더욱 고상하고 우아하다.

청靑은 동쪽을 대표한다. 한대 반고班固(32-92)의 『백호통白虎通·社稷』에 황제가 동방의 제후를 분봉할 때, 흰 띠풀로 청색의 흙을 싸서 제후에게 하사하였다. 그래서 청토靑土가 동방의 땅을 대표하게 되었다. 청제靑帝는 동방을 대표하는 신이다. 별자리 방면에서 말하면 청룡은 동방의 별자리를 말한다. 고대에 군대가 행군할 때, 청룡 깃발이 그려진 깃발로 동쪽의 위치를 표시하였다. 어떤 지방은 청룡靑龍으로 명명한 곳이 있다. 예를 들어 청룡산靑龍山이 있는데 남경시 동남쪽에 있다. 청룡진靑龍鎭은 상해시 청포현靑浦縣 동북에 있다. 청룡교靑龍橋는 북경 연경현延慶縣 동남에 있다. 그것들이 위치한 방위는 모두 "동東"자와 분리되지 않는다.[113]

"오늘 손에 든 긴 끈, 언제 저 창룡蒼龍을 묶을 것인가?今日長纓在手, 何日縛住蒼龍"라는 시구는 모택동毛澤東이 30년대에 지은 시구이다.[114] 창룡蒼龍은 바로 청룡靑龍을 말한다. 당시에 중국을 침략한

---

113) 縣治나 府治의 동쪽을 가리킨다.

114) 역주 : 毛澤東, 「淸平樂 六盤山」(1935.10). 이 작품에 "不到長城非好漢"이라는 유명한 표현도 등장한다.

일본 제국주의를 가리킨다. 비록 이것저것 지칭하지만 우리가 색깔과 방위를 나타내는 단어와의 결합관계를 파악하면 이해하는 것이 어렵지 않다.

두보杜甫의 유명한 시구에 "주문朱門에는 술과 고기 냄새요, 길거리에는 얼어죽은 뼈다귀로다朱門酒肉臭, 路有凍死骨"라고 하였는데, "주문朱門"은 권문귀족의 붉은 칠을 한 대문을 가리킨다. 이것은 모두가 다 아는 사실이다. "주朱"는 "적색赤色"을 가리킨다. 그것은 또 방위가 남쪽이라는 뜻도 있다. 『진서晉書·麴允傳』에 "남으로 주문朱門을 열고, 북으로 청루靑樓를 바라보네南開朱門, 北望靑樓"라고 하였으며, 당대 유우석劉禹錫의 시에 "주작교朱雀橋 주변에 들꽃 피었고, 오의항구에 석양이 지네朱雀橋邊野草花, 烏衣巷口夕陽斜"라고 하였는데, 주작교朱雀橋는 남경시[115]의 남쪽에 위치하고 있다. 별자리에서 28수宿의 주작朱雀은 남방의 별자리이다. 이상 "주朱"자는 모두 방위가 남쪽에 있다는 뜻이다.

『한비자韓非子·揚權』에 "사事는 사방에 있고, 요要는 중앙에 있네事在四方, 要在中央"에서 "사事"는 일하는 사람, 즉 신민臣民을 가리키고, "요要"는 기밀을 장악하고 관리하는 사람, 즉 군주君主를 말한다. 군주君主는 중앙에 위치하여 사방을 통제하므로 황색은 중앙을 대표하며 제왕帝王을 나타내는 색깔이다.

오늘날 북경 고궁박물원은 옛날에 명청시대 황궁皇宮이었다. 매번 북쪽의 경산에 올라서 남쪽을 굽어볼 때, 황색 유리기와로 된 궁전 지붕이 눈 아래로 반짝이는데 대단히 장관이다. 황색은 중국 고대문화에서 대표성을 지닌 의미를 드러내고 있다.

---

115) 옛날의 健康이다.

황제의 용포龍袍는 황색을 쓴다. 송대 개국 황제 조광윤趙匡胤은 원래 후주後周의 절도사였는데, 개봉開封의 진교역陳橋驛에서 군사를 일으켜 그가 황포黃袍를 입어야 한다는 뜻을 선포하였다. 황포黃袍를 입는다는 것은 황제가 된다는 상징으로 "황포黃袍를 몸에 걸치다黃袍加身"라는 고사성어도 여기에서 유래했다. 중국민족의 선조를 "황제黃帝"라고 부르는데 여기도 "황黃"자가 있다. 당대 사마정司馬貞은 『사기史記·五帝本紀·皇帝紀』의 주석註釋에서 "토덕土德의 상서로움이 있는데, 흙의 색깔이 황색인 고로 황제라 부른다有土德之瑞, 土色黃, 故稱黃帝"라고 하였다. 황색은 흙을 나타내는 색깔이다. 중화민족이 숭상하는 황색은 아마도 땅, 토지를 숭상하는 데서 발전해 온 것이 틀림없는 듯하다!

26. 항아분월姮娥奔月

　　상아嫦娥가 달로 달아났다는 "상아분월嫦娥奔月" 고사故事는 서한 시대 『회남자淮南子』에 보인다. 예羿가 서왕모西王母에게 불사不死의 약을 구하게 되었는데, 미처 복용하기도 전에 아내가 몰래 훔쳐 먹었다. 그 결과 그녀는 선녀가 되어 훨훨 날아서 "월궁月宮"으로 들어가 여신女神이 되었다. 당대 이상은李商隱의 시에 "상아嫦娥는 영약을 훔친 것을 후회하리니, 푸른 바다 파란 하늘에서 밤마다 지새우는 마음뿐이로다嫦娥應悔偸靈藥, 碧海靑天夜夜心"라고 하였다.

　　"상아嫦娥"는 원래 "항아姮娥"라고 불렀다. 봉건사회에는 피휘避諱 제도가 있었다. 서한 문제文帝는 이름이 "유항劉恒"이었다. "항姮"과 "항恒"은 음이 같아서, "항아姮娥"라고 부르는 것은 피휘避諱 금기에 저촉이 되는 일이었다. 그래서 "항아姮娥"를 "상아常娥"라고 고쳐 불렀는데[116], 나중에 "상아嫦娥"라고 썼다.

　　"아娥"는 미녀, 미인이라는 뜻이다.[117] 고대에 여자의 이름에는 늘 이 아娥자를 붙였다. "항아姮娥"의 이름은 마땅히 단자單字인 "항姮"이다. 항姮자와 월月자는 문자의 뜻과 형태에 있어서 무슨 연관이 있는가? 이 문제를 분석하는 것은 우리에게 "상아嫦娥"라는 여신을 이해하는데 보다 흥미를 더해줄 것이다.

---

116) 常, 恒은 동의어이다.
117) 娥眉하면 미인의 눈썹을 말한다. 蛾眉라고도 한다.

124

　고대에는 한자를 사용하는데 있어서 편방이 다른 것은 늘 서로 통용이 가능했다. 우리는 "항姮"자를 분석하는데 자료에 근거하여 "항恒"자로 고쳐 쓸 수 있다. 『시경詩經·小雅·天保』에 이런 시가 있다. "달이 차오르듯, 해가 솟아오르듯如月之恒, 如日之升" 주석가는 "항恒"이 "현월弦月"을 뜻한다고 하였다.

　달은 모양이 매일 바뀌는데, 음력 매월 초이레에서 여드레까지 달의 모양은 ◗형(弧形이 서쪽을 향해 있다)인데 이것을 상현달이라고 한다. 22일이나 23일 밤에는 달 모양이 ◖모양(弧形이 동쪽을 향해 있다)을 드러내는데 이것을 하현달이라고 한다. "여월지항如月之恒"은 상현달을 찬미한 것으로 이것은 이때부터 달이 점점 둥글게 변하기 때문이다. "항恒"은 분명 "현월弦月"을 가리킨다.

　우리는 3천 년 전의 갑골문甲骨文에서 "항恒"자의 최초의 표기를 볼 수 있다. 丏 丏이다. 근대학자 왕국유王國維(1877-1927)[118]는 이 문자의 위아래에 두 획은 하늘과 땅, 천지를 나타내고 있고 그 사이에 달이 높이 걸려 있는 것으로 해석하였다. 갑골문甲骨文 속의

---

118) 역주 : 字는 靜安, 伯隅. 號는 觀堂. 浙江 海寧人. 중국 근대학술사에 커다란 영향을 끼쳤으며, 저서에 『宋元戲曲史』,「人間詞話」등이 있다.

"월月"자는 모두 초승달 모양의 ㄇ형태로 나온다. 유독 여기에서만 "현월弦月" 모습으로 나온다. "여월지항如月之恒"은 시인이 "현월弦月"을 찬미한 것인데, 그것도 물론 달을 열정적으로 찬미한 것이다.

1972년부터 1974년까지 호남성湖南省 장사長沙 마왕퇴馬王堆 서한 분묘 속에서 문화재가 대량으로 출토되었다. 그중에는 "상아분월嫦娥奔月" 비단 그림도 있었는데 세상에서 보기 드문 희귀한 보물이라고 할만 했다. 항아의 고사故事는 서한시대에 이미 광범위하게 유행하고 있었다. 상대 갑골문甲骨文 항恒자는 ㄥ인데, 주대『시경詩經』에서 "여월지항如月之恒"을 노래하고 있고, 다시 서한시대에는 "항아분월姮娥奔月"의 이야기가 되었는데 일맥상통한다.

달은 아름다워서 고대인들은 달을 인격화시켰다. 그리하여 "상아嫦娥"처럼 1천백여 년간 사람들에게 사랑받는 미녀의 한 전형을 낳았다. 모택동毛澤東 동지는 양개혜楊開慧(1901-1930) 열사를 위해 쓴 시구에 "외로운 상아嫦娥는 너른 소매 펼치고, 만리창공에서 충혼 춤을 추네寂寞嫦娥舒廣袖, 萬里長空且爲忠魂舞"라는 표현이 있다. 상아嫦娥가 열사를 위해 고요한 창공에서 긴소매를 드리우고 너울너울 춤을 춘다는 것은 시인의 무한한 슬픔과 숭고한 경의를 구체적으로 드러낸 것이다.

27. 인장印章과 인쇄문화

"인印"자의 전문篆文은 ꞩ로 나온다. 윗부분의 爪은 수手를 뜻하고 ꞑ은 인人을 뜻한다. 손으로 사람을 내리 누른다는 의미이다. 이 한자의 최초의 뜻은 누를 안按, 누를 은摁을 뜻했다. 문언문으로는 억抑이다. "억抑"자는 "인印"자에서 발전해 나온 문자이다. 왜냐하면 "인印"자가 주로 인장印章 등을 가리킬 때 사용하였기 때문에 "인印"자가 지니고 있던 원래 의미를 나타내기 위해서는 새로운 한자를 만들어야 했기 때문이다.

중국에는 아주 오래전부터 "인장印章"이 있었다. 전국시대 소진蘇秦이 육국六國을 연합하여 진에 대항하려고 유세를 다닐 때, 육국 재상의 인을 차고, 한때 위세를 누렸다. 인印은 권력의 상징이었다. 관직의 계급이 다른 경우 서로 다른 인印을 지녔다. 인印에는 끈이 있는데, 수綬라고 하는 비단으로 만든 끈으로 몸에 걸었다. 이것은 후대에 인印을 작은 케이스에 넣는 것과 다른 것이다.

당시의 인印은 종이에 찍지 않고 진흙에다 찍었다. 종이는 한대에 발명이 되었는데 그것이 널리 사용되기 시작한 것은 수·당대 이후부터이다. 종이가 보편적으로 사용되고부터 인印을 진흙에 찍다가 종이에 찍게 되었다.

인印은 왜 진흙에 찍게 되었는가? 이것은 그 당시의 공문은 간독簡牘에 썼기 때문에 그렇다. 공문을 전하는 데는 비밀을 유지해야 했다. 고대인들은 그래서 방법을 하나 생각했는데 간독을 단단히 묶어서 끈 위의 이음새 부분에 진흙을 칠한 뒤 그 위에 인印

을 찍었다. 진흙이 서신을 봉하는 작용을 했기 때문에 봉니封泥라고 하였다.

황제의 인印은 새璽라고 하였고, 그밖의 것은 인印 혹은 장章 또는 인장印章이라고 병칭하였다.

한대에 이미 종이가 발명되었지만 그것이 광범위하게 사용된 것은 수·당대의 일이다. 종이가 생기자 인印을 진흙위에 찍지 않아도 되어 종이에 찍게 되었고, 그에 따라 인印도 많이 변하게 되어 인印의 무늬도 진흙으로 봉할 때는 음각무늬 위주에서 양각무늬로 변했다. 봉니封泥가 사회에서 퇴출되어 실제로 사용되지 않게 되자 사람들도 그것의 쓰임에 대해 잊게 되었다. 근대의 학자 유악劉鶚(1857-1909),[119] 왕국유王國維에 의해 봉니封泥의 수수께끼가 풀리게 되었다.

인장印章은 일본을 비롯한 아시아 국가에 전해졌다. 『후한서後漢書·東夷列傳』에 "건무 중원 2년 왜倭의 노국奴國에서 공물을 바치고 조정에 하례를 하였다 … 광무제는 인수印綬를 하사하였다建武中元二年, 倭奴國奉貢朝賀 … 光武賜以印綬"라고 하였다. 나중에 일본 구주九州 복강현福岡縣 조옥군糟屋郡 지하도志賀島 마을 해변에서 "금인金印"이

---

119) 역주 : 本名은 孟鵬, 字는 雲搏, 鶚. 鐵雲. 公約. 號는 蝃雲. 청말 견책소설의 하나인 『老殘遊記』의 저자로도 유명하며, 갑골문 및 금문에 관련된 『鐵雲藏龜』, 『鐵雲藏陶』, 『鐵雲藏封泥』 등이 있다.

128

출토되었는데 윗부분에 "한위노국漢委奴國" 몇 자가 있었다.[120) 이
양자가 같은 사건인지는 아직 정확한 증거를 기다려야 한다.

　서양의 서명문화와 중국 및 아시아 몇몇 국가가 인장印章을 찍
는 것은 신용을 표시하거나 본인의 것을 나타내어 증명 작용을
하는데, 이처럼 인장印章은 동양문화의 특징 가운데 하나를 이루
고 있다.

　인장印章과 거기서 찍혀 나오는 한자는 완전히 부합한다. 그래
서 『문심조룡文心雕龍·物色』에 "교묘한 언어가 절실하게 들어맞는
것이 인印의 인니印泥와 같다故巧言切狀, 如印之印泥"고 하였다. "인印"자
에 서로 딱 들어맞는다는 의미가 생겨났는데, 고사성어 "심심상
인心心相印"은 두 사람의 마음이 완전히 하나로 일치하는 것을 말
한다. 봉니封泥는 시대가 변함에 따라 소멸되었고 단어의 의미만
퇴적물처럼 남게 되었다.

　인쇄술은 중국의 4대 발명품 가운데 하나이다. 인쇄술을 발명
하는 데는 여러 가지 조건이 있지만 인장印章의 사용도 중요한 요
소의 하나라는 것은 의심의 여지가 없다. 목판인쇄술이 발명된
연대는 단정하기 어렵지만 위진남북조시대의 도교道敎 관련 내용
이 새겨진 부적符籍에 약 120자에 달하는 문자가 나오는 것으로
보아 이것을 목판인쇄술의 효시로 볼 수 있다. 당대, 특히 오대에
이르러 목판인쇄술이 정식으로 출현하게 되었다. 송대 초에 목판
인쇄를 사용하게 되었고 얼마 되지 않아 위대한 발명인 활자인쇄
가 쓰이게 되었다. 유럽의 목판인쇄와 활자인쇄술은 모두 중국에

　120) 역주 : 1784년 日本 北九州 博多灣 志賀島에서 "漢委奴國"이라고 새겨진 金
印이 발견된 사례가 있다.

서 전해진 것이다.

인쇄의 원리와 인장印章의 원리는 같은 것이다. 그래서 인쇄술의 발명된 후에 "인쇄印刷"라는 단어가 쓰이게 되었다. 현재는 활판인쇄가 끝나고 전산식자기술이 일어나고 있어서, 인쇄印刷·연인鉛印·교인膠印 등의 인印자의 의미가 고대 인印자의 의미와는 거리가 더욱 멀어졌다.

130

28. 자刺/랄剌, 조棗/극棘, 연連/연聯, 소部/소卲

어떤 한자들은 관련이 있는 한자와 함께 놓으면 그것을 분석하고 파악하는데 편리하다.

"자刺"와 "랄剌" 두 자는 의미와 독음이 완전히 다르다. 그러나 한자의 형태에 있어서 그 차이가 짧은 가로획의 유무에 달려 있어서 혼동하기가 아주 쉽다.

"자刺"자는 왼쪽의 편방이 "자朿"로 소전小篆에는 㓪로 나오는데 가시를 형상하고 있다. 그것은 "랄剌"자의 옛 문자체이다. "랄剌"자의 왼쪽 편방은 "속束"으로 소전에는 㯏로 나온다. 㮮은 나무를 가리키고 ○은 묶는 것을 나타낸다. 오른쪽 편방은 도刂이다. 칼을 이용하여 속박된 것을 절개하는 것인데, 이것이 바로 이 한자의 최초의 의미이다. 이 뜻은 아직까지 사용하고 있다. 라喇, 랄瘌, 랄鯻 같은 자는 모두 "랄剌"로 성부를 삼은 형성자形聲字이다.

랄辣자는 구성이 다소 특별하다. 신辛자는 맵다는 의미로 의부이다. 오른쪽 편방은 "束"인데 이것은 랄剌자의 생략형이다. 문자학자들은 "랄辣"자와 같은 부류를 "생성자省聲字"라고 부른다. 의미인즉 "속束"자가 생략된 형태의 성부이기 때문이다. 같은 상황으로 "취炊"자가 있다. 왼쪽이 "화火"로 의부이다. 오른쪽은 "흠欠"은 "취吹"자의 생략된 형태로 성부를 삼았다. 이와 같은 형태의 한자는 독음상 어떤 것은 유추가 용이하다. 예를 들어 겁砝, 법琺에서 우리는 이 한자들은 "법法"자에 근거하여 음을 읽는다. 그러나 "랄辣"자에 대해서 랄剌자의 음과 관련이 있다는 것을 아는 이는 아마도 극소수이다.

조棗, 극棘는 모두 두 개의 "자朿"자로 병합한 한자인데, 조棗는 세운 형태이고 극棘자는 가로놓인 형태이다. 묘한 점은 위치가 다르다는 것이다. 조棗와 극棘은 모두 가시가 있는 식물이다. 극棗은 일종의 교목喬木이고 위로 향해 자라기 때문에 고대인들이 수직으로 겹쳐서 표시하였다. 극棘은 일종의 관목灌木인데 무리지어 자라기 때문에 두 개를 나열하여 표시하였다.

羣/群, 鵝/鶿, 雦/讐

어떤 한자들은 종적인 방향으로 나열하는 것과 횡적인 방향으로 나열하는 것 모두 가능한 것이 있는데, 이들은 위치로 의미를 구분해서 나타내는 작용은 없다. 예를 들어 군羣/군群, 아鵝/아鶿, 수雦/수讐 등이 있다.

조棗와 극棘 두 자는 구성 위치를 절묘하게 이용하는 것으로 한자의 의미를 구분하고 있다. 북송의 학자 심괄沈括은 『몽계필담夢溪筆談』에서 이 두 자의 묘함을 지적하였다.

"연連"자는 본래 "연輦"자인데,[121] 사람이 끄는 수레의 일종으로 진한秦漢 이후에 황제와 황후가 타는 수레를 특별히 지칭하게 되었다. 사람이 수레를 끄는데, 그 특징이 인人과 거車가 서로 가까이 연결되어 있고, 앞뒤로 서로 연속되어 있다는 점이다. "연聯"의 우측은 絲인데 관關으로 읽는다. 서로 결합하다는 의미이다.(《關》자는 문이 서로 합쳐진 것을 말한다.)

---

121) 段玉裁의 『說文解字注』를 보라.

연連과 연聯 두 한자의 뜻은 구별하면 미묘한 차이가 있다. 대체로 서로 접해 있는 것을 말할 때는 "연連"자를 사용한다. 예를 들어 "천련수, 수련천天連水, 水連天"인데 이는 물과 하늘이 서로 접해 있는 것을 가리킨다. "연년풍수連年豊收"는 1년에 다시 1년을 잇는 것으로, 해를 거듭하여 풍년이 드는 것을 가리킨다. 여기에서 사용된 "연連"자는 모두 "연聯"자로 바꿀 수 없다. "연聯"자는 하나로 서로 결합되어 있는 것을 말한다. 예를 들면 연합국聯合國, 연방聯邦, 대련對聯 등인데, 여기서는 "연連"으로 바꾸어 사용할 수 없다.

"소邵"자는 성씨이다. "소卲"자는 높다는 의미이다. 고사성어에 "나이가 많고 덕이 높다年高德卲"라고 했다. 여기서 소卲자를 소邵자로 바꾸어 사용할 수 없다. 성씨인 소邵자를 소卲와 잘못 쓰지 말라. 두 한자의 차이는 이들 의부의 내원이 다른데서 기인한 것이다. 소邵의 의부는 "부阝"인데 이것은 "읍邑"자가 변한 것이다. 읍邑은 주민이 거주하는 곳을 말한다. 대체로 이 같은 편방이 들어가는 자는 대부분 성씨나 지명 등이다. 예를 들어 형邢, 주邾, 필邲, 언鄢, 합郃, 등鄧, 찬酇, 구邱 등. "소卲"의 의부는 "절卩"로 금문金文에 卪인데 무릎을 꿇은 사람의 형상이다. 절卩과 읍阝은 상당한 차이가 있다. 서로 혼동하지 말라.

29. 위암胃癌과 위염胃炎

대만의 TV연속극『작야성신昨夜星辰』에서 구소운邱素雲의 부친 구邱 사장이 중병에 걸리는 장면이 등장한다. 화면에 나오는 소리를 들어보면 "wèi yán(위염)"에 걸렸다고 말하는 것 같았다. 그런데 자막을 보고서야 우리는 구씨가 걸린 병이 위염胃炎이 아닌 위암胃癌이라는 것을 알게 되었다. 중국 대륙에서는 "암癌"을 ái로 발음하는데, 이것은 "염炎(yán)"과 독음이 다르다. 그런데 대만에서는 "암癌"과 "염炎"이 같은 발음이다. 역사적으로 볼 때, "암癌"은 원래 yán으로 읽었다. 오늘날 우리가 ái라고 읽는 것은 나중에 바뀐 것이다.

이영李榮(1920-)[122) 선생은 이 점에 대해 설명을 하고 있다. "1961년『신화자전新華字典』을 크게 수정하였다. 편자는 '암증癌症(cancer)'와 '염증炎症(inflammation)'을 구별하는 것이 좋다고 생각하였다. 그래서 일부 방언에서는 '암岩, 巖'을 '애崖'처럼 읽는데 바로 ngái 부류의 발음이었다. 북경음에는 ng(ŋ) 성모聲母가 없어서(연속되거나 ng 스스로 음절이 되는 것은 제외), '암癌'을 ái로 읽는 것을 추천하였다. 이듬해『신화자전新華字典』이 출판되었을 때 … 암癌자의 발음이 ái舊讀(yán) … 1962년 12월 발음 심사표 초고 제3편 암癌자의 음을 ái로 하고 yán음을 취하지 않았음을 설명하였다. 임어당林語堂(1895-1976) 등이 편찬한『당대한영사전當漢英詞典』(1972년)에 암癌자의 음이 yán이었다. 또 어떤 이는 ái로 읽어야 염증炎症과 구분할 수 있다고 주

---

122) 역주 : 浙江 溫嶺人. 筆名은 董少文, 昌厚, 沈子平 등. 언어학자. 中國社會科學院 言語研究所 研究員 역임.

134

장하였다. 암癌 ái의 음이 중단되었다 실행되었다 하였다 … 방송과 TV 그리고 평상시 구어 모두 ái로 읽는다."123)

현재 암癌을 ái로 읽는 것이 대륙에서는 통행되고 있다. 나는 일찍이 대만의 한 청년에게 물어 봤는데 그 역시 ái로 읽었다. 이로 보건대 서면어書面語에서 규정된 음이 일단 구어로 진입하였음을 알 수 있다. 그것은 입을 통해 구전되어 빨리 전해진다. 그래서 대만의 자전에 암癌을 yán으로 읽고 TV의 정규 발음을 yán으로 읽어도 일상생활 속에서 사람들은 늘 편한 것으로 발음하고 있다.

한자의 발음이 바뀌는 것은 일반상황에서는 자연발생적인 것으로 사회의 약속에 의해 형성되는 것이다. 예를 들어 "광礦"은 반절反切에 의하면 전통적으로는 gŏng鞏으로 읽는데, 다른 한자의 영향을 받아서 kuàng曠으로 읽는다. 현재 나이든 지식인이 "광礦"을 gŏng으로 읽는 것을 제외하고는 모두들 이미 이 같은 독음이 있는 것도 모르고 있다.

123) 『中國語文』 1990년 第5期.

또 "예형祢衡(173-198)"의 예祢는 『중화대자전中華大字典』에 nǐ로 했는데, 현재의 『신화자전新華字典』에는 mí舊讀(nǐ)로 나온다. 「격고매조擊鼓罵曹」는 경극京劇의 유명한 한 편인데, 일부 나이든 사람들은 여전히 nǐ衡로 발음하는데 참으로 흥미롭다.

사람이 지역에 따라 발음을 달리 하는 것은 어느 때는 효과를 보기 어렵다. 청氰은 50년대에 경氫과 같은 발음을 피하기 위하여 qíng으로 바꿔 읽었는데, 현재 자전에는 여전히 qíng으로 나와 있다. 그러나 구두口頭로는 qīng으로 읽는 것이 더욱 보편화되어 있다. 대만臺灣의 『중편국어사전重編國語辭典』에는 qīng으로 주注했는데 자연 순리를 따르게 되어, 사회적으로 독음讀音이 나뉘는 현상을 피하게 되었다.

암癌을 ái로 고쳐 읽은 것은 성공의 한 예이다. 그 원인은 두 가지가 있다. 하나는 yán을 ái로 고쳐 읽는 데에 방언 근거가 있었다는 것이다. 오吳 방언은 암癌을 ngái로 읽었는데, 이는 북경어의 ái에 맞먹는 것으로 비교적 합리적이다. 둘째는 언어응용면에서 볼 때 암癌이라는 단어는 60년대 이후에 사용이 많아졌다. 60년대 초에 음이 바뀌었는데 시기가 좋았다. 만약 yán으로 읽는 것이 유행하여 다시 독음을 바꾼다면 아마도 심한 곤란을 겪을 것이다.

30. 수주대토守株待兎

어느 출판사에서 아동 독서물『고사성어그림선집』을 출판하였다. 8살의 "연연娟娟"은 책을 든 채로 할아버지에게 물었다.

"할아버지, 토끼가 왜 '나무'에 부딪쳤어요?"

그렇다! 그림에는 분명 토끼가 나무에 부딪쳐서 죽는 것으로 나온다. 다른 그림 하나에는 한 농부가 나무 옆에 앉아서 두 번째 토끼가 나타나기를 기다리고 있다. 할아버지가 유머러스하게 말했다. "이 토끼는 눈먼 토끼란다. 그렇지 않으면 어째서 나무에 부딪칠 리가 있었겠느냐?" 그리고는 이어서 "연연娟娟"에게 그림의 오류와 고사성어의 뜻을 설명해주었다.

토끼가 나무에 부딪쳤다는 것은 정확한 설명이 아니다. 잘못은 "주株"자의 옛 의미에 대한 이해가 결핍되어 있었기 때문이다.

株

『설문해자說文解字』에 "주株는 나무 뿌리이다株, 木根也"라고 하였다. "주株"는 나무의 뿌리를 말하는데 땅위에 드러나 있는 나무뿌리를 말한다. 토끼가 빨리 달릴 때 이처럼 땅위로 뻗어 나온 뿌리는 목표물이 뚜렷하게 드러나 있지 않아서 부딪칠 가능성이 있다. 밭 가운데에 우뚝 서있는 나무라고 한다면 토끼가 더 빨리 달린다 해도 그것에 부딪치지 않을 것이다.

이 고사故事의 출전은 『한비자韓非子』이다. "송나라 사람 중에 밭
가는 이가 있었다. 밭 가운데는 나무가 한그루 있었는데 토끼가
'주株'에 부딪쳐 목이 부러져 죽었다. 그래서 쟁기를 놓고 나무를
지키며 다시 토끼가 나타나기를 기다렸으나 토끼를 다시 얻을 수
없었다. 그래서 송나라 사람들의 웃음거리가 되었다." 분명히 밭
가운데 있는 것은 "주株"이지 "수목樹木"이 아니다.

根, 柢, 株

고대에는 나무의 뿌리를 가리키는 단어가 3개 있었다. "근根"은
나무의 수염뿌리, 즉 "수근鬚根"을 가리켰다. "저柢"는 나무의 원추
형의 곧은 뿌리를 가리켰다. "주株"는 외부에 드러난 뿌리를 가리
켰다. 고사성어에 "뿌리가 깊이 고정되다根深柢固"가 있는데, 바로
저柢와 근根의 관계를 정확히 반영하고 있다. "수근鬚根"이 깊이 박
힐수록 "저柢"가 쉽게 고정된다.

"주株"는 외부에 있는 것으로 뿌리가 서로 연이어 있으므로 그
래서 "주련株連"이라는 단어가 있게 되었다.[124] 단어의 의미가 발

---

124) 고대에는 어떤 사람이 범법 행위를 하면 그의 친척과 친구들도 함께 연루되
었는데 그것을 株連이라 했다.

전하여 "주株"는 나중에 모든 식물체(뿌리, 줄기, 잎사귀)를 포함하게 되었다. "주련株連"과 "주선株選"[125] 모두 이 같은 의미를 취하였다.

현대과학에 의해 우리는 동물의 시각이라는 과학적인 관점에서 "그루터기를 지키며 토끼를 기다리다守株待兎"라는 고사성어를 볼 수 있게 되었다. 동물의 눈은 생성부위와 눈의 구조가 서로 다르다. 고양이, 호랑이, 표범 등은 두 눈의 거리가 서로 근접하여 시야가 일부분 중첩된다. 이 중첩되는 부분에서 양호한 입체감을 갖고 신속하게 거리를 측정하기 쉽다. 그들은 육식동물인데 이리하여 민첩하게 포획물을 잡을 수 있다.

그런데 비해 토끼, 말, 소, 사슴 등은 초식동물이다. 눈이 얼굴 양 옆으로 있어서 시야가 넓고 방어에 편리하다. 두 눈의 시야가 겹쳐서 볼 수 없기 때문에 입체감이 부족하다. 거리측정 능력도 낮다. 그래서 빨리 달리는 도중에 거리판단을 정확하게 하기 힘들다. 말은 빨리 뛰다가 "앞발을 실족하지만" 호랑이는 절대로 그러는 법이 없다.

이 고사성어는 철학적일 뿐만 아니라 과학성도 지니고 있다.

---

125) 역주 : 우량한 그루나 포기를 골라 그 종자를 받아서 뿌리거나 번식시켜 신품종으로 개량하는 방법의 하나를 말한다.

31. 이빙육자비 李氷六字碑

도강언都江堰[126)]에 가서 참관한 사람은 대부분 이빙李氷의 육자비 六字碑를 잊지 못할 것이다. 이빙李氷은 전국시대 진나라 촉군蜀郡 군수郡守로 그는 노역자들을 데리고 도강언都江堰을 건설하고 민강 수泯江水를 끌어 들였다. 그리하여 성도成都 평야에 관개灌漑를 해서 사천四川 지역을 천하제일의 부유한 지방으로 만들었다.

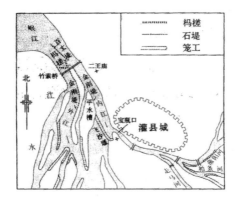

이빙李氷의 역사적인 공로를 기록하기 위하여 이왕묘二王廟[127)]를 세웠다. 사당 내부에는 석벽에 "심도탄저작언深淘灘低作堰"[128)]이라는 여섯 자가 적혀 있는데, 이빙李氷 치수治水 육자경六字經이라고 칭한다.

---

126) 역주 : 都江堰은 중국 고대의 유명한 수리관개 시설. 四川 都安縣에 있었기 때문에 都安堰이라고 불렀으나 宋元 이후 都江堰이라고 부르게 되었다. 이밖에 湔堰, 捷尾堰이라고도 하였다. 강바닥에 모래 등이 퇴적되기 쉬워 모래톱은 깊이 파고 둑은 얕게 쌓는 치수 원칙을 제정하였다.

127) 二王은 李冰 父子.

128) 역주 : 모래톱 등을 깊게 준설하고 제방을 낮게 건설한다는 의미로 李冰 治水의 핵심을 요약해서 표현하였다.

深 低
淘 作
灘 堰

　1988년초 여름 도강언都江堰을 참관하는 행운이 있었다. 그 신기하기 그지없는 수리공사는 역사적인 치수영웅治水英雄에 대한 무한한 존경과 숭배의 정을 일으키게 했다. 그런데 육자비六字碑에 포함되어 있는 깊이 새겨진 치수治水 경험은 사람으로 하여금 이해가 될듯말듯 거듭 여운을 남기게 하였다. 그렇지만 한어의 역사를 연구하는 사람으로서 일종의 직업적인 민감함이 나로 하여금 의문을 품게 하였다.

　이빙李氷은 전국시대에 살았던 사람이다. 그 당시에 어떻게 제방을 낮게 만드는 "저작언低作堰"이라는 말을 할 수 있었을까? 그 당시에는 "저低"라는 단어가 이 같은 용법으로 사용되지 않았다. 나는 함께 갔던 사천四川 친구에게 내 견해를 말했다. 나중에 사천四川의 벗은 나를 위해 육자비六字碑와 관련된 문자 자료를 보내왔다. 자료 가운데『관현금석록灌縣金石錄』은 육자비六字碑의 문자상 변천에 대해 명확한 설명을 하고 있었다.

　진나라 촉蜀 군수郡守 이빙李氷 육자비六字碑「심도단천포언深淘潬淺包郾」은 원래 석각石刻이 성서城西 삼도애三道崖에 있었는데, 지금은 일실逸失되었다. 단潬은 탄灘의 고자古字이다. 〈언郾〉은 곧 언堰이다. 후대에 변하여「심도탄저작언深淘灘低作堰」이 되었다.

과연 원래의 비문에는 이와 같지 않았다. 단灘이 탄灘으로 바뀌고 언堰이 언堰으로 바뀐 것은 한자의 형태만 변했지 사詞에까지는 미치지 못하고 있다. 그런데 천淺을 저低로 고친 것은 사詞의 변화이다. 왜 이빙李氷 시대에는 저작언低作堰이라고 말하지 않았을까? 왜냐하면 그 당시는 "저低"자에 아직 이 같은 의미가 없었기 때문이다.

다음은 우리가 "저低"자의 의미에 대해 분석을 한 것이다. 『현대한어사전現代漢語詞典』에 "저低"에 대한 주석은 이렇다.

① 아래에서 위까지의 거리가 작다 ; 지면에서 가깝다('高'와 상대이다. ②③도 같다) : 저공低空 / 비행기가 낮게 비행장을 한 바퀴 선회하였다. / 수위水位가 낮아졌다. ② 일반 표준이나 평균 정도보다 아래이다 : 저지低地 / 소리가 매우 낮다 / 안목은 높은데 능력은 낮다. ③ 등급이 아래이다 : 저학년 학생 / 나는 형보다 한 학년 낮다. ④ [동사] 머리를 아래로 숙이다 '頭'向下垂 : 고개를 숙이고 低着頭

역사의 발전이라는 시각에서 보면 매우 재미있는데, 맨 마지막 뜻풀이 항목이 가장이 이르고, "고高"와 상대되는 3개 항이 나중에 생긴 것이다. 진한시대에는 "저低"가 "고高"의 상대어가 아니었다. "고高"의 상대어는 "하下"였다.

『노자老子』에 "고하상경高下相傾"이라고 나오는데 "높고 낮음이 서로 경사를 이루었다"는 뜻이다. 『좌전左傳·宣公15年』에는 "높이고 낮게 하는 것이 모두 마음에 달려 있다高下在心"라고 하였다. "저低"

는 고개를 숙이다는 뜻이다. 『장자莊子·盜跖』에 "수레의 앞 가로대에 고개를 숙이고, 숨을 내쉴 수도 없었다據軾低頭, 不能出氣"라고 하였다. 저低의 상대어는 앙昂(또는 卬)으로 머리를 치켜드는 것을 말한다.

굴원屈原의「원유遠遊」에 "복마服馬는 숙였다 올렸다 힘차게 달리고, 참마驂馬는 춤추듯이 달린다服偃蹇以低昂兮, 驂連蜷以驕驁"라고 하였다. 『사기史記』에는 "저低"자가 6번 나오는데[129], 한차례 연결된 표현으로 "저회低回, 徘徊"가 나온 것 이외에 나머지 5회는 모두 고개를 숙이다를 가리키고 있다. 저低자는 고개를 숙이다에서 파생하여 아래를 향하다는 의미를 낳았고, 다시 "하下"를 뜻하게 되었는데, 이때 "고高"와 상대어 관계를 형성하였다. 송대 소식蘇軾의「제서림벽題西林壁」시에 "가로로 보면 고개요 옆으로 보면 봉우리이네, 멀리서 가까이서 높은 데서 낮은 데서 각기 다르네, 여산의 진면목을 알 수 없음은, 이 몸이 산중에 있는 탓이로다橫看成嶺側成峰, 遠近高低各不同, 不識廬山眞面目, 只緣身在此山中"라고 하였다.

이빙육자비李冰六字碑의 "천포언淺包堰"을 "저작언低作堰"으로 고친 것은 명대에 발생한 것으로 이것은 "저低"의 의미가 이미 변했다는 것을 반영하고 있다. 우리가 "저低"의 이 같은 의미가 언제부터 시작했는지 판단하기는 매우 어렵다. 그러나 선진시대에 이 같은 용법이 없었다는 것은 틀림없을 것이다.

『설문해자說文解字』에는 "저低"자가 수록되어 있지 않다. 송대 『설문신부자說文新附字』에 "저低"자가 보충 수록되어 있다. 만청晩清

---

129) 『史記索引』, 廣播出版社 참고.

의 문자학자 정진鄭珍(1806-1864)[130]은 "저低"자가 한대 이후에 나왔
다고 하는데 믿을 수 없다. 그러나 "저低"자에서 아래 "하下"를 가
리키는 뜻이 한대 이후에 나타났다고 한다면 이치에 부합된다.

　오늘날까지 "저低"의 "고개를 숙이다"는 의미는 현대한어 속에
여전히 흔적을 남기고 있다. 동사 "저低"를 사용함에 있어 그것과
결합할 수 있는 명사는 매우 적다. 그래서『현대한어사전現代漢語詞
典』에는 "머리 아래로 향하여 드리우다(頭)向下垂"라고 주注를 하였
다. 괄호 안의 "머리 두頭"에 주목하고 소홀히 하지 말라.

---

130) 역주 : 字는 子尹, 貴州 遵義人. 經學, 小學, 文學 방면에 연구가 있으며, 저서
　　에『說文逸字』,『說文新附考』등이 있다.

32. 주문왕周文王에 대한 교육教育

『사해辭海』(1979년판)에는 "양養"에 대한 주석이 이렇게 나와 있다.

① 생육生育,『한시외전韓詩外傳』 권10 : 계수립이양문왕季遂立而養文王

그런데 이 설명은 잘못이다. 『한시외전韓詩外傳』[131]에서 말한 것을 찾아보니 이렇다. 주대 고공단보古公亶父에게 아들이 3명 있었는데, 태백太白, 중옹仲雍, 계력季歷이다. 계력季歷에게는 창昌이라는 아들이 있었는데, 그가 바로 훗날의 주문왕周文王이다. 단보亶父는 창昌을 사랑하여 왕위를 계력季歷에게 양위해서 나중에 창昌에게 물려주고 싶었다. 단보亶父가 죽은 후 왕위는 계력季歷에게 전해졌다. 이 책에는 이어서 "계수립이양문왕季遂立而養文王"이라는 구절이 나온다. 단보亶父는 바로 문왕文王 창昌이 현명하여 왕위를 그의 아버지인 계력季歷에게 전하였는데, 어떻게 해서 "계력이 왕위에 오르자 문왕文王을 낳았다"는 일이 있을 수 있는가? 역사 사실과 부합하지 않는다.

그렇다면 "양養"은 무슨 뜻인가? 허유휼許維遹(1900-1950)[132]의 『한시외전집석韓詩外傳集釋』에는 "양養"자를 해석하기가 쉽지 않아서 자료를 인용하여 "양자養字, 의疑"라고 하였다. 그런데 사실 의문으로 남겨둘 필요가 없는 것이다. "양養"은 여기에서 가르쳐 기르

---

131) 역주 : 漢代 今文經學者인 韓嬰의 저작.
132) 역주 : 號는 駿齋, 山東省 榮成人. 北京大學 졸업, 淸華大學 교수 역임. 저서에 『呂氏春秋集釋』,『韓詩外傳集釋』 등이 있다.

다는 "교양敎養"의 의미이다. 이 같은 의미는 선진시대에는 매우 보편적으로 쓰였다.

예를 들어 『예기禮記·文王世子』에 "태부·소부를 세워 그를 길렀다 立太傅少傅以養之"라고 했는데, 여기서 "지之"는 주문왕을 가리키고, "양養"은 가르쳐 기르는 "교양敎養", "교육敎育"을 말한다. 『주례周禮·地官·保氏』에 "보씨保氏는 왕의 잘못된 점을 간하는 직무를 주관했으므로 국자國子를 도도로써 길렀다保氏掌諫王惡, 而養國子以道"라고 하였는데, 양국자養國子는 바로 국자國子, 즉 제후의 자제를 교육하고 기르는 것을 말한다.

양養이 생육生育을 가리키는 것은 우리가 당시唐詩 속에서 이미 이 같은 용법을 보았다. 장적張籍(768-830)[133]의 「축성築城」에 "집집마다 사내 낳아 길러 집안 맡기려 했는데, 오늘 군주 위해 성벽 아래 흙이 되었네家家養男當門戶, 今日作君城下土"라고 하였다. 그러나 오늘날까지 "그의 집은 아이를 하나 '양養'하였다他家養了一個孩子"라는 말이 있는 것처럼 이 문장의 양養은 여전히 두 가지 의미를 지니고 있다. 하나는 "그의 집에는 아이를 하나 낳았다他家生養了一個孩子"는 의미이고, 둘째는 "그의 집은 아이를 하나 길렀다他家抱養了一個孩子"는 의미이다.

선진시대에는 양養이 기르다는 양활養活을 가리켰으며, 생生은 낳다는 생육生育을 가리켰다. 이 같은 대비는 현대한어에도 여전히 남아있다. 즉 양부養父·생부生父, 양모養母·생모生母인데, 양부·양모는 자신을 길러서 성인으로 키워준 사람이고, 생부·생모는 자신을 낳아준 사람이다. 양자가 분명하게 구분되어 다르다.

---

133) 역주 : 中唐 시기의 시인으로 樂府詩에 뛰어났다는 평을 듣는다.

『한시외전韓詩外傳』원문에는 두 구절이 있는데 "계가 마침내 왕위에 올라 문왕文王을 키웠고, 문왕文王은 결국 천명을 받아 왕이 되었다季遼立而養文王, 文王果受命而王"문왕文王의 조부인 고공단보古公亶父는 문왕文王이 현명한 것을 보고 왕위를 문왕文王의 부친인 계력季歷에게 넘겨주려고 했다. 그러나 계력季歷은 즉위 즉시 문왕文王이 자신의 왕위를 이을 때까지 기다리지 않고 곧바로 문왕文王 창昌에게 교육을 했다. "문왕文王은 명을 받았다文王果受命"라는 문장이 위의 구절에 이어지고 있는데, 문왕文王에 대한 교육이 대단히 중요했다는 것을 알 수 있다. 교육을 중시하는 것은 중국문화의 중요한 특징이다. 계력季歷이 정말로 이렇게 했는가는 차치하더라도 적어도 『한시외전韓詩外傳』의 저자는 교육을 매우 중시한 사람으로 군왕이 되는데 있어 먼저 교육을 받아야 한다고 여겼던 것이다.

33. 사계四季, 춘추春秋, 소시小時

사계四季라는 표현은 대략 동한시대부터 생겼다. 이전에는 사시四時라고 불렀다. 시時는 고대에는 계절을 가리켰다. 『맹자孟子·梁惠王上』에 "도끼날이 시時에 맞게 산림에 들어가면, 재목을 이루다 쓸 수 없다斧斤以時入山林, 材木不可勝用"라고 하였는데, 이것은 계절의 순리에 따라 산림을 벌목하면 목재를 이루다 쓸 수 없을 정도가 된다는 것을 말하고 있다. 고대에는 계절성 유행병을 "시질時疾"이라 하고, 계절에 맞춰 내리는 비를 "시우時雨"라고 부른 것 등등.

사시四時는 춘하추동春夏秋冬을 포함한다. 춘하추동春夏秋冬의 출현은 결코 동시에 발생하지 않았다. 갑골문甲骨文에는 단지 춘春과 추秋 두 자만 나오고 동冬과 하夏가 없는데, 이 같은 사실은 최초에 춘추春秋가 사계四季를 대표했다는 것을 반영하는 것이다. 『묵자墨子』에 사시四時를 언급했는데, 그 순서가 "춘하추동春夏秋冬"이 아닌 "춘추하동春秋夏冬"이다. 이것은 우연이 아니다. "춘추春秋"는 1년을 가리키는데, 나아가 역사歷史를 가리키게 되었다. 춘추시대(BC 722-481)에는 각국이 모두 자국의 역사서인 『춘추春秋』가 있었는데, 현재 전해오는 것은 노나라의 『춘추春秋』만 남았다. 이 책에는 이백여 년간의 역사를 기록했는데, 우리는 그 시기를 춘추시대라고 부른다. 결국 "춘추春秋"의 의미가 한번 변하고 또 변한 것이다.

고대인들도 "시時"를 사용하여 1일 내의 시간을 가리켰다. 최초에는 하루를 10시로 나누었는데, 즉 계명鷄鳴(닭이 울 때), 매상昧爽(여명), 단旦(일출시), 대흔大昕(오전), 일중日中, 일측日昃(오후), 석夕(일몰시),

148

혼昏(황혼), 소宵(밤), 야중夜中(한밤중)이다. 낮과 밤 각각 5단계로 나중에 밤은 5경更으로 변했다. 밤 시간을 독립시켜 언급한 것은 야경 순찰에 편리하게 하기 위해서이다. 야경제도가 없어진 후로 점차 5경更을 사용하여 밤 시간을 지칭할 필요가 없게 되었다. 고사성 어에 "반야삼경半夜三更"이라는 어휘를 구성하여 전해오고 있다.

낮과 밤을 12단계로 나누어 12지지地支로 나타내는 것은 남북조 시대에 시작했는데 이것이 바로 12시진時辰이다. 송대에 매 시진 時辰을 초初와 정正 둘로 나누었는데 이것은 세계가 사용하고 있는 24시간제에 해당하는 것이다.

수·당 말기에 못 이르러 중국의 12시진時辰 체계와는 다른 유럽 의 시간기록제도에 대해서도 알려지게 되었다. 『당서唐書』의 기 록에 "불림국佛〈綝〉國이 있었다. 그 나라 왕성王城의 문에는 커다란 쇠 천칭이 하나 걸려 있는데, 금환金丸 12개가 끝에 있어서 하루 12시를 대기한다 … 매 1시간이 될 때마다 금환金丸이 덜컥 떨어 져, 땡 하고 소리를 내면 이로써 시일을 기록하였는데 조금도 오 차가 없었다佛〈綝〉國, 其王城門懸一大金秤, 以金丸十二枚屬(連接을 뜻함)於衡端, 以 候日之十二時 … 每至一時, 其金丸輒落, 鏗然發聲引唱, 以記時日, 毫厘無失"라고 하였 는데, 이것이 바로 후대의 자명종이 아니겠는가? 불림佛綝은 지금 의 이탈리아이며 왕성王城은 로마이다.

중국 고대의 시간을 측정하는 기계, 즉 "계시기計時機"는 물시계 였는데 일종의 계단식의 특별 제작한 구리주전자로 되어 있었다. 주전자의 밑에는 구멍을 뚫고 내부에 시각마다 도수度數를 나타내 는 화살 모양의 부표浮標가 있었다. 주전자 안의 물이 점점 떨어져

서 화살위의 도수度數가 순차적으로 표시되어 나타나며 이것으로
시간을 표시했다. 시진時辰은 곧 시단時段을 가리키는데 만약 어떤
사람이 인시寅時에 출생하였다고 하면 이것은 새벽 3시에서 5시
사이에 태어났다는 것을 말한다. 유럽의 시時는 시점時點을 가리
키는 것으로 "1시간이 될 때마다 쇠구슬이 덜컥 떨어졌다.每至一時,
其金丸輒落"3시 15분 전, 5시 12분은 시時로 일정한 시점時點을 가리
킨다. 전통적인 시간은 120분을 포함하는데, 현대의 계시計時 제
도는 한 시간이 60분을 포함한다. 전자의 2분의 1에 해당하여 간
편히 소시小時라고 부르게 되었는데 이 "소小"자의 함의는 사람들
이 통상 주목하지 못하는 것이다.

34. 성명철학 姓名哲學

일반적인 상황에서는 성姓과 이름[名]은 문자의 의미상 전혀 상
관이 없는 것이다. 그러나 일부 사람들은 성에 근거하여 이름을
취하는 사람이 있다. 이렇게 해서 성과 이름이 "연결된다." 사람
의 이름은 대부분 모종의 함의를 담고 있는데 나아가 성과 서로
연결되는 의미를 지니면 더욱 특별한 분위기를 띠게 된다. 예를
들어 『당서唐書·魏征傳』 운조하雲朝霞, 『오대사五代史·伶官傳』 경신마鏡
新磨, 『요사遼史·伶官傳』 나의경羅衣輕 등이 있다. 원대의 유명한 희곡
작가 마치원馬致遠(1250-1321)은 사람들이 모두 잘 알고 있는 예이다.
청초 고염무顧炎武는 그의 저서 『일지록日知錄』에서 말하기를 "옛
사람들은 이름을 지을 때 성과 연결하여 뜻을 삼은 것은 극히 적
다. 근대 사람의 작명作名으로 진왕도陳王道[134], 장사유張四維[135], 여
조양呂調陽(1516-1580)[136]과 같다 … 과거급제자 명단을 한번 들춰보
면 이 같은 성명이 거의 반을 차지한다古人取名, 連姓爲義者絶少, 近代人命
名, 如陳王道, 張四維, 呂調陽 … 榜目一出, 則此等姓名幾居其半"고 하였다. 이로 보
건대 성姓에 근거하여 이름을 짓는 것은 그 당시의 하나의 풍조였
다는 것을 알 수 있다.

그밖의 예로 청대의 문자학자인 강영江永(1861-1761)[137]과 강성江聲

---

134) 王道는 좋은 정치를 가리키고, 陳은 전개하다는 뜻이다. 姓名이 서로 연결되
어 王道政治를 행하다는 의미가 된다.
135) 張은 펼치다는 뜻이고 四維는 禮義廉恥를 말한다. 옛말에 '四維不張, 國乃滅
亡'이라고 하였다.
136) 고대 음악은 大呂, 中呂, 南呂 등 6呂로 되어 있다. 또는 陰律이라 칭하는데,
이것은 黃鐘 같은 陽律을 배합하기 위한 것이다.
137) 역주 : 字는 愼修, 安徽 婺原人. 天文, 樂律, 音韻學 등에 정통하였으며 音韻
관련서에 『古音標準』 등이 있다.

(1721-1799)¹³⁸⁾도 있다. 동치同治 년간 소주蘇州의 유명한 탄사彈詞 예인藝人 마여비馬如飛¹³⁹⁾가 있었는데, 함의가 의미심장하여 더욱 예인의 특색을 지녔다. 국민당 원로 임삼林森(1867-1943)은 성명을 거꾸로 하면 삼림森林이 되어 더욱 의미가 있다.

또 오늘날의 유명한 연환화 작가 정십발程+發도 있다. 『설문해자說文解字』에 "십발위정+發爲程"이라고 하였다. 정程은 고대에는 일종의 길이의 단위였다. 십발+發이 정程이고, 십정+程이 분分, 십분+分이 촌寸이었다. 십발+發은 바로 "程"자의 고어古語 의미에 대한 주해인 셈이다.

근대음악가 섭이聶耳(1912-1935)¹⁴⁰⁾는 원명이 섭수신聶守信이었다. 그의 청각이 특별히 예민했고, 그의 성이 섭聶이라서 사람들이 그를 귀가 많다는 "이다耳多"라고 친근하게 부르게 되었다. 그러자 그는 후에 섭이聶耳를 자신의 필명으로 하여 마침내 필명이 세상에 유행하게 되었다. 1934년 섭이聶耳는 일본의 한 해변에서 수영하다가 불행하게도 물에 빠져 죽었다. 일본친구가 그가 죽은 곳에 귀 형상을 한 거대한 기념비를 세웠는데, 이는 섭이聶耳가 바닷 속 깊은 곳의 음향을 들을 수 있도록 배려한 것으로 볼 수 있다. 섭이聶耳의 이름은 의미가 깊어서 일반적인 "거성취명据姓取名"에 비할 바가 아니다. 성과 이름이 서로 의미를 보충하는 것은 결코 어려운 일이 아니다. 그러나 함축적이고 자연스러우며 적절하

---

138) 역주 : 號는 艮庭, 江蘇 吳縣人. 저서에 『尙書集注音疏』가 있으며, 『說文解字』를 尊崇하여 모두 篆書로 저술했다고 한다.

139) 역주 : 本名은 時霈, 字는 吉卿. 淸代 咸豊 同治年間(1851-1874) 蘇州 彈詞 藝人.

140) 역주 : 本名은 守信, 字는 子義. 中國 作曲家, 音樂家. 中國의 國歌인 '義勇軍進行曲'을 작곡하였다.

고 독특한 맛이 있어야 하는데 이 4가지 방면을 하나로 융합하기
란 결코 쉬운 일이 아니다.

35. 정월正月과 요일曜日 및 예배일禮拜日

하력夏曆(음력)[141]에서는 첫 번째 달을 정월正月이라고 하고, 원월元月 또는 1월-月이라고 하지 않는다. 이것은 왜 그러한 것인가?

중국에서 하夏, 상商, 주周 시대에 이미 역법曆法이 있었다. 당시의 역법曆法은 완전하지 않았고 통일되어 있지 않았다. 계산방식도 달이 차고 기우는 주기적인 변화를 근거로 "월月"을 계산하였다.

1년이라는 시간은 어떻게 확정되었는가? 방법은 비교적 번거로운 편이다. 고대인들이 1년을 측정하는 방법에는 여러 가지가 있었다. 고대인들은 태양 그림자의 장단이 주기적인 변화를 나타낸다는 것을 발견하였다. 동짓날에 낮의 길이가 가장 짧아지고 해의 그림자가 가장 길어진다. 동지冬至가 지나면 다시 낮의 길이가 날마다 길어진다. 옛말에 "동지에 양이 생한다冬至-日陽生"라고 하였다. 하지夏至의 경우는 정반대이다.

고대인들은 또 북두칠성北斗七星의 자루가 동짓달에는 정북正北을 가리키는 것을 발견하였다. 북두칠성의 자루 부분은 매달 하늘에서 시계 반대방향으로 30도씩 이동한다. 12개월에 하늘을 한 바퀴 일주한다. 사람들은 12지지地支로 각 달을 지칭하는데 동짓달은 북두칠성의 자루가 정북방향을 가리키는 달로 자월子月이라고 부른다. 이상은 나의 유추이다.

1년을 계산하는 방법은 해결되었는데 계속해서 문제가 하나 남아 있다. 어느 달을 첫 번째 시작하는 달로 할 것인가 하는 문제

---

141) 역주 : 夏曆은 오늘날 우리가 보통 陰曆이라고 부르는 것인데, 중국 하나라에서 시작되었으므로 그런 명칭이 붙었다.

154

이다. 하·은·주 삼대에는 각 시대마다 정해진 1년의 처음, 즉 한 해의 시작인 세수歲首가 달랐다. 그래서 주력周曆, 은력殷曆, 하력夏 曆 세 가지 종류의 달력이 생겼다.

주력周曆은 자월子月로 세수歲首동지가 있는 달로 오늘날의 음력 11월
은력殷曆은 축월丑月로 세수歲首오늘날의 음력 12월
하력夏曆은 인월寅月로 세수歲首오늘날의 음력 정월[142]

세수歲首를 정하는 것은 중요하다. 왜냐하면 그것이 정해져야 그밖의 달이 정해지기 때문이다. 그러므로 세수歲首가 다르면 역 법法이 다른 것을 반영한다. 이 같은 이유로 해서 고대인들은 1 월一月을 정正(音은 征, zhèng)월이라고 했는데, 바르게 정하다는 정정 正定의 의미가 담겨있다. 뿐만 아니라 그 앞에 "왕王"자를 덧붙여 서 "왕정월王正月"이라고 하는데, 이는 최고 통치자가 제정·반포하 였다는 것을 나타낸다. 후대까지 발전하여 정월正月이라고 부르는 것이 관습이 되었는데, 최초의 의미를 아는 사람이 드물어졌다.

첫 번째 달이 다르기 때문에 선진 고서 중에는 어느 때는 같은 달을 말해도 그것이 가리키는 구체적인 시간이 달랐다. 예를 들 어『맹자孟子』에 "7, 8월간에 가물어 묘목이 고사한다七八月之間旱, 則 苗槁矣"라고 나오는데 하력夏曆에 의하면 7, 8월은 바로 곡물이 성 숙하여 수확할 시기인데 어떻게 날이 가물어서 벼가 고사하는가? 이것은 여기에 사용된 달력은 주력周曆으로 주력周曆은 하력夏曆에 비해 약 두 달 정도가 빠르다. 그래서 여기에 나오는 7, 8월은 하

---

142) 陰曆 또는 夏曆의 내력이 여기에 있다.

력夏曆의 5, 6월이다. 5, 6월이 바로 곡물이 성장하는 계절로 이 무렵 가뭄을 만나면 벼이삭이 고사하게 된다. 『맹자孟子』에 나오는 말은 결코 잘못 말한 것이 아니다.

달은 매달 주기적인 변화를 하는데 고대인들은 "월月"을 의부로 하고 "기其"를 성부로 하여 "기期"를 만들었다. 이는 시간의 한 주기 또는 한 단계를 가리킨다. 기월期月은 꼭 한 달을 말하고 기년期年은 1년을 말한다.(舊讀 jī) 오늘날 학기學期와 가기假期(jiàqī)¹⁴³⁾ 등이 남아 있다.

여기서 주일을 말하는 "성기星期(xīngqī)"를 이야기해보자. 고대에도 "성기星期"라는 단어가 있었는데, 그것은 음력 7월 7일을 가리켰다. 전설에 의하면 견우성과 직녀성이 이날 오작교烏鵲橋에서 만난다고 한다. 오늘날 사용하는 "성기星期"는 근대에 생겨난 것이다.

일본인들이 서양의 Sunday, Monday, Tuesday, Wednesday, Thursday, Friday, Saturday¹⁴⁴⁾를 번역하여, 일요일日曜日(sun 태양), 월요일月曜日(moon 달), 수요일水曜日, 목요일木曜日, 금요일金曜日, 토요일土曜日로 사용하였다.¹⁴⁵⁾ 중국은 원래 일본의 번역된 명칭을 사용했는데, 나중에 성기일星期一(xīngqīyī), 성기이星期二(xīngqīèr), 성기삼星期三(xīngqīsān), 성기사星期四(xīngqīsì), 성기오星期五(xīngqīwǔ), 성기육星期六(xīngqīliù)으로 바꾸었다. 기독교도는 일요일에 하느님께 예

---

143) 역주 : 假期는 휴가기간, 휴일 등을 뜻한다.
144) 이것은 원래 고대 유대 민족에서 기원한 것이다.
145) 日本의 七曜는 원래 중국에서 유래한 것이다. 『穀梁傳·序』참고. 七曜, 日月火水木金土는 소위 七政이다. 曜日을 지칭하는 것과는 무관한 것이다. 『五四以來漢語書面語的變遷與發展』제82쪽 참고.

156

배를 드리기 때문에 이 날을 예배일禮拜日이라고 부른다. 간략하게 예배禮拜라고도 한다. 그래서 다른 한편으로 월요일을 뜻하는 "성기일星期一"을 "예배일禮拜一"로 부르기도 한다.

서양의 12월은 January, February, March, April … December 라고 한다. 12개의 단어를 사용하는데 중국은 정월正月, 이월二月, 삼월三月 식으로 단어를 조합하였다. 전자는 단어 하나하나를 기계적으로 기억해야 하는데 비해 후자는 기억을 더듬고 유추할 수 있도록 되어 있다. 일요일, 월요일, 화요일, 수요일, 목요일, 금요일, 토요일을 모두 성기일星期日(xīngqīrì), 성기일星期一(xīngqīyī), 성기이星期二, 성기삼星期三 … 성기육星期六으로 바꾸어서 사용하는데, 고대인들이 유추하여 부르는 전통이 보존되어 있다.

36. 해와 연年, 세歲

"해마다 꽃은 비슷하나 해마다 사람은 다르구나.年年歲歲花相似, 歲歲年年人不同" 이 두 시구에서 연년年年은 평성平聲이고 세세歲歲는 측성仄聲이다. 평측平仄이 서로 어우러졌다. 그런데 그들은 의미가 서로 비슷하여 일종의 반복적인 수사효과를 지니고 있다. 왜 "연年", "세歲"는 같은 뜻이 되었을까? 두 단어의 의미는 완전히 같은 것인가?

갑골문甲骨文에서 "연年"은 𠂤로 나온다. 윗부분이 "화禾"이고 아래가 "인人"이다. 사람이 벼를 짊어지고 있는 것으로 수확을 나타내고 있다. 고대에는 농경이 거칠어서 곡물을 1년에 한 차례만 수확하였다. 그래서 "연年"으로 12개월이라는 시간단위를 지칭하게 되었다.

"세歲"자는 일찍부터 나타났다. 갑골문甲骨文에는 "세歲"가 𢁫로 나오는데, 이것은 무기였다. 그러나 이 같은 의미는 경전에는 보이지 않는다. 고대인은 일찍부터 그것으로 세성歲星을 가리켰다. 세성歲星은 태양계 행성중의 하나인 목성木星을 말하는데 대략 12년에 한 번 하늘을 일주하였으므로 고대인들은 그것으로 기년紀年을 삼았다.

중국에서 가장 이른 사전인 『이아爾雅』에 "하나라는 세歲, 상나라는 사祀, 주나라는 연年이라고 한다夏曰歲, 商曰祀, 周曰年"라고 하여 연年, 세歲, 사祀가 모두 동일한 의미를 지닌 단어임을 나타냈다.

연年과 세歲는 또 완전히 같은 뜻을 지닌 것은 아니다. "연年"은

158

수확하는 것을 뜻하기도 한다. 예를 들어 오곡이 풍성하게 수확되는 것을 고대인들은 "대유년大有年"이라 하였다. "연年"은 또 사람의 연령을 나타내기도 하였다. 즉 사람 인생 과정을 말할 때 소년少年, 장년壯年, 중년中年, 노년老年, 만년晚年을 모두 포함하는데, 여기 나오는 연年자는 모두 "세歲"자로 바꾸어 쓸 수 없다. 만약 고사성어 "연고덕소年高德邵"를 "세고덕소歲高德邵"라고 한다면 말이 되지 않는다.

『전국책戰國策·觸龍說趙太后』에 "나이가 몇인가? 대답하여 말하기를 15세입니다年幾何矣? 對曰, 十五歲矣"라고 나온다. 연年은 연령을 말하고, 세歲는 단지 시간만을 가리키고 있다. 『사기史記·秦始皇本紀』에 "나이 13세年十三歲"라고 나오는데 두 한자가 분명히 다르다는 것을 나타내고 있다. "세모歲暮"는 1년이 바야흐로 다 되어가는 때를 말하고, "모년暮年"은 사람의 말년을 가리킨다.

나중에 "세歲"도 사람의 나이를 가리키게 되었다. 송대 육유陸游의 「서분書憤」에 "젊은 시절 세상 일이 어려운 것을 어찌 알았겠는가?早歲那知世事艱"라고 했는데, "조세早歲"는 "조년早年 평측으로 측성자인 歲를 사용한 것이다." 즉 "소년少年"을 가리킨다. 평측 때문에 측성자인 세歲자를 사용한 것이다. 오늘날 "허세虛歲(xūsuì)",146) "주세周歲(zhōusuì)",147) "족세足歲(zúsuì)"148) 등은 모두 연령, 즉 나이를 가리키고 있다.

---

146) 역주 : 만으로 계산하지 않고 보통 집에서 세는 나이.
147) 역주 : 한 돌. 만 나이를 가리킨다.
148) 역주 : 만 나이를 가리킨다.

37. 12지지地支와 동물 띠 및 연도年度

중국인은 전통적으로 12동물 띠로 12지지에 배정하여 연도를 계산하는 방법이 있다. 이 12동물의 띠는 자子(쥐), 축丑(소), 인寅(호랑이), 묘卯(토끼), 진辰(용), 사巳(뱀), 오午(말), 미未(양), 신申(원숭이), 유酉(닭), 술戌(개), 해亥(돼지)이다. 12지지로 연도를 계산하는 방법은 12년을 1주기로 한다.

사람들은 나이를 말할 때 항상 동물의 띠로 나타내기를 좋아한다. 한 청년은 자신이 돼지띠에 속한다고 하였다. 만약에 동물의 띠로 나타내는 방법을 파악하면 그의 실제 나이를 산출하는데 편리하다. 금년은 임신년壬申年(1992)으로 원숭이 해이다. 원숭이의 해에서 거꾸로 미루어 9년 되는 해가 해년亥年으로 1983년이다. 그가 청년이기 때문에 다시 한 번 뒤로 1주기의 12지지 즉 12년을 뒤로 거슬러 계산해야 하는데 그렇게 하면 1971년이 된다. 이해는 해년亥年으로 돼지띠가 되는데 그가 출생한 연도가 된다. 이 청년은 1992년도에 21살이다.

동물의 띠로 연도를 계산하는 것을 이야기하려면 중국의 전통 기년紀年 방법에 대해서 대략적인 이해가 있어야 한다. 예로부터 지금까지 기년紀年은 대체로 두 가지로 나눌 수 있다. 하나는 정치기년政治紀年이고 하나는 자연기년自然紀年이다.

정치기년政治紀年은 정권의 흥망성쇠 및 교체와 연관된 기년紀年 방법이다. 고대에는 새 군주가 등극하면 그해를 원년元年으로 삼는데, 군주가 바뀌면 기년紀年을 처음부터 다시 시작한다. 예를 들

160

어 중국 최초의 편년체 사서인 『춘추春秋』가 바로 춘추시대 노나라의 12명 군주가 재위한 시간으로 기년紀年한 것이다.

한대에 와서 한무제漢武帝는 연호年號를 고쳐서 기년紀年했다. 그는 혼자서 10개의 연호年號를 사용하였다. 연호年號를 하나 바꾸는 것을 개원改元이라고 한다. 각 연호年號가 포함하는 시간의 길이는 같지 않다.

당나라 현종玄宗 때에는 선천先天, 개원開元, 천보天寶 3개의 연호年號가 있었다. 선천先天은 단지 1년이었고 개원開元은 28년, 천보天寶는 14년이었다. 명청대에 와서는 황제 한 사람이 하나의 연호年號를 사용하는 것이 일반적이 되었다. 예를 들어 청대 성조聖祖는 강희康熙를 연호年號로 해서 그가 끝마칠 때까지 계속되었다. 이렇게 되자 사람들은 반대로 연호年號를 가지고 황제를 지칭하게 되었다. 그래서 청성조淸聖祖를 강희제康熙帝라고 부르게 되었다.

또 하나의 방법은 자연기년自然紀年이다. 고대에 비교적 이른 시기에 세성기년歲星紀年을 사용했다. 세성歲星은 바로 목성木星을 말한다. 목성木星은 매년 하늘을 30도씩 이동하여 12년에 한 번 하늘을 일주한다. 고대인들은 주천周天[149]을 12개 별자리로 나누어 12개 성차星次로 불렀다. 세성歲星이 어느 별자리 영역에 들어가면 세성歲星이 어디에 있다고 불렀다. 예를 들어 『좌전左傳·襄公28年』에 "세재성기歲在星紀"라고 하였다. 이는 세성歲星이 성기星紀에 든 그 해를 말하는 것이다. 이 같은 기년紀年 방법의 최대 장점은 국가별, 군주 재위 시간 등의 제한을 받지 않는다는 것인데, "세재성기歲在星紀"처럼 이것은 당시 주나라 천자와 제후국 모두 적용한

---
149) 黃道 부근.

것이다. 그러나 세성歲星이 하늘을 일주하는 데는 꼭 12년이 아니
었다. 82년을 누적하면 성차星次를 하나 넘기게 되어 계산 착오가
생기기 때문에 대단히 불편하다. 그래서 태세太歲 기년紀年으로 고
쳐서 사용하였다.

태세太歲는 가상의 세성歲星인데, 그것을 12년마다 일주一周하는
것으로 규정한다. 한대에 와서 다시 천간지지天干地支를 결합하는
방법으로 기년紀年을 삼았다. 예를 들어 1989년은 하력夏曆으로 기
사년己巳年이다. 이 같은 간지 서열은 동한시대부터 해마다 배열
하기 시작했다. 간지기년干支紀年은 「38. 환갑還甲과 육십갑자六十甲
子」[年逾花甲]편을 참고하라.

동물 띠로 연도를 계산하는 것은 자연기년自然紀年의 일종으로
간지기년干支紀年과 비슷하다. 그것은 천간天干 부분을 떼어내고 단
지 12지지地支로 매 한 지支마다 동물을 하나씩 배속하여 나타냈
다. 동물 띠 기년紀年 방법의 기원은 상당히 이르다. 한대 왕충王充
의 『논형論衡』에 이미 언급되어 있다.[150]

12동물의 띠로 기년紀年하는 것은 분명 새로운 창안이다. 사람
의 일생은 일반적으로 동년童年, 소년少年, 청년青年, 장년壯年, 중년
中年, 노년老年으로 나눈다. 고대인들은 사람의 평균 수명이 오늘
날보다 짧았다. 소위 "인생칠십고래희人生七十古來稀"이다. 이 여섯
단계의 연령 단위는 각 단위가 지지地支의 한 주기(12년)에 해당한

---

150) 『論衡·物勢』:"寅, 其禽虎也; 戌, 禽犬也; 丑禽牛; 未禽羊; 亥, 其禽豕也; 巳,
其禽蛇也; 子, 其禽鼠也; 午, 其禽馬也; 子, 鼠也; 酉, 鷄也; 卯, 兎也; 申, 猴
也." 이밖에 "言毒","譏日"편 등에 약간 언급되어 있다. 1975년 湖北省 雲夢
睡虎地에서 출토된 秦代 竹簡의 『日書·盜者』에 동물 띠로 占卜하는 것이 기
록되어 있다.

162

다. 그래서 그것을 잘 활용하여 사람의 연령을 표시한다. 우리는 사람의 외모로 그가 소년, 청년 혹은 장년이라는 것을 하는데, 거기에다 그의 띠를 알면 그의 나이를 추정할 수 있다.

지역이 다르면 정치기년政治紀年은 대부분 서로 다르다. 그러나 동물 띠는 정치기년政治紀年의 제한을 받지 않는데, 이 또한 그것의 장점이다. 12종류의 동물로 연도年度를 구분하면 부르기에 편하며 매우 구체적이다. 12동물 띠는 민속학적인 내용도 있는데 그 중에는 미신적인 성분도 있다. 예를 들어 1991년은 양띠 해인 미년未年인데 양이 풀을 뜯어 먹어서 흉년이 된다는 식이다. 이 같은 해석은 비과학적인 것이다.

38. 환갑還甲과 육십갑자六十甲子

사람이 60세를 넘으면 그 해를 화갑花甲 또는 환갑還甲이라고 부른다. 속담에 "육십화갑자六十花甲子"라는 말도 있다. "화갑花甲"은 무슨 뜻인가?

『당시기사唐詩紀事』[151)]에 조목趙牧의 시를 인용하여 "손으로 육십갑자 꼽아보니, 순환하기 구슬을 희롱함 같네手捋(ruó)六十花甲子, 循環落落如弄珠"라고 하였다.

송대 범성대范成大는 「병오신정서회丙午新正書懷」 시에서 "돌아온 화갑자花甲子 축하하니, 사례로 술잔 권하네祝我剩周花甲子, 謝人深勸玉東西"[152)]라고 하였다. 이는 당송시대에 이미 "화갑花甲"이라는 단어가 있었다는 것을 말해주고 있다.

화갑花甲은 간지干支로 연도年度를 계산하는 데서 온 것이다.

중국 고대에는 10천간天干 갑을병정무기경신임계甲乙丙丁戊己庚辛壬癸, 12지지地支 자축인묘진사오미신유술해子丑寅卯辰巳午未申酉戌亥로 서로 배합하여 연도를 나타냈는데, 갑자甲子에서 계해癸亥의 순서로 조합되어 60년을 각각 호칭했는데 다음과 같다.

갑자甲子, 을축乙丑, 병인丙寅, 정묘丁卯, 무진戊辰,
기사己巳, 경오庚午, 신미辛未, 임신壬申, 계유癸酉,
갑술甲戌, 을해乙亥, 병자丙子, 정축丁丑, 무인戊寅,
기묘己卯, 경진庚辰, 신사辛巳, 임오壬午, 계미癸未,

---

151) 역주 : 南宋 邛州 臨邛人 計有功의 저서. 唐代 詩人들의 작품에 대해 평하였다.
152) "行年六十舊曆日, 汗脚尺三新杖藜. 祝我剩周花甲子, 謝人深勸玉東西" 汗脚은 발을 싸는 헝겊. 玉東西는 술잔.

갑신甲申, 을유乙酉, 병술丙戌, 정해丁亥, 무자戊子,

기축己丑, 경인庚寅, 신묘辛卯, 임진壬辰, 계사癸巳,

갑오甲午, 을미乙未, 병신丙申, 정유丁酉, 무술戊戌,

기해己亥, 경자庚子, 신축辛丑, 임인壬寅, 계묘癸卯,

갑진甲辰, 을사乙巳, 병오丙午, 정미丁未, 무신戊申,

기유己酉, 경술庚戌, 신해辛亥, 임자壬子, 계축癸丑,

갑인甲寅, 을묘乙卯, 병진丙辰, 정사丁巳, 무오戊午,

기미己未, 경신庚申, 신유辛酉, 임술壬戌, 계해癸亥.

10과 12의 최소공배수最小公倍數는 60이다. 60년이 바로 한 번의 순환이다. 한 개인이 만약 갑술년甲戌年에 태어났다면 그가 60세 되는 그 해 다시 갑술년을 맞게 된다. "순환하기 구슬을 희롱함 같네循環落落如弄珠"는 조금도 거짓이 아니다. 만 60세가 되었을 때 인생 중에 6번의 "갑甲"년이 지난 것으로 바로 여섯 번째 갑년 즉 "육갑六甲"을 맞는 것이다.

고대인들은 일반 꽃이 모두 5개의 꽃잎으로 되어 있는 것을 발견하였다. 다만 소수의 식물만이 눈송이처럼 여섯 조각으로 되어 있어 구하기가 힘들다는 것을 알게 되었다. 꽃은 이미 여섯 조각으로 된 것이 진귀하여 육갑六甲을 화갑花甲이라고 부르게 되었는데, 여기에는 60세가 희귀하다는 것과 길하다는 것을 나타내는 뜻이 담겨있다.

39. 부負/배背, 임任/포抱, 하何/견掮, 담儋/담担

부負/배背, 임任/포抱, 하何/견掮, 담儋/단担 이 8개의 한자는 둘씩 짝이 되어 뚜렷한 시대 차이를 형성하고 있다. 예를 들어 등짐을 지는 것을 나타내는 데, 고대에는 부負자로 후대에는 배背자로 말하였다. 임任/포抱, 하何/견掮도 이 같은 경우에 속한다. 한자의 형태상에서 분석을 하면 부負, 임任, 하何, 담儋은 모두 "인人"을 편방으로 구성된 한자들이다. 배背, 포抱, 견掮, 담担은 모두 "수手"를 편방으로 구성된 한자이다.

負

"부負"자는 전문篆文에 負으로 나온다. 윗부분이 "인人"이고 아래부분이 "패貝"로 본래 등으로 물건을 지는 것을 가리킨다. 예를 들어 『사기史記·廉頗藺相如列傳』에 "염파廉頗가 듣고는 옷을 벗어 살을 드러내고 가시나무를 지고 빈객을 통해 인상여藺相如의 문에 이르러 사죄하였다廉頗聞之, 肉袒負荊, 因賓客至藺相如門謝罪"라고 하였다. 부형負荊은 사람의 등에 가시나무 곤장을 지는 것을 말하는데, 달게 장벌杖罰을 받고자 함을 나타낸다. 또 고사성어 "여문부산如蚊負山"이 『장자莊子』에 나온다. 부산負山이라는 것은 등에 지는 것으로, 모기가 큰 산을 등에 지는 것이니 "어떤 일을 감당할 수 없음"을 말

166

한다. 이밖에 부판負版,[153) 부노負弩,[154) 부조負俎,[155) 부급負笈,[156) 부
고負鼓,[157) 부정負鼎,[158) 부석투하負石投河[159) 등의 어휘들은 모두 한
대 이전에 생긴 어휘이다. 그중에 "부負"는 모두 등에 지다는 뜻이
다. 배背, 揹자는 나중에 생겨난 한자이다.

任

임任은 포抱의 의미이다. 예를 들어 『시경詩經·大雅·生民』에 "이에
안고 이에 지고是任是負"라고 나온다. 이 같은 의미는 생겨난 시대
가 매우 이른데, 진한秦漢 이후에는 사용이 드물어졌다. 우리는 또
한자의 어원상에서 "임任"자의 뜻을 분석할 수 있다. 왕력王力(1900-
1986)의 『동원자전同源字典』에서 "'임任'은 회포懷抱이고, '임妊'은 회잉
懷孕인데, 두 자는 동원同源이다"라고 하였다. 임신妊娠은 어머니의
몸속에 어린 생명체를 품은 것을 말한다. 이 임任자는 또 임姙도
쓰는데, 최초에는 "임任"으로 썼다. 『한서漢書·敍傳上』에 "이전에 유
온劉媼이 고조를 임신하였다初劉媼任高祖"라고 했는데, 당대의 안사
고顏師古는 임任이 아이를 배다, 즉 임신의 뜻이라고 하였다.

何

153) 역주 : 나라의 지도나 호적 따위를 지님. 나라의 영역.
154) 역주 : 활을 지니고 앞장서다. 귀빈을 영접하는 것.
155) 역주 : 도마를 짊어지다. 시세에 영합하여 등용을 바라는 것.
156) 역주 : 冊櫃를 짊어지고 가는 것에서 遊學을 의미함.
157) 역주 : 북을 짊어지다. 북을 치다.
158) 역주 : 鼎을 짊어지다. 伊尹이 湯王에게 鼎俎를 지고 나아간 일이 있다.
159) 역주 : 돌을 짊어지고 물에 뛰어들다. 필사의 결심을 한 것을 비유함.

하何는 갑골문甲骨文에 ᠕으로 나온다. 사람이 어깨에 물건을 메고 있는 것을 형상한 것으로 바로 "가可"자이다. "가可"는 차용되어 조동사로 쓰이게 되었고, 어깨에 메다는 뜻은 달리 "하何"자를 새로 만들었다. 『시경詩經·曹風·候人』에 "단과短戈를 메고 죽장竹杖을 지고何戈與'礻+殳'(duì, 일종의 무기)"라고 하여 하何를 메다는 의미로 쓰였다. 그런데 "하何"자를 다시 의문대명사로 사용하게 되자, 어깨에 메다는 의미는 "하荷"자로 넘어가게 되었다. 예를 들어 도연명陶淵明의 시에 "달과 함께 호미 메고 돌아오네戴月荷鋤歸"라고 하였다. 견揃자는 나중에 생긴 한자이다.

儋

담儋, 담擔은 고금의 뜻에 변화가 없다. 다만 문자의 의부가 "인人"에서 "수手"로 바뀌었다. 『국어國語·齊語』에 "부임담하負任儋何"라는 문구가 있는데, 마침 이 4자로 구성된 것이다. 한대의 주해에는 "배背, 揃를 일러 부負라 하고, 견肩을 일러 담儋이라 한다. 임任은 포抱이고, 하何는 게揭다"라고 하였다. 게揭는 어깨에 메는 강扛의 뜻이다. 『장자莊子·胠篋』에 "궤짝을 등에 지고 상자를 메다負匱揭篋"라고 하였다. 게협揭篋은 상자를 메는 '강갑扛匣'을 말한다. 게揭는 아마도 방언에 속하는 것 같다. 그래서 사용이 보편적이지 않다.

고대에 짐을 지고 머리에 이는 것과 관련된 자는 모두 "인人"의 부를 지니고 있다. 이것은 상고시대에 부대負載가 주로 인력에 의존하고 있다는 것을 설명해준다. 나중에 "수手"로 고쳐서 사용한

168

다. 어깨에 메고 등에 지는 것은 모두 손과 무관하다. "수扌"는 구
체적인 의미를 나타내지는 않고 다만 부호에 지나지 않는다. 인
류가 무거운 짐을 지는 것은 시대가 변함에 따라 인력으로 하는
상황은 갈수록 적어질 것이다. 어휘 또한 자연히 그것에 따라서
변화할 것이다.

40. 개대환희皆大歡喜[160] 환희歡喜와 희환喜歡

희환喜歡은 환희歡喜로 바꾸어 사용할 수 있다. 그러나 고사성어의 "개대환희皆大歡喜", "환희약광歡喜若狂"은 일반적으로 "희환약광喜歡若狂"이나 "개대희환皆大喜歡"으로 바꾸어 쓸 수 없다. 이 문제는 이야기하자면 대단히 흥미롭다.

한어에는 이 같은 동의어, 즉 형태소도 같고 순서도 상호교환이 가능한 한자인데, 예를 들면 천원泉源/원천源泉, 대체代替/체대替代, 난화暖和/화난和暖, 호상互相/상호相互 등이다. 형태소는 같으나 순서가 다른 "동소이서사同素異序詞"이다. 희환喜歡과 환희歡喜가 바로 이 같은 동의어군에 속한다.

서로 관련이 있는 이들 두 단어는 사용 측면에 있어서 익숙하거나 낯설다는 차이가 있다. 이 가운데 하나는 비교적 상용하여 "상식常式"이라 부를 수 있는데, 다른 하나는 상용하지 않아서 "변식變式"이라 부른다. 물론 드문 경우 두 개 모두 상용하는 경우가 있다. 예를 들면 식양式樣/양식樣式, 질투嫉妬/투질妬嫉, 천원泉源/원천源泉 등이다. 다음의 예는 앞부분은 "상식常式"이고, 뒷부분은 "변식變式"에 속한다.

사병士兵/병사兵士, 영혼靈魂/혼령魂靈, 운기運氣/기운氣運,
도비盜匪/비도匪盜, 양식糧食/식량食糧, 감정感情/정감情感,
신사紳士/사신士紳, 분체噴嚏/체분嚏噴, 척배脊背/배척背脊,

---

160) 역주 : 皆大歡喜는 모두 크게 기뻐하다는 뜻으로 鳩摩羅什이 한역한 『金剛經』등에 보인다.

리파籬笆/파리笆籬, 보수報酬/수보酬報, 공간空間/간공間空
(이상은 名詞)

협착狹窄/착협窄狹, 적정寂靜/정적靜寂, 광영光榮/영광榮光,
건강健康/강건康健, 박소朴素/소박素朴, 요긴要緊/긴요緊要,
검성儉省/성검省儉, 직상直爽/상직爽直, 직솔直率/솔직率直,
민예敏銳/예민銳敏, 모호模糊/호모糊模, 정제整齊/제정齊整
(이상은 形容詞)

능가凌駕/가능駕凌, 절할切割/할절割切, 조란阻爛/란조爛阻,
탁부托付/부탁付託, 이별離別/별리別離, 전재剪裁/재전裁剪,
세쇄洗刷/쇄세刷洗, 완상玩賞/상완賞玩, 변론辯論/론변論辯,
(이상은 動詞)

강재剛才/재강才剛, 반도反倒/도반倒反, 총공總共/공총共總,
비교比較/교비較比, 보준保準/준보準保
(이상은 副詞)

　상식常式과 변식變式은 의미상 완전히 일치하지는 않는다. 먼저
문언과 백화가 다르다. 상식常式은 일반적으로 백화이고, 변식變式
은 대부분이 문언적인 의미를 지닌다. 그래서 어휘구성 성분으로
다시 새로운 어휘를 구성할 때 일반적으로 상식常式을 사용한다.
　예를 들어 "계산計算"을 보자. 계산기計算機, 계산기計算器, 계산척
計算尺, 계산수학計算數學 등이 있고, "비교比較"의 경우에는 비교급比
較級, 비교계수比較係數, 비교문학比較文學, 비교언어학比較言語學 등이
있다. "절할切割"의 경우에는 절할법切割法, 절할기상切割機床 등이 있
으며, "모호模糊"의 경우 모호학模糊學, 모호개념模糊概念 등이 있다.
우리는 산계기算計機, 교비급較比級, 할절법割切法, 호모학糊模學이라고

말하지 않는다.

그렇지만 문언적인 의미를 지니는 4자 형식은 변식變式을 사용해야 한다. 예를 들어 사관긴요事關緊要, 부탁득인付託得人 등. 개대환희皆大歡喜, 환희약광歡喜若狂은 바로 문언 의미를 지니는 4자 형식에 속하는 경우다. 그래서 변식變式을 사용해야 하며 상식常式은 사용할 수 없다. 예를 들어 "개대희환皆大喜歡"이라고 말한다면 사람들은 어딘지 모르게 조화롭지 못하고 부자연스럽다고 느낄 것이다.

이밖에도 상식常式의 의미는 비교적 추상적이고 변식變式의 경우는 비교적 구체적이다. 이것 또한 양자의 차이점이다. 예를 들어 "협착狹窄", "착협窄狹"은 도로나 교량 등을 형용하는데 둘 다 사용 가능하다. 그러나 추상적인 사물을 형용할 때, 예를 들어 사람의 마음이나 도량을 말할 때는 상식常式인 "협착狹窄"을 사용하고 변식變式인 "착협窄狹"을 사용할 수 없다.

"건강健康"과 "강건康健"도 모두 사람의 신체를 형용하는데 사용할 수 있지만, 언어나 문예를 형용할 때는 다만 "건강健康"만 사용하고 "강건康健"은 사용할 수 없다. 옷이나 모자를 "세쇄洗刷"하거나 "쇄세刷洗"한다고 할 수 있지만, 가령 목적어에 치욕恥辱이나 죄명罪名 등이 올 경우, 다만 "세쇄洗刷"만 사용하고 "쇄세刷洗"는 사용이 불가능하다.

어의의 범위가 어느 때는 전혀 다른 경우도 있다. 예를 들어 "복심腹心(fùxīn)"과 "심복心腹(xīnfù)"은 모두 극히 가까운 사람을 말한다. 그러나 "복심腹心"은 급소나 중심 부분을 비유하기도 한다.

예를 들어 복심지대腹心地帶, 복심지질腹心之疾인데, 이 같은 의미는 "심복心腹"에는 갖추지 못한 것이다.

"호상互相(hùxiàng)"과 "상호相互(xiānghù)"는 모두 동사를 수식할 수 있다. 예를 들어 호상신임互相信任, 상호신임相互信任이 있다. 상호相互는 또 명사를 수식할 수도 있다. 예를 들어 상호관계相互關係라고 한다. 그러나 호상互相은 명사를 수식할 수 없으므로 "호상관계互相關係"라고 할 수 없다.

이밖에도 방언의 차이가 있다. 북방어는 "조신早晨(zǎo·chén)"이라 하고, 광주어廣州語는 "신조晨早"라고 한다. 북방어의 "열뇨熱鬧(rè·nao)"는 소주어蘇州語, 민북어閩北語, 민남어閩南語로는 "요열(鬧熱)"이라고 한다. 북방어로 감옥을 뜻하는 "감뢰監牢(jiānláo)"는 상해어上海語로 "뇌감牢監"이라고 한다.

고대한어에서는 문자의 순서를 호환할 수 있는 단어가 비교적 많았다. 예를 들어 다음과 같다.

민인民人과 인민人民
『맹자孟子·公孫丑』"오곡이 무르익어 백성이 잘 양육되었다五穀熟而民人育"[161]
『좌전左傳·隱公十一年』"예禮는 국가를 경영하고, 사직을 안정케 하며, 백성을 차례 있게 한다禮, 經國家, 定社稷, 序人民"

붕우朋友와 우붕友朋
『맹자孟子·離婁下』"착한 일을 강권하는 것은 붕우간의 도리이다責善, 朋友之道",
『좌전左傳·庄公二十二年』"어찌 가고 싶지 않을까, 나의 벗들을 두려워하도다豈不欲往, 畏我友朋"

---

161) 『孟子·騰文公上』참고.

복종服從과 종복從服

『예기禮記·內則』"도道가 부합하면 복종한다道合而服從"

『순자荀子·非十二子』"통하여 이르는 곳의 사람으로 복종치 않는 이가 없다通達之
屬莫不從服"

안위安慰와 위안慰安

『고시·위초중경처작古詩·爲焦仲卿妻作』"때때로 위안 삼으시고 오래도록 잊지 말
아 주세요時時爲安慰, 久久莫相忘"

『한서漢書·車千秋傳』"위의 뜻을 널리 펴고자 하면 뭇 백성들을 위안하라思欲寬上
意, 慰安衆庶"

예가 많아서 여기에서 전부 들지 못했다.

174

41. 영서연설郢書燕說[162]과 촛불

『한비자韓非子·外儲說左上』에 이런 고사故事가 나온다. 초나라 영도郢都에 어떤 사람이 살고 있었는데 밤중에 연나라의 재상에게 편지를 쓰고 있었다. 촛불이 밝지 않아서 촛불을 들고 있던 시종에게 "촛불을 좀 더 높이 들라!" 하고 말했다. 이때 잘못하여 편지에다 "촛불을 들라"는 "거촉擧燭"을 집어넣게 되었다. 연나라 재상은 편지를 받고는 "거촉擧燭"이라는 말을 특별히 감상하고, "촛불을 들라는 의미는 광명을 숭상하라는 뜻으로, 광명을 숭상하는 것은 현인賢人을 천거하고 관직을 내리라는 것을 말한다"고 해석하였다. 그리고는 이 같은 뜻을 연왕燕王에게 보고했다. 연왕燕王은 매우 기뻐하여 곧 "거촉擧燭"의 뜻을 국가를 잘 다스리고 현명한 인재를 등용하라는 것으로 알고 그렇게 실행하였다. 이때부터 국가가 융성 발전하기 시작하였다. 이 고사故事를 마친 후 저자는 다음과 같이 논평하였다. "국가는 잘 다스려졌지만 편지를 쓴 사람은 이 같은 뜻을 의도한 것이 아니었다."

이것은 아주 분명한 오해이다. 그러나 또한 이치에 부합하는 것도 있다. 이 고사故事에 담긴 뜻이 매우 의미심장하다.

촉燭의 의미는 고금古今이 다른데, 이는 조명에 쓰이는 재료가 다른 것과도 관련이 있다. 갑골문甲骨文 중에 燭이 있는데, 屮이 바로 횃불[火把]이고, 燭은 무릎을 꿇고 앉은 사람이 두 손을 내밀어 횃불

---

162) 郢書燕說은 도리에 맞지 않는 일을 억지로 끌어 대어 도리에 닿도록 하는 것을 뜻하는데, 郢都 사람의 글을 좋은 뜻으로 잘못 풀이하여 연나라를 다스렸다는 고사에서 유래하였다.

[火把]을 잡고 있는 모습이다. ㈜은 촉燭으로 또한 횃불[火把]이다.

　촉燭의 재료는 여러 가지가 있다. 삼줄기, 가시나무, 죽간 등. 아직 연소되지 않은 촉燭을 초燋(jiāo)라고 부른다. 대촉大燭은 지상에 꽂아 세워놓고 소촉小燭은 시동侍童으로 하여금 들게 하였다. 『예기禮記·檀弓上』에 "동자가 구석에 앉아 촉을 잡았다童(僮)子隅坐執燭"라고 하였다. 촉燭을 들 때는 약간 받쳐 들어야 계속 들고 있기에 편리했다. 『예기禮記·少儀』에 "촉燭을 잡고 초燋를 안았다執燭抱燋"라고 하였다. 촉燭의 하단부를 "발跋"이라고 부르는데 손으로 잡는 부분이다. 『예기禮記·曲禮』에 "촉燭은 그 발跋을 보이지 않게 한다燭不見跋"라고 하였다. 이 말은 촉燭을 태우고 나면 다만 밑부분인 발跋이 남는데, 이 발跋은 감춰서 손님들로 하여금 보지 못하도록 했다. 왜냐하면 발跋이 많이 쌓인 것을 보게 되면 손님들은 밤이 깊었다고 생각하여 돌아가기를 청할 것이기 때문이다.

　한대 초기에 이미 납촉蠟燭이 있었다. 그러나 촛불[燭把]을 들던 분위기는 더 지속되었다. 『남사南史·羊侃傳』에 "저녁이 되어 시비侍婢 백여 인이 금화촉을 잡았다至夕, 侍婢百餘人俱執金火燭"『주서周書·呂思禮傳』에 "밤에 독서하였는데, 하인으로 촉을 잡게 하였다夜讀書, 令蒼頭執燭"라고 하였다. 『개원천보유사開元天寶遺史』에 "위척韋陟의 집은 여종으로 하여금 촉을 잡게 하였다韋陟家使婢執燭"라고 하였다. 이로 보건대 당대에 여전히 집촉執燭의 관습이 남아 있었다.

　『사원辭源』에 "촉燭은 화거火炬다. 나중에 지방 고형분인 고膏로 만들어 밝음을 취하는 것을 가리켜 촉燭이라 한다." 이로 보건대 촉燭이 납촉蠟燭을 가리키게 된 것은 나중에 생긴 것이다.

당대 이상은李商隱의 시에 "봄누에는 죽어서야 실이 다하고, 촛불은 재가 되어서야 눈물이 마른다春蠶到死絲方盡, 蠟炬成漏始干"고 하였다. 납거蠟炬라고 칭했는데, 백거이白居易의 「방가야연희설증주인房家夜宴喜雪贈主人」에는 "촛농은 반盤에 포도葡萄처럼 쌓이네燭漏粘盤壘葡萄"라고 하여 촉촉燭은 다만 납거蠟炬를 가리켰다.

송태종이 그의 형인 태조를 살해한 일에 관해서는 촛불 그림자를 빌어 송태조와 자리를 피해 응대했는데, 결과는 도끼 소리가 갑자기 나면서 형을 죽이고 제위를 빼앗는 1막을 형성하였다. 이같은 일이 실제로 있었는가 하는 것은 역사상 하나의 공안公案이 되었다. 촛불 그림자와 도끼소리, 즉 촉영부성燭影斧聲 이 얼마나 형상적인 언어인가!

42. 모자帽子의 역사와 문화

모帽, 관冠, 면冕, 변弁, 건巾, 책幘 같은 모자帽子와 관련된 6개의
한자는 3가지 부류로 나눌 수 있다.

> 첫째, 모帽인데 모는 각종 모자帽子의 통칭이다. 발생 시기가 가장 이
> 르다.
> 둘째, 관冠, 면冕, 변弁으로 이들은 등급을 나타내는 예모禮帽이다.
> 셋째, 건巾, 책幘으로 이들은 비교적 간단하고 남루한 일반 모자를 가
> 리킨다.

전문篆文에서 모帽자는 ⺆로 나오는데, 머리를 싸매는 머릿수건
같은 물건으로 나중에 "목目"자를 첨가하여 보이지 않는 것을 나
타내는데 ⻯를 사용하게 되어, 다시 "건巾"자를 보태서 헝겊이
나 실 같은 것으로 가공 제작한 것을 나타낸다.

당대의 유서類書[163] 『초학기初學記』[164]에 "상고시대에는 동굴이나
들판에 거주했고, 털옷을 입었으며 가죽으로 모자를 썼다. 후대
에 ... 마침내 관면冠冕을 만들었다上古穴居野處, 衣毛而冒帽皮, 後代 ... 遂作
冠冕"라고 하였다. 이로 보건대 상고시대에는 사람들이 짐승의 가
죽으로 모자를 만들었다는 것을 알 수 있다.

"⺆"는 "모帽"로 대체된 후에 독립적으로 사용할 수 없게 되었으
나 한자를 구성하는 편방으로는 사용할 수 있었다. 예를 들어 고

---

163) 역주 : 類書란 여러 사항에 따라 분류하여 만든 백과사전격인 책을 말한다.
『太平御覽』이나 『古今圖書集成』 등이 있다.
164) 역주 : 당대 徐堅 등이 편찬한 類書, 30권으로 23부로 분류하였다.

대인들이 썼던 투구를 "주冑"라고 하는데 주冑자의 아래 부분이 冃인데, 바로 𣎆자이다.

"오사모烏紗帽"는 남북조시대에 시작했는데 처음에는 관리들이 착용했다. 나중에 민간에 전파되었다. "오사모를 쓴다戴烏紗帽"는 것은 관직에 나간다는 말을 대신 지칭하게 되었다.

관冠은 전문篆文에 𢅼로 나온다. 兂은 원元으로 사람의 머리를 가리킨다. 아래 부분은 𠄌인데 인人이다. 상부의 이二는 사람의 머리를 가리킨다. 𠆢은 모자이다. 㣇은 손[手]을 나타낸다. 한자의 형태 전체가 한 폭의 간단한 그림인데, 손으로 사람에게 모자를 씌워주는 것을 표시한다. 고대에 귀족청년들은 스무 살이 되는 해에 의례를 행하였다. 이때 이 같은 종류의 모자를 착용하는데 성인이 되었다는 것과 관직에 나갈 수 있게 되었다는 것을 나타낸다. 이 같은 의례를 관례冠禮(guānlǐ)라고 한다. 나중에 "관자冠子"라는 단어가 성인을 뜻하게 되었고, "약관弱冠"은 스무 살 전후의 청년기를 가리키는 말이 되었다.

관冠은 관직에 오른 사람이 쓰는 것으로 "괘관挂冠(guàguān)"은 관직을 그만두는 것, 즉 관직을 사직하는 것을 말한다. 괘挂의 의미가 걸어 두다는 뜻으로, 관冠을 쓰지 않는다는 데서 사직하다를 말한다. "탄관彈冠(tánguān)"[165]은 취임하여 관직에 오르는 것을 말한다. 고대에는 관리의 수레 위에 덮개가 있었다.[166] 시에서 "관개冠蓋(guāngài)"라는 표현으로 높은 직책을 맡은 관리와 귀인을 가리켰다. 두보의 「몽이백夢李白」시에 "관을 쓴 이들은 서울에 가득

---

165) 탄관(彈冠, tánguān)은 관의 먼지를 털다는 뜻인데, 여기에서 벼슬길에 나아갈 준비를 하다는 뜻이 나왔다.
166) 수레 덮개는 일종의 큰 우산 같았다.

한데, 이 사람만 홀로 초췌하도다冠蓋滿京華, 斯人獨憔悴"라고 하였다.

관冠의 종류는 여러 가지가 있다. 통천관通天冠, 원유관遠遊冠, 진현관進賢冠, 건화관建華冠, 방산관方山冠, 각비관却非冠, 교사관巧士冠, 장보관章甫冠, 각적관却敵冠 등인데 여기서 모두 상세하게 언급할 수 없다.

면冕(miǎn)의 등급은 관冠보다 높다. 한자의 맨 위에 있는 "曰"은 바로 帽이며 "免"이 성부를 나타낸다. 면의 형태상 특징은 앞뒤에 류旒가 있어서 옥구슬을 꿰어 매달고 있다. 류旒[167]의 다소로 등급을 구분했는데, 제후는 9류이고 천자는 12류이다. 나중에는 천자만이 면冕을 쓸 수 있었다. 당대 왕유王維의 「화가지사인조조대명궁和賈至舍人早朝大明宮」에 "구중궁궐의 대문 열리고, 만국의 의관을 갖춘 이들 임금을 배알하네九天閶闔開宮殿, 萬國衣冠拜冕旒"라고 하였는데, 의상 복식이 각기 다른 각국의 사신들이 당나라 군주에게 조공 인사하는 것을 형용하였다.

면冕은 군주가 착용하는 것으로 등급이 가장 높다. 그래서 체육 경기 중에 1등 자리를 지키기 위해 행하는 경기를 "타이틀 방어전", 즉 위면새衛冕賽(wèimiǎnsài)라고 한다.

변弁(biàn)은 피변皮弁(píbiàn)과 작변爵弁(juébiàn) 두 가지 종류로 나뉜다. 전자는 정벌과 사냥 때 착용하고, 후자는 제사 때 착용한다. 후대에는 무관이 피변皮弁을 썼기 때문에 나아가 변弁이 무관을 가리키게 되었고, 병변兵弁(bīngbiàn)[168]과 장변將弁(jiàngbiàn) 같은 말이 나오게 되었다. 청대에는 오로지 낮은 관직의 무관만을 변弁이라고 하

---

167) 비단 끈으로 된 수술.
168) 병사, 병졸을 의미한다.

여, 마변馬弁(mǎbiàn), 변목弁目(biànmù) 같은 명칭이 생기게 되었다.

변弁은 예서隸書에 卉로 나온다. 생략해서 𠦼로 하는데, 다시 변
卞으로 변하여 성씨로 쓰이고 변弁자와는 구분되어 두 개의 문자
로 나뉘어졌다. 고대에는 직업을 가지고 성씨를 삼았던 때가 있
었다. 변卞씨 성은 아마도 무관武官 출신일 가능성이 있다.

건巾은 실제로 머리를 싸매는 천의 일종으로 곤궁한 사람이 착
용했다. 한대에 "창두蒼頭"는 푸른 건巾으로 머리를 싸맨 노예였
다. 한말의 농민 봉기군들이 누런 건巾을 머리에 둘렀기 때문에
"황건군黃巾軍"이라고 불렀다.

사대부와 지식인도 건巾을 착용하였다. 삼국시대 제갈량諸葛亮은
"윤건綸(guānjīn)"을 썼는데 후에 이 같은 건巾을 "제갈건諸葛巾"이라고 불
렀다. 당대 이백李白의 「조로유嘲魯儒」라는 시에 "발에는 멀리 나들이
하는 신을 신고, 머리에는 방산건方山巾을 썼네足着遠遊履, 首戴方山巾"이라
고 하였다. "방산건方山巾"은 유생儒生들이 착용하는 모자의 일종이다.

건巾에는 여러 가지 종류가 있는데 책幘, 복幞, 초帩 등이 있다.
어떤 것은 속모자, 즉 "츤모襯帽"인데, 바깥에 정식으로 모帽나 관冠
을 착용해야 했다. 당대 안사고顏師古는 "책幘"은 머리를 싸는 건巾
으로 관冠 아래 있었다고 하였다.

한대의 고시古詩 「맥상상陌上桑」에 "소년은 나부羅敷를 보면, 모자
를 벗고 초두를 드러냈네少年見羅敷, 脫帽著帩頭"라고 하였다. 나부羅
敷169)는 미녀였는데, 젊은이들이 그녀를 사모하여 분분히 모자를
벗고 인사를 하느라 "초두帩頭"를 드러냈다고 한다.

정식으로 바깥에 쓰는 모자인 "책幘"과 "복幞"은 모두 지위가 높
지 않은 사람들이 썼다. 한대에 "녹책綠幘"을 착용한 사람은 천역
에 종사하던 사람이었다. 당대에는 시간을 알리는 역할을 맡은
하인의 머리에 닭 벼슬 모양의 진홍색 "책幘"을 착용하였는데 "강
책絳幘"이라 하였다.

위에서 서술한 왕유王維의 같은 시에 이 같은 묘사가 있다. "붉
은 두건 쓴 계인鷄人이 새벽을 알리니, 상의에서는 갖옷을 바치네
絳幘鷄人報曉籌, 尙衣方進翠雲裘"라고 하였다. 이 한 편의 시에 두 군데에
서 모자를 언급하고 있다. 면류관冕旒冠를 쓴 천자天子와 강책絳幘을
쓴 계인鷄人이 서로 대비를 이루어 흥미로운 모습을 보이고 있다.

---

169) 역주 : 조나라 王仁의 아내로 美貌가 매우 뛰어났는데, 美女의 통칭으로 사용
     되었다. 太守의 유혹을 거절하는 내용은 「秋胡戲妻」전설과도 관련이
     있는 것으로 알려져 있다.

43. 화학용어化學用語의 발음

1

"甙"는 현대한어에서 사용되고 있는 화학용어이다. 한 번은 많은 화학자들이 참석한 좌담회 석상에서 모두들 이 문제를 가지고 열렬하게 토론하고 있었다. 甙을 왜 dài로 발음하고 gān으로 읽지 않는가? 이 한자의 편방 중에 "감甘"자가 있으므로 "gān"으로 읽으면 많은 사람들이 잘못 읽는 것을 줄일 수 있지 않은가?

甙은 일종의 화합물로 영어로는 "글루코시드(glucoside)"라고 한다. 그러나 이것은 음역어가 아니다. 만약에 음역어라면 발음의 근거에 대해 논의할 문제가 되지 않았을 것이다.

甙은 고대에 이미 나오는 한자이다. 이 한자의 발음을 이해하는 데는 3가지 방면에서 분석해 볼 수 있다.

1 반절

『광운廣韻』에 "甙은 도개절徒蓋切"로 나온다. 오늘날의 음으로 읽으면 dài이다. 이것이 甙자의 음을 확정짓는 확실한 근거이다. 다음의 분석은 참고 보충 작용을 한다.

2 성부

이 한자의 뜻은 "감甘"을 가리킨다. 감甘은 의부이다. 윗부분의 익弋은 성부이다. 익弋은 yì로 읽는다. 현대한어에서 甙가 dài로 읽는 것과는 서로 거리가 멀다. 그러나 고대음에서는 익弋이 貳자의 성부임에는 문제가 없다. 『설문해자說文解字』에 "대代, 종인從人, 익성弋聲", "특忒, 종심從心, 익성弋聲"으로 나오는데 "익弋"으로 성부를 한 한자는 설음舌音으로 읽을 수 있다는 것을 알 수 있다.

익弋은 고대에는 "유모사등자喩母四等字"에 속했다. 고대음운학자인 증운건曾運乾(1884-1945)[170]은 "유사귀정喩四歸定"을 제안하였는데, 이것은 유모사등자喩母四等字가 고대에는 설음舌音으로 읽었다는 것으로, 이 주장은 학계에서 받아들여졌다. 유사귀정喩四歸定으로 해서 유모사등喩母四等의 舀를 성부로 하는 한자 도稻, 도蹈, 도滔는 설음舌音으로 읽는다. 그런데 "이台"자는 (定母字에 속한다) 그것을 성부로 하는 이眙, 이飴, 이怡는 유모사등자喩母四等字이다. 貳의 성부는 익弋이다. 발음상 근거가 있다.

3 한자 구조

『설문해자說文解字』에 "대代"는 있는데 貳은 없다. 貳이 처음 보이는 것은 『옥편玉篇』인데, 대代와 貳의 다른 점은 형부에 있다. 한자가 형성될 때 어떤 것은 편방을 이용하여 바꾸는 방법이 있다. 예를 들어 아가미 "시腮"자는 당대 단성식段成式(?-863)의 『유양잡조酉陽雜俎·醫』에 "배주裵青가 처음에 믿지 않고 아가미[腮] 없는 잉어회를 좌우로 하여금 먹게 하였다裵初不信, 乃膾鯉魚無腮者. 令左右食之"라고 하였다. 옛날에는 시腮자를 가지고 새鰓를 나타냈다는 것을 설명하고 있는 것이다. 새鰓와 시腮 두 자의 편방은 교환이 가능했

---

170) 역주 : 字는 星笠, 湖南 益陽人. 中山大學, 湖南大學 등을 역임. 중국음운학자. 저서에 『聲韻學講義』, 『喩母古讀考』, 『尚書正讀』등이 있다.

다. 효醉자는 교敎자의 편방 교환자이다. 교敎의 편방은 "孝(jiào)"로 효孝(xiào)가 아니다. 효醉(jiào)와 교敎(jiào)는 동음자이다. 현재 사람들은 효醉(jiào)를 효孝(xiào)로 잘못 읽고 있다. 그래서 구조상의 분석은 "甙"을 "대代"의 편방 교환자로 간주할 수 있다.

2

위에서 언급한 좌담회는 甙과 감甘을 합병 통일시키는 문제를 토론하기 위한 것이다. 甙이라는 화합물은 최초에는 일본어 번역 명칭을 채택하여 "배당체配糖體", "배당물配糖物"로 했다. 만약에 ×××배당체配糖體에 사용한다면 "감甘"자를 사용하였다. 감甘과 甙이 동음同音이어서 금세기 50년대에 화학자가 고문자인 "甙"자를 처음 사용하였다. 그래서 감甘자를 병용하는 상황이 나타났다. 식물화학, 약물화학 영역에서 "甙"을 사용하고 생물화학 분야에서는 "감甘"을 따랐다. 홍콩 지역은 甙, 苷을 혼용하였고, 대만은 苷자를 사용하고 甙을 사용하지 않는다.

사물은 같지만 명칭이 달라서 사용하는데 불편하고, 특히 정보시대에 정보교환에도 영향을 끼치므로 통일할 필요가 있게 되었다. 회의 시작 전에 나는 『현대한어사전現代漢語詞典』등의 사전류를 찾아보고 甙이 단자單字이며, 감甘은 "당감糖甘"이 있는 것을 보았다. "甙"자가 복합어까지는 관련이 없으므로 처리하는 데는 복잡하지 않았다.

그러나 실상은 그렇지 않았다. 회의석상에서 중국의학과학원 약물연구소의 한 교수는 내게 말하기를 甙으로 구성된 자가 무수히 많다고 하였다. 예를 들면 내지감內脂甙, 분감酚甙, 방순감芳醇甙, 도감荼甙, 대황분포도당감大黃紛葡萄糖甙, 향두감香豆甙, 향사香瀉甙, 야국화감野菊花甙, 이황동감異黃酮甙, 동감酮甙, 등동감橙酮甙, 화색감花色甙, 연교감連翹甙 등. 이들 단어는 그들이 가르치는 중에 상용하는 것으로 만약 당신이 수업 중에 "내지감內脂苷" 등으로 바꾸어 사용하면 다른 사람들은 알아듣지 못할 것이다.

문제가 복잡해서 간단하게 하나로 합칠 수 없었다.[171]

3

"甙" "苷" 이 두 자는 모두 상용자常用字가 아니고 통용자通用字이다. 국가언어위원회한자처[172]에서 편찬한 『현대한어통용자표現代漢語通用字表』에 수록되어 있다. 통용자표에 상용한자 부분이 포함되어 있다. 이것 외에는 불상용자不常用者 부분이다. 중국문자개혁위원회中國文字改革委員會(Committee for Language Reform of China)는 1956년 펴낸 『통용한자표초안(초고)通用漢字表草案(草稿)』에 상용자常用者·차상용자次常用者와 불상용자不常用者의 두 부분으로 나누었다. 후자에는 전문성을 지녔는데 그래서 이 초안의 불상용자不常用者 부분은 문언부분, 성명, 역사지명, 동식물, 과학기술, 기타 모두 6가지 부류로 분류하였다.

이 부분 한자의 연구에 대해서는 같은 전공분야와의 결합이 필요하다. 시대가 발전함에 따라 전문용어도 변한다. 예를 들어 甙, 苷

---

171) 회의 중에 어떤 이가 "苷"으로 확정하자고 거론하였다. 그러나 일정 단계에서는 여전히 "甙"을 사용할 수 있고, 점차로 바뀌는 과도적인 방법을 채택하였으므로, 비록 통일하였더라도 당장의 사용에 영향을 주지는 않는다.

172) 國家語委漢字處

은『초안草案』속에 모두 수록되지 못했다. 그러나 현재 학과의 발전에 따라 그것을 사용하는 기회가 많아지자 범위도 확대되었다.

또 "천圳"[173]자도『초안草案』에 수록되지 못했는데, 1964년『벽자僻字 지명을 바꾸는 것에 관한 통지(초안)關於生僻地名的通知(草案)』에 심천深圳의 천圳자가 벽자僻字에 들어갔다. 현재 심천深圳은 중요한 경제특구가 되어 그 이름이 국내외에 널리 알려지고 있다. 이 "천圳"자의 사용률이 크게 높아져서『현대한어통용자표現代漢語通用字表』에 그것을 수록하게 되었다. 한자 사용은 일종의 문화현상으로 과학기술, 경제 등 과 밀접한 관계가 있다.

---

173) 역주 : 圳(zhèn)은 밭도랑 천으로 土와 川의 의미가 합쳐진 회의자이다. 한국 한자음으로 심천, 현대중국어로는 [shēnzhèn]으로 발음하고 있다. 참고로『康熙字典』에서는 독음을 "酬"라고 한 것이 보인다.

44. 가차자假借字, 묘자비苗茨碑 첩혈喋血 간발簡拔

『낙양가람기洛陽伽藍記』에 이런 사건이 하나 기록되어 있다. 삼
국시대 위나라 명제明帝가 낙양洛陽 과수원에 "묘자비苗茨碑"를 하나
세웠는데, 북위北魏 영안永安(528-530) 년간에 위魏 장제莊帝가 이곳에
사냥을 나왔다. 백관百官들에게 비문을 읽으라고 했는데, 우선 제
목의 "묘자苗茨" 두 자가 모두를 곤혹스럽게 만들었다. 『낙양가람
기洛陽伽藍記』의 저자 양현지楊衒之(?-555?)가 그 자리에서 아무런 근거
도 없이 "묘苗"를 "호蒿"라고 하였다.

이 같은 착오가 1천여 년간 계속되어 오다가, 청대 단옥재段玉
裁에 의해 "묘苗"가 "모茅"의 가차자假借字라는 것이 밝혀졌다. 절강
회계산會稽山의 원래 명칭이 모산茅山인데 묘산苗山이라고도 한다.
묘苗와 모茅는 고대에는 통용하였다. "모자비茅茨碑"는 그 뜻을 "요
순모자부전堯舜茅茨不剪"에서 취했다. "모자茅茨"는 초가집의 띠풀을
말한다. "부전不剪"은 꾸미지 않은 것을 말한다. 전설상 요순堯舜의
생활은 검소하여 지붕위의 띠풀조차 정비하고 꾸미는 것을 아까
워하였다고 한다. "모자茅茨" 이 두 자는 음이 "모측茅厠"[174]과 혼동
하기 쉽고 발음이 우아하지 않아서 "묘자비苗茨碑"로 바꾼 것이다.
가차자假借字로 바꾸어 사용했기 때문에 양현지楊衒之 같은 대학자
도 제대로 이해하지 못하게 된 것이다.

고대 작품을 읽는데 가장 어려운 것은 아마도 가차자假借字일 것
이다.

---

174) 厠은 茨로 읽음.

현대한어 어휘에도 이따금 가차자假借字 문제가 있다. 어느 공원에 두 마리의 백조가 날아왔는데, 호사가가 엽총으로 그중 한 마리를 총으로 쏴서 잡았다. 그런데 다른 한 마리도 슬픔으로 죽었다. 모 지방 신문에 이 사건이 보도되었을 때 이런 표현으로 기사화되었다. "다른 한 마리 백조도 상심하여 피를 많이 흘리고 죽었다.喋血而死" 첩혈喋血 운운이라는 표현이 사람들을 웃지도 울지도 못하게 만들었다.

"첩喋"은 가차자假借字로 "채踩"를 가리킨다. "첩혈喋血"은 혈흔血痕을 밟는다는 뜻으로 사람을 많이 죽여서 피가 땅에 가득 흐른다는 의미이다. 『한서漢書·文帝紀』에 "지금 이미 여씨呂氏 무리를 죽였으므로, 새로 경사京師에 유혈이 낭자하다今已誅諸呂, 新喋血京師"라고 하였는데, 이는 한대 초에 여후呂后의 세력을 제거하면서 살인을 많이 한 것을 기록한 것이다. 한 마리의 백조에게서 무슨 "첩혈喋血"이 가능한 말이겠는가? 편집하면서 분명 "첩喋"자를 "적滴"자로 잘못 간주한 것이 분명하다.

가차假借의 사용은 관습적이다. 예를 들어 청간請柬의 간柬자는 간簡의 가차자假借字이다. 간簡은 죽간竹簡을 말하는데, 고대인들은 문자를 대나무에 썼기 때문에, 청첩請帖(qǐngtiě)을 간簡이라 했다. 그러나 간簡을 사용하지 않고 다른 동음자인 "간柬"자를 사용하는 것이 관습이 되었다. 그래서 원래 사용해야 하는 "간簡"자를 써서 청간請簡이라고 말하면 도리어 다른 한자를 잘못 쓴 것으로 여긴다.

"간柬"자의 본래의 의미는 고르다, 가려 뽑는다는 뜻이었다. 바로 후대의 "간揀"자가 바로 그것이다. 그러나 고르다는 "선택選擇"

의 의미는 고서에서 대부분 "간簡"자를 사용하였다.

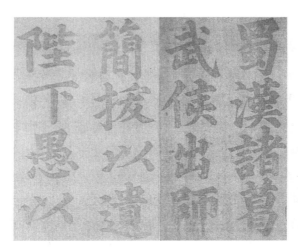

「출사표出師表」

　제갈량諸葛亮의 「출사표出師表」에 "시중 시랑 곽유지, 비의, 동윤, 이들은 모두 충성되고 어진 이로써 … 선제(유비를 말함)께서 선발하셨습니다侍中侍郎郭攸之, 費禕, 董允, 此皆忠良 … 是以先帝簡拔"라고 하였다. "간발簡拔"은 "간발柬拔"을 가리키는 것으로, 즉 "선발選拔"을 말한다.

　관리에는 특임特任, 간임簡任, 천임薦任 등이 있는데, 간임簡任은 단순히 한자의 뜻만으로 말하자면, 선발하여 임명하는 것을 의미한다. 간柬, 간簡은 위에서 말한 의미에서 서로 차용 관계에 속하는 것이다. 한자를 바르게 사용하려면 한자의 각종 복잡한 형태와 의미관계에 주의해야 한다.

45. 장례문화의 변화

장례의 형식은 사회의 발전에 따라 부단히 변하였다. 상고시대
에는 천장天葬을 했다.[175] 『주역周易·繫辭下』에 고대의 천장天葬에 대
해서 "옛날의 장례는 섶으로 두껍게 하여 들판 가운데 장사하고
봉분이나 표지를 심지 않았다古之葬者, 厚之以薪, 葬之中野, 不封不樹"라고
하였다. 이것은 고대에는 사람이 죽은 후에, 장작이나 건초 따위
로 시신을 두껍게 둘러 묶은 후에 황야에 보내는데, 흙으로 묻지
도 않고 표지도 세우지 않았다는 것을 말한다.

한자의 "장葬", "조弔"[176] 두 자는 그 형태구조가 이 같은 장례 풍
속과 관련이 있다.

소전小篆에 나오는 "장葬"은 이렇게 나온다.

이 자는 3부분으로 구성되어 있다. 茻(mǎng)은 풀이 우거진 수
풀을 나타내고, 𣦵은 사死자인데 시尸, 屍자의 최초의 표기이다.[177]

---

175) 天葬은 鳥葬으로 새[鳥]로 하여금 시신을 처리하게 하는 장례 방법을 말한다.
176) 『第一批異體字整理表』에서 弔자는 조에 들어간다. 여기에서 弔자로 쓴 것은
　　한자 형태를 분석하기 위한 것으로 실제 사용할 때는 "조"로 써야 마땅하다.
177) 『韓非子·內儲說上』 "내관과 외곽을 지나치게 하는 자는 그 '시신'을 다시 죽
　　일 것이다(棺槨過度者戮其死)"라고 하였다. 사(死)가 곧 시(屍)이다. 예가 많
　　으나 일일이 거론할 수 없다.

마치 시신을 놓아두는 깔개 같아 보인다. 장葬자는 전형적인 회의
자로 천장天葬의 의미를 묘하게 표현해냈다.

　시신屍身을 야외에 내버리면 짐승과 조류가 쪼아 먹으러 오는
데, 죽은 이의 가족들은 참고 보고만 있는가? 물론 그렇지 않다.
어떻게 알 수 있는가? 한자의 "조弔"자가 이 문제에 답을 해주고
있다.

　소전小篆의 "조弔"자는 이렇다.

　↑은 인人이고 ㇉은 궁弓이다. 사람이 활을 메고 있는 모습이다.
당대의 안사고顔師古는 『급취편急就篇』을 주석할 때 조弔자가 천장天
葬과 관련이 있다는 것을 언급했다. "조弔는 죽음을 위문하는 것이
다. 문자에 있어서 사람이 활을 지닌 것을 조弔로 하였다.

「급취편急就篇」 "조弔"

　　상고시대의 장례는 섶으로 두르고 관곽棺槨은 없었다. 항상 날 짐승들이 해할까 염려하였다. 그런 까닭에 조문하는 이가 활을 지니고 모여서 활 쏘는 것을 도왔다弔謂問終者也. 於字, 人持弓爲弔. 上古葬者, 衣之以薪, 無有棺槨, 常苦禽獸爲害, 故弔問者持弓會之, 以助彈射"라고 했는데, 이 말의 의미는 이렇다. 조弔자는 조상·위문의 뜻이다. 한자의 형태로 말하자면 사람이 활을 하나 들고 있는 것이다. 상고시대의 장례제도는 초목으로 시신을 둘러싸고 관이 없었기 때문에 짐승과 새들이 시신을 해할까 걱정을 했다. 그래서 조문하는 이들은 활을 가지고 상가喪家에서 금수禽獸를 쫓는 것을 도와주었던 것이다. 『오월춘추吳越春秋』에 유사한 기록이 나온다. "옛날에는 사람들이 질박하여 사람이 죽으면 띠풀로 싸서 들판 가운데 버렸는데, 효자는 부모가 조수鳥獸에게 먹히는 것을 차마 보지 못해서 활을 쏘아 지키고 조수鳥獸의 해를 끊었다.古者人民朴質, 死則裹以白茅, 投於中野, 孝

子不忍見父母爲鳥獸所食, 故彈以守之, 絶鳥獸之害."

천장天葬은 나중에 토장土葬, 화장火葬 등으로 대체되었으나 장葬과 조弔 두 자는 계속 전해져 내려왔다. 장葬은 토장土葬, 수장水葬, 화장火葬, 현곽장懸槨葬 등의 복합어를 구성하였다.

조弔자는 구조상 비록 일부분인 "궁弓"이 남았지만 짐승들을 쫓는다는 의미는 조금도 남지 않고, 죽은 이에게 애도를 표하는 의미로 변했다. 현재 "조언弔唁(diàoyàn)"이라는 단어가 있는데 세분하면 조弔와 언唁에 구별이 있다. 조弔는 죽은 이를 애도하는 것을 말하고, 언唁은 상을 당한 것에 대해 위문하는 것을 말한다.

『삼국연의三國演義』(모본 제57회)에 "시상구에서 와룡은 조상하다柴桑口臥龍弔喪"라고 나오는데, 주유周瑜가 죽은 후에 제갈량諸葛亮은 친히 시상구柴桑口에 가서 주유周瑜를 제사하고 추모하였다. 명망있는 사람이 세상을 떠나면 빈소殯所를 설치하여 사람들이 빈소殯所

194

에서 죽은 이를 조문한다. "조언弔唁"은 붙여서 사용하는데 분석하면 "언唁"은 죽은 이의 가족이나 초상을 치르는 사람들에게 위로를 하는 것이다. "조弔"는 죽은 이에게 예를 갖추고 경의를 표하는 것이다. 죽은 이의 가족이나 초상을 치르는 사람에게 보내는 전보를 "언전唁電(yàndiàn)"이라 하는데 조弔자와 바꾸어 쓸 수 없다.[178]

시신을 땅에 묻는 것을 토장土葬이라 한다. 분墳, 묘墓 이 두 자는 모두 토土를 의부로 하는데, 속담에 "흙속에 들어가 편안하게 되다入土爲安"는 말이 있다. 이 말은 모두 토장土葬의 특징을 반영한 것이다. 최초의 토장土葬은 비교적 간단했다. 구덩이만 파고 위에 흙을 덮지 않은 것을 묘墓라고 하였다. 나중에 묘위에 흙을 덮은 것을 분墳이라고 하였다.[179]

『예기禮記·檀弓』에 "옛날에는 묘墓를 쓰고, 봉분封墳은 하지 않았다 古者墓而不墳"라고 했는데, 분墳이 나중에 생겼음을 설명하고 있다. 권세 있는 사람들은 여유 있다는 것을 과시하기 위해서 분묘를 거창하게 조성한다. 이처럼 특별히 큰 분墳을 능陵이라 하는데, 뜻은 구릉과 같은 의미이다. 예를 들어 진시황秦始皇의 능은 섬서 임동臨潼에 있는데 바깥 둘레가 6,294m이니 그 규모가 얼마나 큰가를 알 수 있다.

서한 문제文帝는 비교적 백성들의 고충을 긍휼히 여긴 군주였는데, 그는 살아있을 때 이런 말을 했다. "분墳을 치장하지 않고 생

---

178) 弔에도 慰問을 나타내는 뜻이 있다. 예를 들어 "백성을 위문하고 죄를 치다(弔民伐罪)"가 있다.
179) 墳은 전에는 河堤를 가리켰는데, 墳墓를 가리키게 된 이후로는 河堤라는 뜻은 없게 되었다.

략하고자 한다.不治墳, 欲爲省"[180] 그런데 그가 죽은 후 장사를 치른 패릉霸陵[181]은 『사기史記』의 기록에 의하면, 묘혈과 묘도를 메우는 데 동원된 노역자만 3만 1천 명에 달했다.

천장天葬을 하는 데는 초목으로 시신을 쌌다. 토장土葬에는 관을 사용했다. 관 안쪽에 있는 것을 "츤櫬"이라 하는데 시신에 가까이 있다는 것을 가리킨다.[182] 관 밖의 관은 곽槨이라 한다.

『논어論語·先進』에서 공자孔子의 제자인 안회顏回가 죽자 그의 부친 안로顏路가 공자孔子에게 수레를 팔아서 안회顏回의 곽槨을 사고자 한다며 청하였다. 공자孔子가 말하기를 "나의 아들 리鯉가 죽었을 때 관棺만 있고 곽槨은 없었다. 내가 어떻게 수레를 팔 수 있었겠는가? 나는 대부라서 평민이 아니었으므로 걸어 다닐 수는 없었도다"라고 하였다.

공자孔子는 비록 가난했지만 장례를 후하게 지낼 것을 제창했고, 오히려 묵자墨子가 진보적이라 "절장節葬"을 주장했다. 그는 말하기를 "관棺은 세 치면 몸을 썩히는데 충분하다棺三寸, 足以朽體"라고 하였다. 그는 관棺이 다만 7cm 두께이면 된다고 주장하였다. 곽槨이 필요 없는 것은 더 말할 나위가 없다.

---

180) 『史記·孝文本紀』에 보인다.
181) 陝西省 西安 東北에 위치.
182) 襯衣의 襯과 같이 안에 가까이 있는 것을 말한다.

夷堅志乃番陽洪公邁之所編也廣覽博聞
好奇尚異游宦四方採摭衆事集成此編分甲
乙丙丁四志每志有二十卷每卷十二事或
十三四事凡譜小道亦有可觀戴其序乃
知此志錄抜不一有圖本有數本有關本而古
杭亦有本公隨所寫錄梓令毀浙之抜不存獨
韋閣抜捕存于建學然撿諸卷遵鐵甚多
本路張府荊紹先提調學事勉予訪尋㬵本
補㬵奈閣校久鈌誠難再得㬵全書交人周家虔
於又房中髙有此書乙至壬癸爲十志似與今杭
䖓然其編分甲乙至壬癸爲十志似與今東閣
本不同而所載之事亦大同小異惠國攝
本詳備陳公之所得兹遇
廉使柏公先生居潯司公東此益加勉勵遂
即命工鋟抜四十有三始完其編庶不失洪公之
簣之初意由是夷堅志之傳于天下後世可爲
全書矣
掾古杭一齋沈天佑序

夷堅甲志目錄
第一卷 十事
孫九鼎
寶樓閣呪
鐵塔神
劉廂使妻
冰龜
冷山龍
酒驢香龜

柳將軍
三河村人
觀音偈
天台取經
阿保機射龍
照州龍
僞齋客證

石氏女
黑風大王

第二卷 十四事
張夫人
王天常
韓郡王薦士
齋宣言故妊
懲報
陸氏負約
謝與攉醫

宗立本小兒
陳苗二守
玉津三道士
張彥澤遺甲
趙表之子報

『이견지夷堅志』

화장火葬은 불교가 중국에 전래되면서 함께 전해진 풍습이다. 송대 홍매洪邁(1123~1202)183)는 『이견지夷堅志』(권6)184)에서 "구인衢人의 풍속은 죽은 이를 장례할 때 모두 서계西溪 모래톱에서 화장을 한다衢人之俗, 送死者皆火化於西溪沙洲上"라고 하였다. 청대 고염무顧炎武는 『일지록日知錄』에서 "화장하는 풍속은 강남에서 성행하였는데 ... 송대 이래로 이 풍속은 날로 성행하였다火葬之俗, 盛行於江南 ... 自宋以來,

---

183) 역주 : 字는 景廬, 號는 容齋, 江西 鄱陽人. 저서에 『容齋隨筆』, 『夷堅志』가 있다.
184) 역주 : 송대의 필기소설집으로 위진남북조의 지괴 전통과 당대 전기의 영향을 받아 이루어졌다. 책이름은 『列子·湯問』의 "이견(夷堅)이 듣고 기록하였다(夷堅聞而志之)"라는 구절에서 차용한 것이다.

此風日盛"고 하였다.

화장火葬은 많은 사람들에 의해 받아들여졌고, 심지어 환영까지 받게 되었는데, 왜냐하면 확실히 시간과 돈 그리고 땅을 절약하기 때문이었다. 그래서 구주衢州에서는 마침내 "시속時俗"이 되었다고 한 것이다. 그러나 봉건사회에서는 실행하기 어려웠다. 명대에 화장火葬을 실행한 사람에게 형벌로써 처리하였다.[185]

진보한 동서양의 추세를 감당할 수 없게 되어서 오늘날은 도시에서 특히 대도시에서 이미 보편적으로 화장火葬을 실행하고 있다. 농촌에서도 보편적으로 실행되는 때가 되면 우리는 낙후된 토장土葬 제도와 결별을 고하게 될 것이다. 장葬자의 위아래 "초두 艹"는 풀인데, 화장火葬이 불로 풀을 태워서 시신을 변화시키므로 한자의 형태 구조가 의외로 새로운 해석을 하게 한다.

---

185) 『大明律·禮律』 규정에, 웃어른의 유언에 따라 화장을 하더라도 "杖一百"에 처하였다.

46. 병조病灶, 역참驛站, 호가십팔박胡笳十八拍

"병조病灶"란 무엇인가? 사전에 나와 있는 정의는 유기체에 발생한 국부적인 병변 부위라고 되어 있다. 그렇다면 조灶는 무슨 의미인가? 병리학자에게 자문해본 적이 있는데, 아직 답을 얻지 못했다. 문자를 파고드는 이 같은 습벽은 우리같이 문자학에 종사하는 사람이 지니는 특별한 것으로 과학자에게 요구할 수는 없는 것이다. 최근 벗의 가르침으로 알게 되었다.

"병조病灶"는 독일어 "das krankherd"에서 온 단어이다. "Krank"는 병이라는 뜻이고, "herd"는 원래 부뚜막을 가리켰는데, 의미가 확장되어 발원지를 말하는 것으로 변했다. 우리들의 많은 의학용어가 독일어에서 들어왔다. "das Krankherd"를 "병조病灶"로 번역한 것으로 특수한 어원에 의한 의역한 말에 속한다.

30년대에 출판된 옛 『사해辭海』의 "병조病灶"에 대한 해석은 이렇다. "질병이 신체조직 가운데 거하는 곳을 병조病灶라고 하는데, 병의 발원지를 말한다"라고 하였다. 그러나 만약 독일어와 관련이 없었다면 여러분은 "조灶"자가 어째서 발원지라는 뜻을 지니게 되었는지 이해할 길이 없을 것이다.

비누를 뜻하는 한어 "비조肥皂(féizào)"라는 단어는 고대에는 없었다. 이 말은 어떻게 만들어졌는가? 중국에는 "조협皂荚"이라는 식물이 있었는데 일명 "조각皂角"이라고도 하였다. 이것은 세척할 때 사용하는데, "조협皂荚" 중에서도 "비조협肥皂荚"의 세척력이 가장 우수하였다.

　명대 이시진李時珍(1368-1644)의 『본초강목本草綱目』에 "비조협肥皂莢
은 높은 산에서 자생하는데, 나무가 높고 크다 … 협을 맺는다.
길이 3, 4촌 정도로 자라며, 비후하고 과육이 많다 … 협을 채취
하여 푹 삶고 찧어서 흰 가루와 여러 향을 섞어 환을 만든다. 몸
과 얼굴을 씻으면 때를 제거하고 매끈하게 한다肥皂莢生高山中, 樹高大
… 結莢長三四寸, 肥厚多肉 … 采莢煮熟搗爛, 和(huò)白麵及諸香作丸, 皂澡面, 去垢而膩潤"
고 나와 있다.

　근대 서양에서 새로운 화학 세척용품이 들어왔을 때, 유지와
수산화나트륨으로 제조된 이 제품을 무엇이라고 명명하였는가?
"석감石鹼(shíjiǎn)"과 "이자胰子(yízi)"라는 명칭 이외에 또 "양비조洋肥
皂"라고 불렀다. "비조협肥皂莢"에서 "양비조洋肥皂"가 생긴 것은 통
상적인 단어구성 방법에 들어맞는다. 그리하여 원래의 단어와 형
태소를 활용하여 새로운 개념을 나타내게 되었다. "양비조洋肥皂"
가 한차례 더 간략해져서 "비조肥皂"가 되었다. "비조肥皂"는 더 간
략해져서 "조皂"가 되었다. 이 단어는 단어를 구성하는 독립단위
로 사용하지 못하고 향조香皂, 위생조衛生皂, 약조藥皂, 조편皂片 등의
복합어를 만들었다.

　90년대 초 북경 등 많은 도시에 새로운 명칭이 출현했다. 미식
성美食城, 가구성家具城, 복장성服裝城 … 이 같은 용법의 "성城"자가
크게 발전하는 추세에 있다.

　『신화자전新華字典』에 "성城"자에 대해서 "① 성장城墙, 성지城池 :
만리장성萬里長城. ② 성시城市, 도시都市 : 도시와 농촌이 서로 돕다
城鄉互助"라고 주석을 달고 있다.

200

미식성美食城의 성城은 사전에서 정의한 범위에 속하지 않는다. 그것은 분명 새로 생겨난 것에 속하는 것이다. 영어의 "China Town"은 당인가唐人街·중국성中國城으로 번역한다. 성城과 가街는 의미가 서로 통용된다. 영어의 영향을 받아서 성城자에는 상점이 늘어선 거리라는 의미가 생겼다. 나아가 고급상업센터를 가리키게 되었다. 물론 한어에서 성城자는 풍부한 의미를 지니고 있다. 예를 들어 성어 "좌옹백성坐擁百城"이 있는데 서적을 많이 지니고 있는 것을 말하며 "좌옹서성坐擁書城"이라고도 한다. 서성書城 → 미식성美食城 → 가구성家具城으로의 변천은 언어 내부구조에서 보면 이 같은 것은 일종의 자연적인 발전이다. 언어 외적인 측면에서 보면 다시 말해서 언어의 사회응용이라는 측면에서 보면 그것은 상품경제의 발전이라는 면에서 그 원인을 찾아야 할 것 같다.

한자의 의미가 변화 발전하는 데에는 때로 외래어와 외래문화의 영향을 받는다. "병조病灶"의 조灶는 그 한 단어만으로는 그것이 발원지라는 의미가 첨가된 것이라고 말할 수 없다. 왜냐하면 여기 이 뜻은 "병조病灶"라는 단어에 포함되어서 분리할 수 없기 때문이다.

조皂자는 그렇지 않다. 『현대한어사전現代漢語詞典』에는 "비조肥皂"라는 의미를 수록하고 있다. 조皂는 고대에는 검은색을 가리켰다.[186] 그런데 어떻게 해서 비누라는 비조肥皂의 의미가 나오게 되었는가? 다음이 그 발전 과정이다.

조(흑)협皂(黑)荚 → 비조(흑)협肥皂(黑)荚 → 양비조洋肥皂
→ 비조肥皂 → 향조香皂, 액조液皂, 조편皂片

186) 고사성어에 "皂白不分"이 있다.

"미식성美食城"의 성城은 그 의미가 아직도 발전 중에 있어서 아직 확정되지 않았다. 그래서 새 용법을 추측할 뿐이다. 오늘날 정거장을 뜻하는 한어 "車站chēzhàn"의 "참站"은 중고시기 이전에는 "역驛"으로 표시하였다. 그런데 몽고어의 영향을 받아서 "참립站立"의 참站으로 고쳐 사용하게 되었다.[187] 오늘날 일상 사용하는 한자로는 "역驛"자를 쓴다. 이것은 민족문화의 교류를 반영한다.

『첩해몽어捷解蒙語』

한말 채염蔡琰의 유명한 『호가십팔박胡笳十八拍』에서는 "박拍"자의 의미를 한자만으로 뜻을 짐작하여 "치다, 박자를 맞추다拍打, 打拍子"는 의미로 여겼다. 그러나 "박拍"자는 고대 흉노어匈奴語에서 온 것이다. 고대 흉노족의 언어는 돌궐어突厥語 계통에 속한다.

포이한包爾漢(1894-1989)[188] 선생이 제시한 중국 서북부와 중앙아시

---

187) 몽고어 "站"은 [jam]으로 읽는다. [j]는 舌面中濁擦音이다. 漢語 고유의 站立을 나타내는 "站"은 『廣韻』에 "陟陷切"으로 舌葉淸塞擦音이다. 북경어 聲母는 모두 舌尖後淸塞擦音[tʂ]으로 양자는 구별된다. 그런지만 어떤 방언에서 車站의 站은 그 聲母가 全濁이라서 站立의 站이 淸聲母로 읽는 것과는 다르므로 현격하게 구별된다. 丁聲樹 編錄·李榮 參訂, 『古今字音對照手冊』 참고.
188) 역주 : 新疆 溫宿人. 러시아에서 태어났으며 위구르족이다. 독일 베를린대학 수학. 新疆大學 총장 등을 역임하였다.

아 일부 민족의 "수首, 두頭" 관련 호칭 자료에 근거하면, 위구르어로는 bash, 우즈베크어烏玆別克語(Uzbek language)에서는 bosh 그리고 토고만어土庫曼語[189]로는 bas, bash로 나오는데 "편장篇章"의 의미가 있다.

곽말약郭沫若 선생은 박拍[190]이 bash, bosh의 음역音譯[191] 편篇·장章의 뜻이라고 하였다. 그는 또 지적하기를 『후한서後漢書·韋宏傳』에 기록된 "위굉은 또 시·부·뢰詩賦誄 7수首를 지었다宏又著詩賦誄七首" 중의 "수首"는 당시 『후한서後漢書』의 저자인 남조 송나라의 범엽范曄이 처음으로 사용하였다고 하였다.

『삼국지三國志·魏書·陳思王植傳』에서 조식曹植의 상소에 이르기를, "삼가 공경되이 표를 올리고 시 2편篇을 헌상하였다謹拜表上詩二篇"라고 나오는데, 『소명문선昭明文選』五臣本에는 "편篇"을 "수首"로 고쳤다.[192]

곽郭 선생의 견해가 정확하다. 한대 이전에는 "편篇"으로 칭하였다. 예를 들어 "시삼백편詩三百篇"이 바로 그렇다. 『호가십팔박胡笳十八拍』의 박拍은 음역어인데, 수首는 의역어이다. 『한어대자전漢語大字典』, 『사원辭源』에 "수首자"의 주석으로 "시문 1편篇은 또 1수首로도 칭한다詩文一篇亦稱一首"라고 했는데, 인용한 예증例證은 모두 당대 한유韓愈의 것이다. 물론 지나치게 늦은 편인데, 그렇지만 그 단어가 분명히 나중에 생긴 것을 설명해주고 있다.

---

189) 역주 : 알타이어계 돌궐어족의 하나. 주로 투르크메니스탄, 아프카니스탄, 이란 등지에 분포하며, 사용 인구는 약 200만 정도이다. 현재 사용하고 있는 문자는 러시아 字母이다.

190) 옛날에는 입성으로 [p'ak]이었다.

191) 音韻學上 陰入對轉.

192) 郭沫若, 「爲"拍"字進一解」, 『文學評論』第一期, 1960 수록.

오늘날 "수首"는 양사로 쓰인다. 사용 범위는 제한적이라 시가詩歌 방면에 사용하는데 이것은 은은한 역사의 흔적에 속하는 셈이다.

204

47. 색상과 한자

오늘날에는 색깔을 지칭하는 데 단자單字 외에는 대부분이 복합어이다. 일전에 이 같은 전보를 보았다. "경복공사景福公司에서 생산한 상아빛 흰색象牙白, 연한 남색淺鈷藍, 연한 녹색淺豆沙, 연한 노랑嫩黃 등 4종의 겉감으로 만든 기성복 주문이 가장 많았다." 복합어를 운용하면 색깔을 아주 미세하게 분류할 수 있다. 단자單字로는 그렇게 하기가 힘들다.

소위 복합어란 둘 이상의 형태소로 구성된 단어인데, 색깔을 가리키는 복합어는 대부분 색깔을 나타내는 한자의 앞에 수식 성분을 첨가하여 구성한다. 예를 들면 다음과 같다.

황黃 : 등황橙黃, 아황鵝黃, 귤황橘黃, 미황米黃, 눈황嫩黃,
　　　행황杏黃, 납황蠟黃, 금황金黃, 초황焦黃 등
홍紅 : 대홍大紅, 적홍赤紅, 비홍緋紅, 분홍粉紅, 품홍品紅,
　　　육홍肉紅, 심홍深紅, 천홍淺紅, 조홍棗紅, 은홍殷紅,
　　　선홍鮮紅, 화홍火紅, 성홍猩紅, 도홍桃紅 등
람藍 : 취람翠藍, 벽람碧藍, 보람寶藍, 모람毛藍,
　　　품람品藍, 천람天藍, 울람蔚藍, 전람靛藍 등

고대에도 복합어를 사용하여 색깔을 나타냈으나 비교적 적었고, 대다수의 경우 단자單字로 나타냈다. 그래서 색깔을 나타내는 한자의 수량이 대단했다. 동한시대 허신許愼의 『설문해자說文解字』에 수록된 색깔을 나타내는 자가 60여 개에 달한다.

적赤, 정䞓, 혁赩, 강絳, 주朱, 비緋, 진縉, 출絀, 훈纁, 홍紅, 감紺,

조繰, 자紫, 단丹, 동彤, 황黃, 전縓, 제緹, 견絹, 청青, 홀緫, 표縹,

람藍, 창蒼, 녹綠, 흑黑, 자兹, 조皂, 현玄, 치緇, 암黯, 검黔, 백白,

교皎, 애皚, 정赬, 소素, 혁赫, 기綦 등.

이들 한자의 편방은 대체로 몇 가지 부류로 나누어 볼 수 있다.

백白 : 교皎, 효皢, 석皙, 애皚, 파皤

적赤 : 동赨, 정䞓, 간[illegible], 혁赩, 정赬, 하赮, 혁赫

단丹 : 청青, 동彤

흑黑 : 로黸, 회[illegible], 암黯, 암黭, 참黲, 유黝, 담黮, 돈黗, 겸黚, 검黔, 금黅

초草 : 남藍, 창蒼

황黃 : 규黊, 첨黇, 혐䵛, 단[illegible]

멱糸 : 강絳, 비緋, 진縉, 천綪, 출絀, 훈纁, 홍紅, 감紺, 조繰, 자紫, 추緅,
상緗, 전縓, 제緹, 견絹, 홀緫, 려綟, 표縹, 녹綠, 치緇, 호縞, 소素, 기綦

이상 7가지 부류이다. "백白"은 본래 햇빛의 흰 색을 가리키는 것인데, "백白"을 편방으로 하는 것은 모두 자연의 백색白色을 표시한다. 예를 들어 "교皎"는 달빛의 흰 것을 가리킨다. "석皙"은 피부皮膚가 흰 것을 말한다. "애皚"는 눈[雪]이 흰 것을 가리킨다.

적赤은 원래 불[火]의 붉은 색을 가리킨다. 적赤을 편방으로 하는 한자는 이 같은 진홍색을 가리킨다. 단丹은 염색된 붉은색 광물질을 말하는데 일종의 염료이다. 단丹은 홍색紅色을 가리키는데, 그것을 의부로 하는 동彤자도 홍색紅色을 가리킨다. 단丹을 의부로 하는 청青자는 녹색綠色, 남색藍色을 가리키는데 검은색[黑色]을 가리키기도 한다. 이것은 염료가 색깔을 염색하는 것이 한 종류에만

그치지 않는 것을 설명하는 것으로 백白, 적赤을 편방으로 하는 한
자가 오직 단일한 색깔만 나타내는 것과는 다르다.

흑黑은 고문자에서 ஐ로 나온다. 윗부분은 ஐ로 연통 굴뚝인
데, 불이 타면서 연통이 그을린 색깔로 흑색이다. 흑黑을 편방으
로 하는 한자는 모두 흑색을 나타낸다. 초艸를 편방으로 하는 한
자는 창蒼, 남藍인데, 식물이 성장할 때의 색깔을 나타낸다.

멱糸(mi)을 편방으로 하는 한자는 수량이 가장 많아서 여러 가지
각종 색깔을 표시할 수 있다. 강絳은 진한 홍색, 홍紅은 본래 연한
붉은색, 호縞는 백색을, 기綦는 흑색을 나타낸다. 그밖에 녹색綠色,
자색紫色 등이 있다.

소素는 흰 색으로 물건이 가공되기 전의 본 색깔을 가리킨다.
예를 들면 사絲를 염색하기 전에 소사素絲라고 부른다. 고대에는
수레에 색을 칠해야 했는데, 칠이 안 된 수레를 "소거素車"라고 하
는 것 등이다.

중국은 명주실을 발명한 나라이다. 비단산업이 일찍부터 발전
했다. 명주실은 염색을 해야 했기 때문에 따라서 염색업도 일찍
부터 발전했다. 명주실은 염색 후에 각종 색깔로 변하게 된다.

전국시대 유명한 사상가 묵자墨子는 실을 물들이는 것을 보고
탄식해서 "푸른 것에 물드니 푸르게 변하고, 노란 것에 물드니 노
랗게 변하는구나. 넣는 것이 변하면 그 색상 또한 변한다染於蒼則蒼,
染於黃則黃, 所入者變, 其色亦變"193)라고 하였다. 이 말의 요지는 묵자墨子
가 실 염색하는 것을 보고 감탄해마지 않은 것을 나타낸 것인데,
왜냐하면 푸른색에 물들면 푸르게 변하고, 노란색에 물들면 노란

193)『墨子·所染』.

색으로 변하여, 염색 원료의 변화에 따라서 염색되는 색깔이 변했기 때문이다.

『설문해자說文解字』에 "전纁"의 아래에 주석하기를 "한 번 염색하는 것을 전纁, 재차 염색하는 것을 정赬, 세 번 염색하는 것을 훈纁이라고 하였다—染謂之纁, 再染謂赬, 三染謂之纁"라고 하였다. 이로 보건대 고대인들은 이미 거듭 염색하는 방법으로 색깔을 진하게 하는 것을 알고 있었다.

근대 문자학자 호박안胡樸安(1878-1947)[194]은 말하기를 "문자학에서 옛날의 색상 분별 능력과 염색 기술을 고찰할 수 있다"[195]고 하였다.

마지막으로 "안顔"과 "색色"에 대해 좀 말하고자 한다. 안顔과 색色 이 두 한자는 고대에는 사람의 얼굴 표정을 가리켰고, 결코 색깔을 뜻하지 않았다. 그래서 이 편방은 위의 부류에 귀속시킬 수 없다.

---

194) 역주 : 本名은 韞玉, 字는 樸安, 安徽 涇縣人. 經學, 周易學, 訓詁學者로 저서에 『文字學ABC』, 『中國文字學史』, 『中國訓詁學史』, 『中國學術史』, 『周易古史觀』등이 있다.
195) 『學林』第3輯.

48. 장기將棋와 대포大砲

　중국 장기에서 "포炮"가 상대방을 "공격"할 때는 중간에 반드시 기물을 하나 사이에 두어야 한다. 이 같은 것을 소위 "포타격산炮打隔山"이라고 한다. 이 같은 장기의 행마 규정은 추측컨대 고대의 포炮가 지닌 성질 및 작용과 관련이 있다.

　포炮는 고대에는 포礮 또는 포礟라고 썼는데, 돌을 투척하는 기계 장치의 일종이다. 춘추시대 범려范蠡가 저술한 병서兵書에 의하면 이 기계 장치는 10에서 20근[196] 무게의 돌멩이를 2백보步에서 3백보步 거리까지 투척하였다.[197] 고대에는 1보步가 좌우 다리를 각각 앞으로 한 번 크게 내딛는 것을 말한다. 이 같은 사정거리는 오늘날에는 언급할 만한 것이 안 되지만 그 당시에는 대단한 것이었다.

　『맹자孟子』에는 전쟁에 패하였을 때 "혹은 백 보 뒤에 멈추고, 혹은 오십 보 뒤에 멈춘다或百步而後止, 或五十步而後止"라는 말이 나온다. 백병전을 할 때 오십 보나 백 보를 도망가서 위험을 벗어났다고 여기지만 여전히 "포炮"의 사정거리 내에 있는 것이다.

　포炮는 돌을 쏠 수 있었으므로 한자에 "석石" 편방이 들어 있다. "포礮"자 중에 "마馬"도 의미를 지닌 것으로 "소위 포礮라는 것은 모두 수레를 끌어 기계로 돌을 발사하는 것이다所謂礮者, 咸駕車以機發石"

---

196) 선진시대의 1斤은 대략 오늘날의 230g으로 半市斤인 250g에 못 미친다.
197) 삼국시대 魏 張晏의 『漢書·甘延壽傳』注釋에 『范蠡兵法』을 인용했는데, 唐代 李善의 『文選·潘岳「閑居賦」』注에도 『范蠡兵法』을 인용하였다. 위에서 소개한 것은 이 두 자료에 근거한 것이다.

라고 나온다.[198]

 "포가砲架"는 말이 끄는 전차 위에 설치되어 기동성이 증대되었다. 『범려병법范蠡兵法』은 현재 전해오지 않아서 우리는 더 많은 것을 이해할 수가 없다. 그렇지만 역사책에 투석 장치 대포에 대해서 여러 차례 기록이 나온다.

 동한 말년 조조曹操와 원소袁紹가 싸울 때 "조조曹操는 발석거로 원소袁紹의 누대를 공격하여 모두 깨뜨렸으므로 군중에서 '벽력거霹靂車'라고 불렀다. 操乃發石車擊紹樓, 皆破, 軍中呼曰霹靂車"[199] 벽력거霹靂車는 포차砲車에 매우 가까운 것으로 벽력霹靂은 투척한 돌멩이가 목표를 맞출 때 나는 벼락 같은 소리에서 나온 것이다.

 『신당서新唐書·李蜜傳』에 "기機로써 돌을 삼았는데, 성을 공격하는 기계이다以機爲石, 爲攻城械"라고 하였다. 포砲는 이 당시 이미 성을 공격하는 무기로 발전하였다. 포砲는 또 방어를 하는 데도 사용되었다.

 송대 진규陳規의 『수성록守城錄』에는 성을 지키는데 사용한 수성용守城用 포砲가 소개되어 있다. 포砲에서 발사된 돌멩이는 서로 다른 라디안(radian)의 포물선을 드러내는데, ∩모양 비슷해서 마치 산의 윤곽과 같으므로 장기의 소위 "포타격산砲打隔山"은 대단히 구체적인 표현인 셈이다. 포차砲車는 돌을 투척하기 때문에 다른 말로 포차抛車라고도 부른다.

 화약을 군사작전에 사용하게 됨에 따라 포砲의 성질에도 변화가 생겼다. 당나라 애종哀宗 천우天佑 1년(904) 정번鄭璠이 "예장豫章

---

198)『中華大字典』참고.
199)『後漢書·袁紹傳』참고.

(지금의 江西 南昌)을 공격하며, 소속 부대 기계로 비화飛火를 발사하여 용사문龍沙門을 불태웠다攻豫章, 以所部發機飛火, 燒龍沙門"[200]라고 했는데 이것이 바로 화포火砲이다.

『호검경虎鈐經』"비화飛火"

송대 허동許洞(약 976-1017)의 『호검경虎鈐經』(권6)[201]에 "비화飛火는 화포火砲라고 하는데, 화전火箭의 종류이다飛火者, 謂火砲, 火箭之類"라고 하였다. 원·명대에 와서 화포火炮의 종류가 더욱 많아졌다. 『명사明史』(권92)의 기록에 신기포神機炮, 양양포襄陽炮, 잔구포盞口炮, 완구포椀口炮, 선풍포旋風炮, 유성포流星炮, 호미포虎尾炮, 석류포石榴炮, 용호포龍虎炮 등이 나온다.

포炮가 이전에는 냉병기冷兵器였는데 여기에 와서 열병기熱兵器가

---

200) 宋 路振, 『九國志·鄭璠傳』.
201) 역주 : 宋代의 저명한 兵書로 北宋의 許洞이 景德 元年(1004)에 완성하였다.

되었고, 화포火炮의 처음은 화약 봉지를 투척하던 것이었는데, 나중에는 평사平射 위주가 되었다.[202] 장기에는 이미 규칙이 형성되었으므로 언제나 "포타격산炮打隔山"이 되었다. 그렇지만 고대의 포砲자는 빠져나오고, 화포火炮는 포炮자를 쓰게 되어 나중에는 포炮자가 정체자正體字가 되었다.

고대에는 일찍부터 포炮자가 있었는데, 독음을 Páo라고 읽었다. 털을 지닌 채 겉에 진흙으로 싸서 고기를 구워 먹는 조리 방법을 가리키는데, 이것은 또 불로 사람을 굽는 혹형인 "포락炮烙"을 가리키기도 했다. 그밖에 한약 제조방법의 하나로 약재를 고온의 솥에 넣고 신속히 초炒하는 것을 "포제炮制"라 불렀다.[203] 이들을 총괄하여 보면 불 화火자를 떠나지 않는다. 그래서 편방에 "화火"자가 들어있는 것이다.

포砲가 발전하여 화포火砲가 되었을 때, 호사가들은 포炮자를 사용하여 포砲자를 바꾸어 버렸다. 언어는 바꿀 수 없는 것으로 포炮는 Páo라고 읽는 것 외에 거성去聲 독음을 증가시켜 Pào로 읽게 되었다. 하나의 포炮자가 두 개의 단어를 나타내는데 Páo로 읽는 것은 포炮1이고, Pào로 읽는 것은 포炮2이다.[204] 우리가 학습할 때 한자의 형形·음音·의義를 결합하여 살펴야 한다. 포炮1과 포炮2는 형태는 같지만 음이 다르다. 포炮1의 사용 기회는 비교적 적다. 그래서 그것을 pào로 잘못 발음하기 쉽다. 예를 들면 "여법포제如法炮(páo)制"를 잘못해서 "여법포제如法炮(pào)制"로 읽기 쉽다. 역사의

---

202) 清 趙翼,『陔餘叢考』卷3 "火炮火槍" 참고.
203) 성어 가운데 "정해진 처방대로 약을 조제하다", "관례대로 하다"는 의미의 "如法炮制"가 있다.
204) 역주 : 이밖에 [bāo]라는 독음도 있다.

근원에서 보면 주객이 전도된 것이다.

한어로 장기를 뜻하는 "상기象棋"라는 명칭은 어떻게 생긴 것인가? 한자의 어원에서 말하자면 상象에는 모방의 뜻이 있다. 고대에는 풀잎으로 사람을 모방하여 만든 것을 "상인象人"이라 불렀다. 진짜 검을 모방한 목검을 "상검象劍"이라 했는데, 조정에 나갈 때 의식용으로 사용하고, 모방한 형벌을 "상형象刑"이라고 부른 경우 등이 있다. 그래서 "상기象棋"란 실제 전쟁을 모방하여 설계된 것이다. 여기서 분명해진다. 즉 "장기"에 왜 장사상將士相, 거마포車馬炮, 병졸兵卒 등이 있으며, 왜 "포타격산炮打隔山"이라는 행마 규정이 있게 되었는지 등을 이해하는 것이 어렵지 않게 되었을 것이다.

49. 음력陰曆과 초하루, 초이틀, 초사흘

"초初"자는 모두가 잘 아는 문자이다. 세심한 사람은 왼쪽 편방이 옷 의衣라는 것에 주목할 것이다. 왜 "의衣"가 되었는가? 여기에는 원인이 있다. 『설문해자說文解字』에 "초初, 옷 재단의 시작이다初, 裁衣之始也"라고 하였다. 이것은 "초初"가 의복을 재단하는 첫 번째 공정이라는 것을 말한다. 고대인들은 짐승의 가죽으로 몸을 보호했는데 의복을 만들 때 첫 번째 작업은 칼로 짐승의 가죽을 필요한 만큼 잘라내는 것이다. "초初"자의 뜻은 나중에 칼로 짐승의 가죽을 자른다는 의미와는 무관해졌다. 그러나 한자의 형태는 일정하게 정해져서 사회적으로 약속이 되었으므로 의衣 편방을 쉽게 고칠 수 없게 된 것이다.

초初의 기본적인 의미는 시작을 뜻한다. 초춘初春은 봄이 막 시작한 것을 가리키는데, 봄철의 첫 번째 달을 말한다. 초하初夏, 초추初秋, 초동初冬은 모두 각각의 계절의 첫 번째 달을 말한다. 초初는 또 처음을 말한다. "초래북경初來北京"은 처음 북경에 오는 것을 말한다. "초새初賽(chūsài)"는 체육경기 중에 첫 번째 시합을 말한다. 책의 첫 번째 출판을 과거에는 "초판初版"이라고 했는데, "초판初版"은 "출판出版"과 발음상 혼동하기 쉬워서,[205] 현재는 대개 "제일판第一版"이라고 한다.

우리가 주의해야 할 것이 있는데 "초初"를 사용하는 데는 한 가지 특징이 있다. 그것은 어떤 계통이나 계열에서 말을 할 때 언제

---

205) 初版과 出版의 현대한어 발음은 [chūbǎn]으로 유사하다.

나 서두序頭, 개시開始를 말한다. 예를 들어 "초등교육初等教育"은 초등학교 교육을 말하는데, 그것은 중등·고등 교육과정과 서로 연계되어 언급되는 것이다. 또 예를 들면 여름에 "삼복三伏"이 있는데 우리는 첫 번째 복伏을 "초복初伏" 또는 "두복頭伏"이라고 한다.

그러나 한 가지 예외가 있다. 하력夏曆에서는 매월 앞의 10일을 초하루初一, 초이틀初二, 초사흘初三, 초나흘初四 ...하고, 이제껏 1일[一號], 2일[二號], 3일[三號]식으로 부른 적이 없다. 여기에서의 "초初"자 역시 계통적인 면에서 언급하는 것인가? 왜 "초初"자를 사용하지 않으면 안 되는가? 어떤 사전에는 그것을 "복음화複音化"하면 말하기가 순조로워 그렇다고 하는데, 복음화複音化로는 왜 초初자를 선택해야 하는지를 설명하지 못한다.

실상은 여기에 사용된 "초初"자도 초初자의 일반적인 용법을 벗어나지 않았다. 여전히 일정한 계통적인 측면에서 말을 한 것이다. 1개월은 30일이다.

甲	乙	丙	丁	戊	己	庚	辛	壬	癸
一	二	三	四	五	六	七	八	九	十
十一	十二	十三	十四	十五	십六	十七	十八	十九	二十
二十一	二十二	二十三	二十四	二十五	二十六	二十七	二十八	二十九	三十

고대에는 일찍이 10천간天干으로 날짜를 기록했다. 『상서대전尙書大傳』에 대우大禹가 치수治水할 때 가정을 돌볼 겨를도 없이, 심지어 결혼했을 때조차 집에서 단지 사흘만을 머물었다고 하였다. "우禹가 치수治水하려는데, 신일辛日에 모였다가 갑일甲日에 다시 치수治水하러 갔다. 집에서 사흘 있었다禹方治水, 以辛日聚, 甲日復往治水, 在家三日耳"라고 하였다. 신일辛日에서 갑일甲日까지 중간에 사흘 차이

가 있다. 이 같은 날짜 기록 방법은 1개월에 3개의 갑일甲日, 3개의 을일乙日, 3개의 병일丙日 … 3개의 계일癸日이 있다. 그렇다면 같은 갑일甲日에 속하기 때문에 계통이 형성된다. 즉 첫 번째 갑일甲日, 두 번째 갑일甲日, 세 번째 갑일甲日식이다. 따라서 첫 번째 갑일甲日이 바로 "초갑初甲"으로 이것이 뒷날의 "초하루初一"가 되었다. 나머지는 유추이다.

수數를 기록하는 방법은 가장 민족적인 특성을 지닌 것으로 가장 민족적인 관습에 부합한다. 바로 이 같은 이유 때문에 음력陰曆에서 초하루, 초이틀, 초사흘이라고 부르는 것에 대해 우리는 매우 자연스럽게 여긴다.

216

50. 도서관 서圕

"서圕"라는 한자는 예해서倪海曙(1918-1988)[206] 선생의 말에 의하면
두정우杜定友(1898-1967)[207]가 만든 것이다.[208] 이 한자는 빈도통계에
의하면 상용자常用者가 되었다.[209] 계선림季羨林(1911-2009) 선생은 50
년대 쓴「복음자複音字를 임의로 만드는 기풍은 멈추어져야 한다隨
意創複音字的風氣必須停止」는 글에서 복음자 사용을 중지할 것을 호소
하였다.[210] 나는 계 선생의 의견에 전적으로 찬성한다. 그러나 이
같은 종류의 한자가 경제의 원칙에 부합되므로 제창할 만한 가치
가 있다고 여기는 사람도 있다. "국가國家"를 圀로 "노동勞動"을 芶
한 것 등이다.

두정우杜定友,「한자배자법漢字排字法」

---

206) 역주 : 本名은 倪偉良, 上海人. 復旦大學에서 중문학을 공부하였고, 주로 문
　　　자개혁 방면에 종사하였다.
207) 역주 : 字는 础雲, 廣東 南海人. 中國 圖書館學家. 廣東省 人民圖書館과 中山
　　　圖書館 등 관장 역임. 저서에 『圖書館學通論』, 『校讎新義』, 『世界圖書
　　　分類體系』 등이 있다.
208) 『語文知識』, 1952년 10월호 참고.
209) 『最常用的漢字是哪些』 참고.
210) 『漢字的整理與簡化』 참고.

도서관 서圖와 같은 문자는 과연 제창할 만한 가치가 있는 것일까? 그렇지 않다. 보다 간단하게 말하면 한자는 하나의 단음절 형태소를 나타낸다. 예를 들면 소素, 어語, 절節, 음音, 단單, 개個, 한漢, 시示, 표表 등. 서圖는 다음절어에 속한다. 그것은 3개 음절을 나타낸다. 이 단어의 결점은 그것이 다음절어라는 것이다.

우리는 문자가 언어를 기록하기 위한 것이며 그것으로 언어를 "분절"한다고 알고 있다. 분절의 단위가 작을수록 단어의 조합능력이 더욱 강해진다. 분절의 척도가 크면 클수록 단어의 조어력이 떨어진다.

도서관圖書館과 서圖자는 한자의 수량 면에서 3:1로 후자가 3개의 한자를 감당하는데 그래도 비경제적인가? 이것은 표면적인 현상에 불과하다. 우리가 주의해야 할 점이 두 가지가 있는데 첫째는 도圖, 서書, 관館 이 3개의 한자는 각기 여타 많은 단어들을 구성할 수 있다는 점이다. 도圖를 예를 들면 다음과 같다.

도안圖案, 도화圖畵, 도편圖片, 도보圖譜, 도표圖表, 도적圖籍, 도서圖書,
도해圖解, 도경圖景, 도례圖例, 도설圖說, 도상圖像, 도형圖形, 도지圖紙,
도판圖版, 도양圖樣, 도기圖記, 도장圖章, 도존圖存, 도모圖謀, 남도藍圖,
판도版圖, 지도地圖, 쇄도曬圖, 제도制圖, 삽도揷圖, 구도構圖, 괘도掛圖,
화도畵圖, 회도繪圖, 묘도描圖, 안도색기按圖索驥, 도궁비수견圖窮匕首見,
희도希圖, 기도企圖, 의도意圖, 시도試圖, 사도私圖, 탐도貪圖, 망도妄圖,
역도力圖, 도모불궤圖謀不軌, 웅도雄圖, 양도良圖, 요도要圖 등

그런데 서圖자는 이미 하나의 "사조詞組"로 구나 절에 가까운 것이다. 그것은 단어보다 단위가 크다. 자연히 그것으로 단어를 구

성할 수 없다. 둘째로 한자가 만약 단어나 구로 단어구성의 단위로 삼으면 구상할 수는 있다. 그런데 한어에 단어나 구가 만, 십만, 백만을 헤아리는데 한자를 얼마나 더 만들어야 수요를 만족시킬 수 있을 것인가?

서█와 비슷한 한자, 예를 들어 █博物館, █禁止烟火 등은 이미 일부 현대판 창힐蒼頡에 의해 만들어졌다. 그러나 이들 한자는 재생능력이 없다. 한자 하나가 한 차례 사용될 뿐이니 이 얼마나 비경제적인가?

서█와 같은 문자는 옛날에 이미 있었다. 그러나 줄곧 단명하여 전해오지 못했다. 예를 들어 무왕武王은 "이궤利簋"에서는 █라고 하였고, 비교적 나중의 "우정盂鼎", "시궤矢簋"에는 무武 아래에 다시 왕王자를 더했다.

문자학자 장정랑張政烺(1912-2005)[211] 선생은 이 같은 현상을 분석할 때 "한자가 점점 일자일음一字一音이 되었다"고 하였다. 일一과 兩이 합해져서 양兩이 되었고, 일一과 백白이 합쳐져서 백百이 된 것처럼 나중에 하나의 한자로 되었다.[212]

한단邯鄲은 옛날 인장印章이나 옥새玉璽에 "鄲"로 썼는데,[213] 나중에 다시 한단邯鄲으로 사용했다. 한 음절은 하나의 한자를 사용하여 표시하였다. 당대 사경寫經에는 보살菩薩을 "芐"로 보리菩提는 "葟"로 썼는데 이것은 진짜 복음자이다. 원대 주백기周伯琦의 『육

---

211) 역주 : 山東 榮成人. 歷史學者, 考古學者, 古文字學者. 北京大學 歷史學科 교수 역임.
212) 朱芳圃, 『殷周文字釋叢』 참고.
213) 『古璽文編』 참고.

서정와六書正訛』[214)에서 복음자를 약간 나열하였다.

𤳆 -稼穡

𤮐 -器皿

癸 -矢鏃

朋 -堅韌

舝 -舡觸

炗 -山嵐

焱 -庭燎

이 같은 문자를 만드는 데는 모종의 수요가 있을 것이다. 그렇지만 문자의 전체 계통에서 볼 때 하등의 언급할 가치가 없다. 그래서 모두 전해지지 않게 된 것이다. 근대에 비교적 오래 사용된 복음자가 몇 개 있었다. 영국의 제도 같은 단위를 표시하기 위한 것인데, 예를 들면 척呎(=英尺, 피트), 촌吋(=英寸, 인치), 리哩(=英里, 마일), 량唡(=英兩, 온스), 심噚(=英尋, 패덤), 무㽣(=英畝, 에이커), 리浬(=海里, 해리)는 현재는 더 이상 사용하지 않는다. 이같이 큰 치수의 한자는 사용하지도 않으며, 또 전혀 아까울 것도 없다.

물론 우리가 서▉라는 자를 사용치 말자고 하는 것은 사회적으로 이 한자를 사용하는 측면을 논한 것이고, 개인적으로 글을 쓰거나 어떤 것을 기록할 때 빠르게 글을 쓰는 속기速記의 장점이 있으므로 이 같은 복음자를 사용할 수 있다. 그러나 이 역시도 임시

---

214) 역주 : 元代 周伯琦의 저서. 文字 形音義의 착오를 논증한 저서로 1351년 완성되었다. 전체 약 2,000여 개를 논증했는데, 본문은 四聲 분류에 따라 배열하고, 小篆을 字頭로 하여 反切로 注하고, 字意와 字形의 구성에 대해 해석하였다.

적인 방편으로 편의를 도모하는 것이지 결코 사회적으로 교제하는 상황에서는 사용치 않는다.

장서암張書巖(1946-) 동지는 내게 말하기를 그들이 성씨 조사를 할 때 복성인 구양歐陽을 [illegible]으로, 영호令狐는 [illegible]으로 썼다고 한다. 귀주貴州의 [illegible]성姓은 영호令狐로 나누어 쓸 수 있다. 그러나 산서 운성運城의 [illegible]은 영호令狐로 나누어 쓸 수 없다. 이것은 일종의 특수한 문화현상에 속하는 것으로 하등의 복잡한 문제는 없다.

30년대 북경의 "자체연구회字體硏究會"는 일종의 "합체간자合體簡字"를 연구하여 만들어 냈다. 다음의 것들이다. 예를 들면 [illegible]公里, [illegible]體現, [illegible]反映, [illegible]要求, [illegible]純度, [illegible]方案, [illegible]現象, [illegible]干淨, [illegible]石油 등인데, 많은 예를 들지 못하는 것을 양해하기 바란다. 우리가 어떤 일을 할 때 역사와 과학을 존중해야 하며, 당연한 것으로 생각해서는 결코 안 된다. 이 같은 "합체간자合體簡字"는 주관적인 판단으로 응당 그러려니 하는 생각의 산물이다. 따라서 생명력을 지닐 수 없는 것이다.

51. 쌍희囍자의 유래

"쌍희囍"자는 우리가 흔히 보는 상용 한자이다. 결혼이나 기타 여러 경사를 당하면 많은 지방에서는 붉은 종이를 전지剪紙하여 만든 커다란 쌍희囍자를 벽이나 창틀 또는 유리거울에 붙인다. 일체의 아름답고 좋은 축원祝願이 모두 이 쌍희囍자에 집약되었다.

囍

쌍희囍는 한편 매우 기이하고 특이한 문자이다. 우리가 크고 작은 자전이나 사전에 수록된 문자는 대단히 많지만 이 쌍희囍자는 그림자도 찾을 수 없다.

이 문자는 전하는 바에 의하면 북송시대의 대문학가인 왕안석 王安石이 만든 것이다.

왕안석王安石이 젊을 때 수도로 과거시험을 보러가서 외숙 집에 머물렀다고 한다. 거리를 지나다가 어느 집 대문 기둥에 주마등走馬燈이 걸려있고 그 옆에 대련對聯의 상련上聯이 적혀 있는 것을 보았다. 주마등, 등마주, 등식마정보走馬燈, 燈馬走, 燈熄馬停步[215] 왕안석 王安石은 자신의 학식이 뛰어난 것을 자부하고 말하기를, "좋은 대련對聯이다! 좋은 대련對聯!" 그러자 이 때 성이 마馬씨인 이 집 대문에서 한 늙은 집사가 나와 말하기를 "젊은 선비께서 좋은 대련 對聯이라 하시니 잠시 기다리시오! 제가 원외員外 대인께 아뢰겠습

---

215) 역주 : 주마등, 등의 말이 달린다, 등이 꺼지니 말이 걸음을 멈춘다.

니다"라고 하였다.

왕안석王安石은 볼일 때문에 바빠서 늙은 집사가 오는 것을 기다리지도 못하고 곧바로 길을 재촉하여 떠났다.

이튿날 왕안석王安石은 과거시험장에서 모든 것이 순조롭게 진행되어 조금도 힘들이지 않고 순식간에 시제試題를 완성하였다. 그는 득의양양하여 사방을 둘러보다가 뜻밖에 관청 전면에 비호飛虎가 그려져 있는 아름다운 색깔의 깃발이 걸려있는 것을 보게 되었다. 이것을 보는 순간 그는 어제 보았던 주마등走馬燈 상련上聯이 떠올라 '이 어찌 절묘한 하련下聯이 아니겠는가?' 여기고는 묵상하기를 "비호기飛虎旗, 기호비旗虎飛, 기권호장신旗卷虎藏身"[216) 하였다.

과거시험이 끝나고 왕안석王安石이 다시 외숙 집으로 돌아오는 길에 마원외馬員外의 집의 대문을 지나게 되었다. 이때 오랜 시간 기다렸던 늙은 집사가 웃으며 맞이하기를, "오래 기다렸습니다. 안으로 드십시오!"라고 하였다.

알고 보니 마원외馬員外는 연로하도록 아들이 없었다. 슬하에 다만 재모가 출중한 딸이 하나 있었는데 나이 이팔을 넘기도록 약혼도 하지 않은 처녀로 있었다. 재학이 비범한 훌륭한 사위를 맞이하기 위해 이 같은 생각을 한 것인데, 상련上聯을 만들어 하련下聯을 대對할 수 있는 이를 구하여 사위로 삼고자 한 것이다. 응모한 이가 적지 않았으나 하련下聯이 모두 평범하여 요구를 충족시키지 못했다. 이번에 왕안석王安石의 차례가 되었는데, 그는 이미 마음속에 글이 형성되어 있었다. 그는 태연자약하게 일필휘지하였다. 비호기, 기호비, 기권호장신飛虎旗, 旗虎飛, 旗卷虎藏身 원외員外는

216) 역주 : 비호기, 깃발의 호랑이가 난다. 깃발이 휘말리니 호랑이가 몸을 감춘다.

왕안석王安石이 이토록 딱 들어맞는 답을 내는 것을 보고 매우 기뻐서 그를 불러 사위로 삼고자 하였다.

왕안석王安石은 외숙집에 돌아와 일의 경과를 알렸다. 외숙은 흔쾌히 찬성하였다.

혼례는 성대했는데, 결혼식을 잘 치르고 신방新房에 들었다. 신부가 수줍은 듯 미소를 지으며 말했다. "낭군께서는 재학이 뛰어나셔서 이번 과거에 꼭 합격하실 것입니다." 바로 이때 문밖이 떠들썩하며 소란스러웠다. 두 명의 전령이 와서 고하기를, "왕 대인께서 운수 대통하여 합격자 명단에 올랐으니, 내일 임금께서 베푸는 연회에 나오시기 바랍니다." 이것이 바로 속담에서 말하는 "동방에 화촉을 밝히는 밤, 과거 합격 명단에 오를 때洞房花燭夜, 金榜題名時"에 응한 것이다. 마원외馬員外는 크게 축하연을 베풀도록 분부하였다.

왕안석王安石은 평소 문자에 대해 연구하여 저서에 『자설字說』이 있는데, 특히 "회의자會意字" 부문에 정통하였다. 그는 생각하기를, 두 가지 기쁜 일이 문전에 당도했으니 어찌 두 개의 희喜자로 좋은 문자를 만들지 못할 것인가? 그래서 붉은 종이 위에 커다란 쌍희囍자를 써서 대문 위에다 붙였다.[217]

이때부터 쌍희囍자가 전해오게 되었다.

쌍희囍자 발생 이야기가 사실에 속하는지의 여부에 대해서는 대답하기가 쉽지 않다. 자전字典, 사전詞典에는 왜 쌍희囍자가 나오지 않는가? 이는 자전 편찬자들이 잠시 소홀히 했기 때문이 결코 아니다. 여기서 한자의 기준 문제를 언급해 보자.

217) 『中國風俗故事集』, 甘肅人民出版社, 참고.

224

쌍희囍자는 다만 한자의 형태만 갖추었을 뿐, 한자의 기능은 구비하지 못했기 대문에 그것을 사서詞書에 수록하는 데는 두 가지 문제가 있다. 하나는 뜻풀이, 즉 석의釋義이고, 다른 하나는 용례用例이다.

한자의 기능은 무엇인가?『현대한어사전現代漢語詞典』에는 한자에 대한 주석에서 "한어를 기록하는 문자"라 하였다. 한어를 기록하는 것이 바로 한자의 기능이다. 자전字典은 한자에 대해서 뜻풀이를 하는데 실제로는 한자가 나타내는 한어의 단어나 형태소의 뜻을 풀이하고 있다. 한자는 한어를 표시하는 기능이라는 측면에서 말하자면 4종의 유형으로 분류할 수 있다.

1. 사자詞字. 한자 하나가 한어 속의 단음사單音詞 하나를 표시한다. 예를 들면 천天, 호好, 래來, 불不 등.

2. 사소자詞素字. 한자 하나가 형태소 하나를 표시한다. 형태소는 문장구성의 성분이 아닌 단어구성의 성분에 해당한다. 그래서 그것은 단독으로 사용이 불가능하다.(현대한어를 가리킴) 다만 사詞를 구성할 수 있을 뿐이다. 예를 들어 기基, 공鞏, 늠凜, 목沐, 적籍 등.

3. 반사자半詞字. 두 개의 한자가 결합하여 하나의 단순사單純詞를 나타낸다. 예를 들어 지주蜘蛛, 호접胡蝶, 포도葡萄, 완연婉蜒, 주저躊躇 등.

4. 하나의 한자가 복음사複音詞를 나타낸다. 예를 들어 리浬(해리), 촌吋(인치), 천瓩(킬로와트), 서圕(도서관)이다.

쌍희囍자는 어디에 속하는가? 어디에도 속하지 않는다. 사전에 수록할 수 없다는 문제점이 드러난 것이다. 그렇기 때문에 우리도 쌍희囍자를 사서詞書 규칙에 따라 뜻풀이를 할 수 없게 된 것이다. 문자사용이라는 측면에서 말하면 언어는 일종의 흐름이다. 한자는 언제나 기타 문자와 결합되어 언어의 흐름을 나타낸다. 사전에 한자의 뜻풀이를 할 때, 항상 사詞나 문장의 예를 든다. 소위 예로 든 사詞와 예문例文이 바로 이 한자와 결합 가능한 언어 흐름의 단면을 드러내는 것이다. 예로 든 사詞와 예문例文을 통해서 한자가 나타내는 사詞의 의미와 실제 용법에 대해 자세한 설명을 한다.

쌍희囍자는 어떤 용례를 들 것인가? "결혼의 경사를 축하하다恭賀結婚之喜"에서 여전히 희喜자를 사용할 수 있다. 쌍희囍는 기타 한자와 결합하여 사용되지 않기 때문에 쌍희囍자로 된 사詞나 문장을 예로 들 수 없다. 이것이 바로 언어 흐름에 넣을 수 없어서 한어로 기록하는 작용을 발휘할 수 없는 사유이다.

사람들은 언어학적인 각도에서 쌍희囍자를 바라보는 것은 아니다. 그러나 단번에 깨달을 수 있는 것은 쌍희囍자가 통상적인 한자가 아니며 따라서 자전字典에 수록하지 않으므로 사람들도 그것을 찾을 필요가 없다는 것이다. 쌍희囍자는 아마 자전字典에 수록될 수 있을지 모르지만 일반 한자와는 성질이 다르다. 그것은 기쁨이나 경사慶事의 의미를 담은 특수한 부호符號이다.

226

52. 일본한자 우右의 필순, 음音/성聲, 암癌/선腺, 초鈔

한번은 일본 학자와 함께 한자의 필획 순서에 대해 이야기를
나눈 적이 있다. 일본 친구는 좌우左右 두 자를 말하면서 일본에
서는 오른 우右자의 경우 삐침(丿)을 먼저 쓰는 것이 중국의 경우
와 다르다고 하였다. 현재 중국에서는 좌左자와 우右자 모두 가로
획부터 먼저 쓴다. 첫 획은 획순에 있어서 다른 획보다 중요하다.
어떤 한자 검색, 즉 검자법檢字法은 첫 획에 따라 정해진다. 첫 획
이 다르면 다른 부류에 귀속된다. 첫 획은 검자법에서 분류하는
작용을 한다.

그 자리에 있던 많은 사람들이 모두 우右자가 삐침부터 먼저 쓰
는 것을 기이하게 여겼다. 사실 고대에는 중국의 우右자도 삐침(丿)
을 먼저 썼다. 이 한자의 첫 획순 문제는 작은 측면에서 보면 중
국과 일본의 문화교류가 유구하다는 사실을 반영해주고 있다.

획순은 정규 획순과 특수 획순이 있다. 좌左와 우右는 통상적인
획순으로 말하면 가로획을 먼저 쓴다. 그러나 고대에 우右자는 첫
획이 비정규 획순에 속하였다. 명대 말의 『자휘字彙』에는 앞줄에
"운필運筆"란을 두었는데 나열한 문자가 모두 특수 획순에 속하는
문자였다. 그중에는 "우右"자도 있는데, 삐침(丿)을 먼저 쓴다는 것
을 분명하게 밝혀 놓았다.

『자휘字彙』「운필運筆」"우右"

우右의 경우 삐침[ノ]을 먼저 쓰는 것은 서예 측면에서 근거가 있다. 예를 들어『서법삼매書法三昧』[218]에 이렇게 획순을 써야 한다는 것을 지적하고 있다. 우리는 문자의 변천 규칙을 통해 보다 자세하게 설명을 할 수 있다.

고문자에서 좌左와 우右의 서법은 다음과 같다.

나중에 工을 더해서 左   나중에 口를 더해서 右

고문자에서 해서楷書는 중간에 예서隸書라는 과도기를 거쳤다. 고문자에서 선형線形 문자에 속했던 것이 예서隸書에서는 필획문자로 바뀌었다. 필획 서법의 원칙은 좌에서 우, 위에서 아래이다.

ㅋ → 又 → 又

右 → 右 (ノ → 𠂇 → 右) · 右 (ノ → 𠂇 → 右)

右의 변화

---

218) 元代 無名氏,『格致叢書』에 들어 있다.

左의 변화

　예서隷書의 우右자 서법을 따라서 해서의 우右자는 삐침을 먼저
썼다. 전통적인 서법을 따르지 않는 일반적인 서법은 가로획을
먼저 쓴다. 우리는 오늘날 우右자의 획순이 사회 관습을 따르고
일본의 서법書法은 전통을 계승하고 있는 것을 여기서 보았다.

　일본은 한자 사용상 늘 중국 역사의 자취나 그림자를 보여주었
다. 예를 들어 판办자의 번체자는 판辦이다. 일본은 판辦을 쓰는데
이것은 옛 서체이다. 오늘날에는 판辦, 변辨 두 자가 있는데 고대
에는 판辦만 있었다. 『설문해자단주說文解字段注』에 고대에는 판辦자
만 있었다고 지적하고 있다. 일본에서 "음音(おと)"은 사물의 소리를
가리키고 "성聲(こえ)"은 사람이나 동물의 소리를 가리킨다. 오늘날
이것을 구별할 줄 아는 이가 매우 드물다. 그러나 고대에는 "음音"
과 "성聲" 이 두 한자는 분명히 이 같은 미세한 차이가 있었다.

　『사기史記』에 "군자는 사귐이 끊어져도, 나쁜 소리를 내지 않는
다君子交絶, 不出惡聲"라고 나오는데, 의미인즉 "군자가 행동으로 친
구와 단교할 수는 있어도 입으로 친구에 대해 나쁜 말을 발설하
지 않는다"는 뜻이다. 성聲이라는 것은 또 동물의 울음소리를 가
리키기도 한다. 『시경詩經』에 "학이 높이 울어, 소리가 하늘에 들
린다鶴鳴於九皐, 聲聞於天"라고 하였다. 『맹자孟子』에 "그 소리를 듣고
차마 그 고기를 먹지 못한다聞其聲不忍食其肉"고 하였다. 여기에서

"성聲"은 모두 "음音"으로 바꿀 수 없다. "음音"은 단지 사물에서 나는 소리를 말한다.

『회남자淮南子·地形』에 "맑은 물은 소리가 작고, 탁한 물은 소리가 크다淸水音小, 濁水音大"라고 하였다. 역사상 종자기鍾子期와 백아伯牙는 "지음지교知音之交"였는데, 지음知音이란 종자기가 백아의 가야금 소리를 이해하고, 그 소리를 통해서 그의 마음을 알 수 있었다는 것을 말한다. 『관자管子·內業』에 "성聲으로 부르지 못하고, 음音으로 맞이할 수 있다不可呼以聲, 而可迎以音"라고 하였는데, 이 말은 "소리를 외쳐서 그를 부를 수 없고, 악기의 소리로 그를 맞이할 수 있다"는 것인데, 바로 음音과 성聲 두 자의 가리키는 바가 다르다는 것을 설명하고 있다.

『현대한어사전現代漢語詞典』에 "성악聲樂"에 대해서 "노래하는 음악, 악기로 반주할 수 있다"라고 하여 기악器樂과 구분하였고, "기악器樂"에 대한 주석에는 "악기를 사용해서 연주하는 음악의 총칭"이라고 하여 성악聲樂과 구분하였다. 경극京劇 "사가병沙家浜"의 아경수阿慶嫂[219]는 말하기를 "말을 듣는데 성聲을 듣고, 바라와 북은 음音을 듣는다聽話聽聲, 鑼鼓聽音"라고 하였다. 여기서 음音과 성聲을 대비하여 거론하고 있는데, 한자 활용이 매우 전아하고 뛰어나다.

문화의 교류는 쌍방향적인 것이다. 가령 한자 문제에 있어서 일본이 차용한자를 학습할 때 우리도 일본으로부터 학습한 한자가 있다. 암癌, 선腺 이 두 상용한자는 일본에서 만들어져 중국에 들어온 한자이다.

219) 역주 : 현대 경극 "沙家浜"에 나오는 주인공 이름.

암癌은 고대에는 "저疽"라고 불렀다. 『사기史記·扁鵲倉公列傳』에 "저疽가 유방에 발생하여 ... 죽는다疽發乳上 ... 死"라고 하였다. 여기에서 말한 것은 대개 유선암乳腺癌에 속한다.

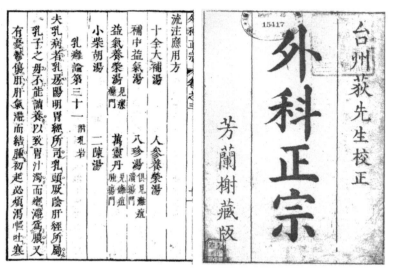

『외과정종外科正宗』

명대 진실공陳實功(1555-1636)[220]의 『외과정종外科正宗』(권3)에 "무릇 유병乳病이라는 것은 ... 초기에는 콩만 하다가 점점 바둑알 정도로 커진다 ... 나중에는 부어서 마치 밤톨이나 뒤엎은 사발 같은데, 자색에 냄새가 좋지 않고 점점 궤란潰爛되며 ... 유암乳癌이라고 한다夫乳病者 ... 初如豆大, 漸若棋子 ... 日後腫如堆栗, 或如覆碗, 紫色氣穢, 漸漸潰爛 ... 名曰乳癌"고 하였다.

---

220) 역주 : 字는 毓仁, 號는 若虛, 江蘇 南通人. 明代의 외과의사. 저서에 『外科正宗』(1617)이 있다.

만청시대에 마배지馬培之(1820-1903)의 『마배지외과의안馬培之外科醫案』에 "유암乳癌의 한 증세症勢, 사려읍울思慮挹鬱(乳癌一症, 乃思慮挹鬱)"이라고 하였다. 그러데 오늘날 일본 메이지明治 5년(1873)에 나온 『의어유취醫語類聚』에는 대량으로 암병을 소개하고 있다. Cancer/암종癌腫, Cancrumoris/구암口癌, Arthro Carcinoma/관절암關節癌이 나온다. 여기의 암癌자는 모두 서양 "Cancer"의 번역어이다. 합리적인 분석에 따르면 일본에서 먼저 암癌자를 사용하여 중국에 전해지고 원래의 문자 형태인 "암嵒"을 대체하여 이후로 "암癌"자가 점차 통용되기 시작하였다.

잠기상岑麒祥(1903-1990)[221] 선생은 『한어외래어사전漢語外來語詞典』에서 "암癌"이 일본어에서 차용된 외래어임을 밝혔다. 이것은 특수한 단어인데 이것이 용어로 쓰인 것은 명대부터 나온다. 그러나 문자 표기 형태는 일본에서 전해왔다. 이렇게 해서 그것이 의미하는 개념이 더욱 풍부하고 온전해졌다.

"선腺"자는 언어학적인 입장에서 볼 때 외래어이다. 이것은 암癌과 다르다. 중국 고대에는 비슷한 개념을 뜻하는 xiàn 발음의 단어가 없었다. 그래서 각종 외래어 사전에서 모두 선腺을 외래어로 처리하였다. 선腺자는 본래 일본에서 만든 한자이다. 『강희자전康熙字典』에는 "선腺"자가 없다. 『중화대자전中華大字典』에 비로소 "선腺"자가 나오는데, "선腺은 선線과 같은 발음으로 읽는다. 동물의 몸속 피막세포의 변성분비처이다. 일본의 생리학자가 선腺이라고 불렀다"고 하였다. 일본 『신명해국어사전新明解國語辭典』에 "선腺, 회

221) 역주 : 廣西壯族自治區 合浦縣人. 筆名은 時甫. 言語學者. 中山大學과 北京大學 言語學 교수 등 역임.

232

의會意에서 만들어진 국자國字인데, 훈訓은 없다腺(會意によって作った國字て, 訓は無い)"고 나와 있다.

그런데 최근 고문자학 전문가인 진초생陳初生의 보고에 의하면 출토된 고문자 중에 분명 "선腺"자가 있다. 그런데 참으로 이상한 것은 고대 문헌과 각종 자전字典 어디에도 "선腺"자가 보이지 않는다는 것이다. 이 같은 현상을 어떻게 해석해야 하는가? 역사상 분명히 중국에 있었는데 중국에서는 실전되어 일본에 보존되어 있는 것인가? 예를 들어 혜림慧琳의 『일체경음의一切經音義』[222]와 당대의 사본인 『옥편玉篇』 잔권殘卷 등에는 남아 있다. 그러나 "선腺"자는 고대에 일본에 전해진 후에 다시 중국에 재수입되었다고 보기 어렵다. 합리적인 해석은 중국의 고문자 속의 선腺자는 일본에서 만든 국자國字인 선腺과는 서로 상관이 없는 별개의 한자라는 것이다.

이 같은 상황은 한자 역사상 그 예가 적지 않다. 예를 들어 지폐를 뜻하는 초표鈔票(chāopiào)와 현금을 뜻하는 현초現鈔(xiànchāo)의 초鈔자는 한대 『설문해자說文解字』에 이미 그 같은 문자가 나오는데 "차취叉取"를 가리켰다. 바로 후대의 "초抄"이다. 그것은 의미가 파생되어 "그대로 기록하다"를 가리키게 되었다. 그래서 "혁명시초革命詩抄"를 "혁명시초革命詩鈔"라고도 한다.

---

222) 역주 : 『一切經音義』, 당나라 慧琳이 여러 경전에 등장하는 難解字句를 선별하여 풀이한 불교사전이다. 동일한 명칭의 책이 3가지인데, 649년 玄應이 大乘과 小乘 449부의 전적에서 뽑은 자구에 주석을 가해 만든 『玄應音義』, 807년 慧琳이 經·律·論 삼장 1,300부에서 선별한 자구를 주석한 『慧琳音義』, 希麟의 『續一切經音義』가 있다. 『一切經音義』하면 보통 慧琳의 것을 말한다.

원대의 지폐

"초鈔"는 종이돈, 즉 지폐를 말하는데, 『명사明史·食貨志五』의 기록에 보면 "초鈔는 당나라의 비전飛錢에서 비롯되었고, 송대의 교회交會, 금대의 교초交鈔, 원대에는 시종 초鈔를 사용하였으며 전錢은 거의 폐하였다鈔始於唐之飛錢, 宋之交會, 金之交鈔, 元世始終用鈔, 錢幾廢矣"라고 하였다. 여기의 초鈔는 고대의 초鈔와 상관이 없는 것으로 그것은 아마도 외래어일 가능성이 높다. 어떤 사람은 페르시아어의 čāu 또는 Cav鈔標는 한어에서 차용한 것이라고 한다. 그러나 시간의 제한을 두지 않았다. 당나라 이전이라면 그것은 불가능한 일이다. 그러나 만약 원대 이후라면 가능한 일이다. 그렇다면 이것은 차용의 차용인 셈이다.[223]

___

223) 『異文化的使者-外來詞』 6쪽 참고.

234

53. 서복徐福과 서불徐市 및 서시徐市

2천 2백년 전에 서복徐福은 진시황秦始皇의 명을 받들어 동남동녀童男童女와 문무文武 관리 3천 그리고 오곡 씨앗 등을 지니고 일본으로 건너갔다. 중일 양국 역사상 무지개 같은 우호관계의 교량이 건설되었다. 서복徐福은 일본에서 농경, 양잠, 의약의 시조始祖로 받들어졌다.

내가 중학교에 다닐 때 학교 선생님은 우리에게 서복徐福은 서시徐市로도 부른다고 말씀하셨다. 그런데 이것이 내 머리 속에 의문으로 남아 있었다. 대학에 들어가서 비로소 "시市"자가 와자訛字라는 것을 알게 되었다.

『사기史記·秦始皇本紀』에 "서불徐市을 파견하여 동남동녀 수천 명을 보내서 바다로 들어가 신선을 구하게 하였다遣徐市發童男女數千人, 入海求仙人"고 하였고, 『사기史記·淮南衡山列傳』에 "또 서복徐福을 바다로 들여보내 신이한 물건을 구하였다.又使徐福入海, 求神異物" 같은 책인 『사기史記』에 하나는 서불徐市로 하나는 서복徐福으로 나온다.

『삼국지三國志·吳書·孫權傳』에 "장로들이 전언하기를, 진시황秦始皇이 방사 서복徐福을 파견하여 동남동녀 수천 명을 데리고 바다로 들어가 봉래 신산神山과 선약仙藥을 구하였다長老傳言, 秦始皇帝遣方士徐福, 將童男女數千人入海, 求蓬萊神山及仙藥"고 하였다.[224]

---

224) 역주 : 『後漢書·東夷列傳』에도 유사한 내용이 보인다. "또 이주와 단주가 있다. 전하는 바에 의하면, 진시황이 방사 서복을 파견하여 동남동녀 수천 명을 데리고 바다로 들어가서 봉래 신선을 구하게 하였으나 이루지 못했다. 서복은 죽임을 당할까 두려워 감히 돌아오지 못하고 결국 이곳에 거하였는데, 대대로 수만 가구를 이루었다고 한다.(又有夷洲及澶洲, 傳言秦始皇遣方士徐福將童男女數千人入海, 求蓬萊神仙不得, 徐福畏誅不敢還, 遂止此洲, 世世相承, 有數萬家.)

『태평어람太平御覽』(권782)[225] 「외국기外國記」에 "두루 바다에 떠다니다 저紵섬에 정착했는데, 그 위에는 모시가 많았다. 3천여 집이 있는데 서복徐福 동남童男의 후예라 하는데, 풍속이 오나라 사람과 유사하였다周詳泛海, 落紵嶼, 上多紵. 有三千餘家, 云是徐福僮男之後, 風俗似吳人"고 나온다.

송대 구양수歐陽脩의 「일본도가日本刀歌」[226]에 "전하는 바에 의하면 그 나라는 큰 섬에 거하는데, 토지가 비옥하고 풍속이 좋았다. 그들의 선조 서복徐福은 진나라 사람을 사칭하고, 약초 캐며 오래 머물러서 아동들은 노인이 되었다傳聞其國居大島, 土壤沃饒風俗好. 其先徐福詐秦民, 採藥淹留丱童老"라고 하였다.[227]

『사기史記·秦始皇本紀』에 나오는 서불徐巿은 건巾에다 가로 획을 하나 더한 것으로, 이는 시巿와는 다른 것이다. 시巿라고 한 것은 형태가 비슷하여 생긴 잘못이며, 그 결과 서복徐福을 별명으로 여기게 되었다.[228] 그런데 이 같은 일은 이미 원대에 생겨났다. 현행 한자 속에는 패沛, 폐肺 등 한자의 편방이 바로 불巿로 4획이다. 마지막 한 획이 세로 방향으로 관통하는 획이다. 그러나 많은 사람들은 시巿로 잘못 간주하기 쉽다. 형태가 비슷한 한자 중에 이 같은 일이 가장 구별하기 어렵다.

일본 서적 중의 서복徐福은 대부분 서불徐巿로 쓰여 있다. 불巿자

---

225) 역주 : 宋 太宗의 명으로 李昉(925-996) 등이 편찬한 백과사전 성격의 類書.
226) 『歐陽文忠集』권54.
227) 丱(guàn)은 옛날에 아동들이 머리를 묶어 兩角을 만든 것을 말한다. 丱童老는 아동이 성장하여 노인이 된 것을 말한다.
228) 元代 吾丘衍, 『閑居錄』: "진나라 방사 서불은 또 서복이라고 하는데, 두 가지 이름이 있는 것은 아니다. 후대 사람들이 시전의 시로 읽어서 복은 별명이 아닌가 한 것이다.(秦方士徐巿, 又作徐福, 非有兩名. 後人讀巿廛之巿, 故疑福爲別名也)"

236

는 불市자 위에 초두艹를 덧붙인 것으로 이것은 『사기史記·秦始皇本
紀』의 기록과 서로 일치하는 것으로 원래는 "서불徐市"로 해야 한
다. 불市은 불芾의 고자古字이다. 한대 이전에는 반절反切이 없어서
알아보기 어려운 한자가 나오면 발음이 같은 동음자나 음이 가까
운 한자로 그 아래에 주를 달았다. 복福자는 아마도 불市자에 주음
注音한 한자인데, 나중에 틈입한 것이다.

근세의 서세창徐世昌(1855-1939)[229]에게 『만청이시휘晚晴簃詩彙』가 있
다. 권168에 청말 여서창黎庶昌(1837-1897)[230]이 일본에 간 뒤 쓴 「방
서복묘訪徐福墓」라는 시에 "예禮를 오히려 들에서 구하여 전해오던
것을 고치네, 복福과 불市은 같은 음으로 전분典墳에 부합하는데,
'사기史記'를 읽고서 서시徐市는 와전임을 알았네, 속서俗書에는 초
두 벗은 문자라네禮猶求野訂遺聞, '福', '市'同音契典墳. 讀『史』乃知徐市誤, 俗書偶
脫草頭文"라고 하였다.

그가 복福, 불市 두 한자가 같은 음으로 문헌기록과 일치한다고
지적한 것은 정확하다. 그러나 그가 『사기史記』 속의 "불市"자가
초두가 생략된 오자라고 비평한 것은 정확하지 않다. 바로 우리
가 위에서 말한 것처럼 "불市"은 단순한 오자가 아닌 최초의 표기
이다. 진짜 오자는 저자 시市 할 때의 시市자이다. 여서창黎庶昌의
시에 맞춰서 필자가 "타유시打油詩"[231] 한 수를 지어 이 글을 끝맺
고자 한다.

---

229) 역주 : 字는 卜五, 號는 菊人, 直隸 天津人. 淸末民國初의 정치가. 입헌제를 시
　　　찰하기 위하여 유럽을 다녀왔으며 부총리 대신을 거쳐 辛亥革命 후에
　　　는 내각의 수반이 되었으며 그후 總統을 지냈다.
230) 字는 蒓齋, 貴州 遵義人. 曾國藩 제자의 한 명이었으며, 桐城派를 尊崇하였다.
　　　7장 참고.
231) 平仄과 韻에 구애받지 않는 통속적인 諧謔詩.

求野亦未訂遺聞 들에서 구하여도 바로잡지 못했으니
欲辨漢字須愼眞 한자 분별에는 모름지기 신중해야
徐市徐福本一事 서불과 서복이 본래는 하나인데
詞成市字乃訛文 시 자로 된 것은 와전된 탓이라네

238

54. 방주方舟와 윤선輪船

한대 양웅揚雄(BC53-AD18)의 『방언方言』[232] "함곡관函谷關 동에서는
선船으로 부르고, 서에서는 주舟로 부른다函谷關以東稱船, 以西稱舟"고
하였다. 이로 보건대 선船과 주舟는 본래 방언으로 소속이 다른 것
인데, 나중에 공통어가 된 것을 알 수 있다.

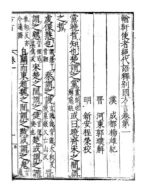

『방언方言』

오늘날 단독으로 사용할 때는 일반적으로 "선船"자를 사용한다.
"주舟"자는 주로 단어 구성의 성분으로 쓰이고 있다. 복합어들 예
를 들면 용주龍舟, 경주輕舟, 비주飛舟, 범주泛舟 등이 있고, 고사성어
로 사용된 예를 들면 동주공제同舟共濟, 각주구검刻舟求劍, 역수행주
逆水行舟, 파부침주破釜沈舟, 목이성주木已成舟[233], 순수추주順水推舟[234]
등이 있다.

---

232) 역주 : 원래의 명칭은 『輶軒使者絕代語釋別國方言』, 중국 漢語史上 최초의 方
言學 저작이다.
233) 역주 : 나무가 이미 배가 되었다. 일이 돌이킬 수 없는 상황에 이른 것을 비유함.
234) 역주 : 기회를 보아서 일을 진행하다. 추세에 맞추어 일을 하는 것을 말함.

요컨대 주舟자는 단독으로 사용될 때가 극히 드물다. 주舟의 '자격'은 오래되었다. 갑골문甲骨文에 주舟자가 있는데, 한 척의 선박 형상을 하고 있다. 상고시대에는 나무의 속을 파서[刳, kū] 주舟를 만들었는데, 나무의 표면을 가공하여 평면으로 하고 다시 속의 홈을 파서 수조水曹 모양으로 하였다. 갑골문甲骨文의 상형자 주舟는 아마 이 같은 원시 수상 교통수단이었을 것이다. 문명이 나날이 발전하여 주舟의 종류도 점차 증대하여 여러 가지 등급으로 나뉘게 되었다.

『설문해자說文解字』에 "천자는 조주造舟를 사용한다天子用造舟"라고 하는데, 여러 배를 서로 연결하여 만든 부교浮橋를 가리킨다. "제후는 유주維舟를 사용한다諸侯用維舟"고 한 것은 중간에 배 한 척을 사용하고 좌우에 다시 다른 배를 연결시켜 만든 것이다. "대부는 방주方舟를 사용한다大夫用方舟"에서 방方자는 병并의 뜻으로, 방주方舟는 배 두 척을 서로 나란히 하여 만든 것을 말한다. "사士는 특주特舟를 사용한다士用特舟"에서 특주特舟는 바로 통나무를 파서 만든 배, 즉 독목선獨木船을 말한다.

항航은 본래 방주方舟를 가리킨다. 동사動詞로 사용하여, 물위에서 항해하는 것을 가리킨다. 방주方舟는 편리하고 또 안전하다. 『후한서後漢書·班固傳』에 "방주병목, 부앙극락方舟并鶩, 俯仰極樂"이라는 말이 있다. 이 말은 "방주方舟가 질주하는데, 아래를 굽어보고 위를 올려보니 즐거움이 지극하다"는 뜻이다.

한대 이전에는 선체가 크지 않았다. 그래서 배를 나란히 하는 방법을 채용해야 했다. 그렇게 하여 배의 안전도를 높이고 배가 큰 강이나 하천에서 풍랑의 충격을 견뎌낼 수 있게 하였다. 역사적으로 유명한 적벽대전赤壁大戰이 바로 수전水戰이었는데 배의 관리는 전쟁에서 중요한 위치를 차지하였다.

『삼국지통속연의三國志通俗演義』

소설 『삼국연의三國演義』(모본 제47회)에는 방통龐統이 조조曹操에게 계책을 말한 것을 서술하고 있다. "큰 배와 작은 배를 각각 모두 배합하여, 혹은 30척을 한 대열로 하고 혹은 50척을 한 대열로 하였다若以大船小船各皆配搭, 或三十爲一排, 或五十爲一排"고 나온다. 이같이 30개의 주舟 또는 50개의 주舟를 일렬로 하는 방법은 이치로 보면 불가능하다. 말로는 매우 간단하나 선체의 방향을 바꿀 수 없다. 그래서 어떤 사람은 이것을 비판하여 말하기를 "소설가의 상상력으로는 당연히 그러려니 여긴 것의 소산물이다"라고 하였다.

『자치통감資治通鑑·赤壁之戰』에 서술된 것은 다른데, 조조曹操가 "방련선함方連船艦"을 채택했다고 하였다. 즉 "방주方舟"를 보조로 하고 "연주連舟"를 주로 했는데, 이것은 역사학자의 기술이라 이치에 부합된다. 비록 이와 같이 하여 배의 안정성이 증가하였지만, 오히려 기동력은 민첩하지 못하게 되었다. 그 결과 주유周瑜가 화공火攻을 사용하게 되었다. 이는 조조曹操 "연주連舟" 방법의 약점에 대해 정곡을 찌르는 공격이 되었다. "불길이 바람을 타고 맹렬하게 타오르자, 북쪽의 배를 모두 태웠다火烈風猛, 燒盡北船"고 나온다. 조조曹操는 크게 패배하였다.

진晉 이후에 조선造船 기술이 크게 발전하여 대형 선박도 만들게 되었다. 그 결과 배를 연결하는 방법은 점차 자취를 감추게 되었다. "방주方舟"는 한대에도 "방舫"으로 불렸는데, 동사로는 배를 나란히 하는 것을 말한다. 나중에 "방舫"은 명사가 되었는데, 일종의 네모난 선두船頭와 선미船尾 형태를 지닌, 갑판이 너른 평저선平底船을 가리킨다. 북경의 이화원頤和園의 곤명호昆明湖 가장자리에 석방石舫이 있고, 남경의 후원煦園에도 석방石舫이 있다. 그리고 싱가포르 유화원裕華園235) 역시 요월방邀月舫이 있는데, 우리는 이로써 방舫의 형태나 모양을 이해할 수 있다.

당대에 뱃전 양측에 바퀴가 장착된 전선戰船을 발명하였는데 발로 바퀴를 밟아서 물을 밀치고 나아가는 배이다. 『구당서舊唐書·李皐傳』에 "항상 마음을 쓰고 묘안을 내서 전함을 만들었는데, 바퀴 두 개를 끼우고 그것을 밟으니, 바람이 일고 파도를 치며 질주하기가 마치 돛을 단 배와 같았다常運心巧思爲戰艦, 挾二輪踏之, 翔風鼓浪, 疾若挂帆席"라고 기록되어 있다.

송대에 들어서는 "윤선輪船"이 한층 더 발전하였다. 『송사宋史·虞允文傳』에 "(금나라 주군) 양亮236)이 (침입하여) 과주瓜州237)에 이르렀다. 윤문允文과 존중存中이 강에 이르러 시찰하면서, 병사들에게 거선車船을 밟으라 명하였다. 가운데서 위아래로 움직이며, 세 번 금산金山을 도는데 나는 듯이 회전하였다(金主)亮(入侵)至瓜州, (虞)允文與存中臨江按試, 命戰士踏車船, 中流上下, 三周金山, 回轉如飛"라고 하였다.

『송사宋史·岳飛傳』에 이 같은 "윤선輪船"이 언급되어 있다. 24개 바퀴를 장착하고 바퀴마다 12명이 밟도록 해서 "바퀴로 물을 밀쳤는데, 그 나아감이 나는 것과 같았다以輪激水, 其行如飛"고 하였다. 일반 민간용 배도 바퀴를 장착한 것이 있었다. "배의 장막 위에 운전하는 이가 없이 다만 수레바퀴를 밟아서 운행하는데 그 속도가

나는 것과 같았다.船棚上無人撐駕, 但用車輪脚踏而行, 其速如飛"[238]

　유럽에서는 증기기관을 발명하여 배에 장착하였다. 최초의 선박은 바퀴가 선체 밖으로 드러난 "명륜선明輪船", 즉 외륜선으로 바퀴가 선체 측면에 있어서 물을 밀치고 나아갔는데, 나중에 물밑에 스크루로 추진하는 배를 발명하였다. 1845년 4월 영국의 강에서 외륜선 "알렉토호"와 스크루 선박인 "래틀러호"가 시합을 했는데, 결과는 스크루 선박의 승리로 나타났다.

　현재의 소위 윤선輪船이라는 것에는 실제로 바퀴를 달고 있지 않다. 실제로 바퀴를 달았던 윤선輪船은 『송사宋史』에 기록된 24개 바퀴가 있던 윤선輪船인데, 이 윤선輪船을 298명의 인원이 바퀴를 밟아서 항해한다면 얼마나 장관이었겠는가?

　우리가 오늘날 사용하는 "윤선輪船"이라는 단어는 청대 사람 위원魏源(1794-1856)의 『해국도지海國圖志』에서 "화륜선火輪船"이라고 부른 것인데, 이 책에서는 기차를 "화륜차火輪車"라고 불렀다. 나중에 이들은 각각 생략되어 "윤선輪船"과 "화차火車"로 사용하게 되었다. 선박에는 윤輪이 없고, 전기화차電氣火車에는 화火가 없는데도 단어로 쓰이게 된 것은 전체적으로 단어의 의미를 나타내고 있기 때문이다. 단어의 형태소를 분석하는 것은 어원을 탐색하고자 함에 그 뜻이 있다.

---

238) 吳自牧, 『夢粱錄』 권12 "湖船" 참고.

55. 규곽葵藿과 해바라기, 강해講解와 강무講武

당대의 시인 두보杜甫의 시에 「자경부봉선현영회오백자自京赴奉先縣咏懷五百字」가 있는데, 그중에 "규곽葵藿이 태양을 향하듯, 사물의 본성은 본디 빼앗을 수 없도다葵藿傾太陽, 物性固莫奪"라는 두 구절이 나온다. 어떤 사람이 이것을 번역하기를 "해바라기 꽃이 태양을 따라 이동하는데, 사물의 본성은 타고나는 것으로 고치기 어려운 것이다"라고 하였다. "규葵"를 해바라기라고 이해했는데, 이것이 "현재를 가지고 옛날을 헤아리다以今度古"는 것이다. 번역을 하는 데는 신信·달達·아雅의 3요소를 갖춰야 한다.[239] "신信"이라 함은 번역에 진실로 잘못이 있어서는 안 된다는 것이다.

해바라기는 원산지가 라틴아메리카의 멕시코, 페루로 16세기 유럽으로 전해진 후 17세기에 중국에 전해졌다. 8세기의 중국은 당나라 시대로 그 당시에는 해바라기를 찾아볼 수 없었다. 규葵는 고대에는 채소의 일종으로 그 종류가 아주 많았다. 규곽葵藿은 잎사귀가 태양을 향해 기울어져서 그 뿌리 부위를 보호하는 공통적인 습성이 있었다.

위나라 조식曹植의 「구통친친표求通親親表」에 "규곽葵藿의 기울어지는 잎사귀가 태양이 빛을 향하게 하지 않아도 마침내 향하는 것은 성誠이다若葵藿之傾葉, 太陽雖不爲之回光, 然終向之者, 誠也"라고 하였다. 두보의 시에서의 쓰임과 서로 비슷하다. 청대 진호자陳淏子의 『화경花鏡』[240]에는 규葵에 대해 "일명 위족규衛足葵라고 하는데, 그 잎

---

239) 번역의 3요소 信·達·雅를 말한다.
240) 역주 : 청대에 花卉植物을 주로 소개한 저작.

은 기울어 태양을 향하고, 그 뿌리를 비추게 하지는 못한다—名衛足
葵, 言其傾葉向太陽, 不令照其根也"라고 하였다. 이 같은 설명은 규葵가 해
바라기와 같지 않다는 것을 말해주고 있다.

『상서尚書·泰誓』에 "주紂에게 억조億兆나 되는 많은 인재가 있었는
데, 마음과 덕이 떠났다紂有億兆夷人, 離心離德"라고 하였다. 어느 책에
서는 이것에 근거하여 은상시대 중국에 이미 인구가 1억億이나
되었다고 한다.[241] 그런데 실상 고대의 1억億은 10만萬을 가리키
는 것으로, 결코 후대의 1억億을 말하는 것이 아니다. 중국의 인
구가 1억億을 헤아리게 된 것은 비교적 나중의 일이다. 은상시대
에 이미 이 같은 인구에 달했다는 것은 불가능한 일이다.

이미 작고한 홍콩의 학자 조취인曹聚仁(1900-1972)은 『중국학술사
상사수필中國學術思想史隨筆』의 「양학삼담揚學三談」이라는 글에서, 청
대 학자 왕중汪中(1744-1794)이 송명이학宋明理學에 대해 "고담성명,
이위지강학高談性命, 而謂之講學"이라고 한 비평을 인용하였다. 왕중
汪中은 공자孔子의 강습과 옛날의 강습을 모두 연습을 가리키는 것
으로 보았는데 근거 없이 한 말은 아니다. 예를 들어『국어國語』에
"세 계절은 농사에 힘쓰고, 한 계절은 강무한다三時務農而一時講武"라
고 하였는데 일시一時는 일계一季, 즉 겨울철 한 철을 말한다. 강무
講武는 바로 무예를 익히는 "습무習武"를 말하는 것이다.

송명이학宋明理學에 와서 강講의 의미가 변했다. 용법 또한 변해
서 강학講學이 "고담성명高談性命"을 가리키는 것이 되었는데, 이는

---

241) 통계에 의하면 전국시대 최대 인구일 때 3,000만 명이었는데, 그 후로 인구
에 주기적인 큰 변동이 있었다. 진나라 말기에 1,500만 명, 서한시대 6,000만 명, 삼
국시대 1,500만 명, 북송 10,000만 명, 명초 6,000만 명, 명 전성기에 14,000만 명,
청말 37,000만 명이다. 자료 출처, 胡煥庸·張善餘 編著, 『中國人口地理』上冊, 10쪽.

고대 유학의 정신과 위배되는 것이다. 나는 이것이 결코 문자에 얽매이는 것이 아닌 문제의 실질을 파악하는 것이라고 생각한다. 공자孔子는 『논어論語·述而篇』에서 말하기를 "덕을 닦지 않고 학문을 익히지 않는 것 … 이것이 나의 근심이다德之不修, 學之不講 … 是吾憂也" 라고 하였다. 양백준楊伯峻(1909-1990)[242] 선생은 『논어역주論語譯注』에 서 "품덕을 배양하지 않고, 학문을 강습하지 않고 … 이들이 모두 나의 우려하는 바이다品德不培養, 學問不講習 … 這些都是我的憂慮哩"[243]라고 하여 "강講"을 "강습講習"으로 번역하였는데 매우 정확한 것이다.

『주례周禮』에는 고대의 교육에 6가지 측면이 있다고 하였다. 예禮·악樂·사射·어御, 取·서書·수數, 이것은 지식의 전수와 기능의 전수를 포함한다. 즉 "사射", "어御" 같은 것은 기능에 보다 치우친 것이다. 그래서 배운 후에는 "강講"을 보태야 한다는 것은 다시 말해서 연습과 응용을 보강해야 한다는 것을 말하는 것이다. "고담성명高談性命"의 "강講"인즉 응용차원에서 멀어졌다. 어의語義의 차이는 어떤 것은 일반적인 의미의 차이도 있지만, 어떤 것은 개념 심지어 중요한 개념까지 포함한다.

"강講"은 선진시대에는 연습을 말했는데, 후대에 와서는 "강해講解", "강화講話"를 가리켰다. 이 같은 어의의 차이에 대해 『고한어상용자자전古漢語常用字字典』에 특별히 설명을 하고 있다. "[주의注意] 고대에 강講자는 말하다는 강講이 아니다在古代, '講'字不當'說話'講"라고 하였다. 그렇지만 유학의 발전이라는 측면에서 보면, 공자孔子의

---

242) 역주 : 본명은 楊德崇. 湖南 長沙人. 北京大學 중문과 졸업. 주로 古代漢語와 古籍 硏究에 종사. 『文言語法』을 비롯하여 『論語譯注』 등 많은 고전 역주본이 있다.

243) 楊伯峻 譯注, 『論語譯注』, 中華書局, 1958년 1판, 2009년 26쇄, 66쪽.

"학지불강^{學之不講}"과 송명이학^{宋明理學}의 "고담성명, 이위지강학^{高談}^{性命, 而謂之講學}"의 "강^講"은 유학정신의 변화와 교육사상의 변화를 언급하는 것으로 문화사상적인 차이에 속하는 것으로 해석할 수 있다.

56. 태양太陽과 백일白日

"해는 산에 기대어 저물고, 황하는 바다로 흘러드는구나白日依山盡, 黃河入海流" 당대의 시인 왕지환王之渙(688-742)의 유명한「등관작루登鸛鵲樓」의 시구이다. 당대 이전에는 대부분 "백일白日"로 "태양"을 가리켰는데, 이것이 후대와 아주 다르다. 예를 들어『소명문선昭明文選·宋玉「神女賦」序』에 "빛나기가 해가 막 나와 지붕을 비추는 것 같다耀乎若白日初出照屋梁"는 것이 나온다. 조식曹植의「증서간贈徐幹」시에는 "세찬 바람 해를 불어대니, 홀연 서산으로 돌아가네驚風飄白日, 忽然歸西山"라고 하였다.

"백白"으로 "일日"을 형용하는 것은 대단히 일리가 있는 것이다.

"백白"자의 전문篆文은 ᗗ이라고 썼는데, 入은 "입入"자이다. "입入"자는 고대에는 "일日"자와 동음이었다. "백白"은 바로 햇빛, 즉 "일광日光"에서 뜻을 취한 것이다.『예기禮記·曾子問』에 "당실지백堂室之白"의 백白이 바로 햇빛을 말한다.『장자莊子·知北遊』의 "인생은 천지간에 마치 백구白駒가 틈을 지나는 것 같다人生天地之間, 若白駒之過隙"에서 "백구白駒"는 바로 흰 망아지가 아니라 잠깐 동안의 해의 그림자를 말한다. 또 고대인들은 하늘의 "무지개"를 채홍彩虹이라 하지 않고 백홍白虹이라 한 것은 "햇빛으로 된 띠"라는 의미에서 뜻을 취한 것이다.

날이 밝게 새는 것을 "백白"이라고도 한다. 당대 시인 이하李賀의「치주행致酒行」에 "수탉 한 번 울음에 천하가 밝았다雄鷄一聲天下白"라고 하였다. 송대 소식蘇軾은「전적벽부前赤壁賦」에서 "배 안에서

서로 베고 누워서는 동쪽이 이미 밝은 것을 몰랐다相與枕藉乎舟中, 不
知東方之既白"라고 하였다.

고대인들은 해뜨기 전 여명기에 동쪽 하늘에 나오는 "금성金星"
을 "계성啓星"이라 하였고, 저녁 무렵 서쪽에 나올 때는 "장경長庚"
또는 "태백太白"이라고 불렀다. "경庚"은 계속의 의미이다.[244] 태양
이 지고 나서 뒤를 이어 계속해서 서녘 하늘에서 빛을 발한다. 그
런데 "태백太白"은 특히 더 빛나는 것을 말한다.

당대 두보杜甫의 「문관군수복하남북聞官軍收復河南北」에 "한낮에 노
래하며 마음껏 술 마시고, 싱그러운 봄을 벗하여 고향으로 돌아
가자白日放歌須縱酒, 靑春作伴好還鄕"라는 표현이 나온다. 우리가 오늘날
여전히 대낮을 뜻할 때 백천白天(báitiān), 백일白日(báirì)이라고 하는
데, 이 같은 용법은 모두가 이미 습관이 되어서, 과거의 "백白"과
"백일白日"이 반드시 서로 연관이 있었다고 생각하지 못한다.

『수호전水滸傳』(16회)에는 "붉은 해 이글이글 불처럼 타오르네赤日
炎炎似火燒"라는 시구가 있다. 후에 "홍紅"은 사의詞義가 발전하여 "적
赤"의 의미를 지니게 되었다. 홍紅은 최초에는 분홍색粉紅色을 가리
켰다. 적일赤日은 점점 변하여 홍일紅日이 되었다. 그래서 태양을
"백일白日"이라고 부르지 않게 되었다.

"백白"을 의부로 하는 한자인 교皎, 석晳, 개皚 등이 흰색을 가리
키는 것은 당연하다. 그런데 어느 문자학자는 "문자를 만든 사람
이 햇빛으로 백색을 나타낸 것은 광학 원리에 맞지 않는다"고 하
였다. 사실은 정반대이다. 햇빛으로 백색을 나타낸 것은 광학 원
리에 온전하게 부합된다. 물은 통상적으로 무색이다. 그렇지만

---

244) "庚(gēng)" 참고.

응결되어 눈이 되면 빛나는 백색으로 나타난다. 그리고 녹아서 물이 되면 백색이 소멸된다. 왜 그런가? 이것은 왜냐하면 눈은 육각형으로 햇빛을 반영할 수 있기 때문에 백색으로 변한다. 눈이 하얀 것은 햇빛 때문이다.

　고대인들은 현대 과학지식을 지닐 수 없었다. 그러나 그들이 만든 "백白"으로 의부를 삼은 "개皚"자는 "새하얀 백설"을 형용하였고, 교皎자로는 "환히 비추는 달빛", "달빛이 희다"라고 했으니 참으로 그 묘함을 이루 다 말할 수 없는 것이다. 모든 정확한 인식이 실천에서 나온 것으로 내가 생각하기에 고대인들은 반드시 관찰한 후에 백白, 교皎, 개皚 등을 만들었다고 볼 수 있다. 이 같은 것을 당연한 것으로 여겨서는 안 될 것이다.

57. 우물과 시정市井 및 형법刑法

　전하는 바에 의하면 상고시대에는 홍수가 범람하여 요임금과 우임금이 치수治水를 하였다. 우임금은 막힌 물을 소통시키는 방법을 채택하였다. 그는 8년 동안이나 집밖에 머물면서 자신의 집 대문을 세 번이나 지나쳤어도 들어가지 않고 결국 치수治水에 성공하였다고 한다.

　그러나 우임금의 치수治水 당시에 발생한 사건으로 백익伯益이라는 사람이 우물 파는 기술을 발명하였다는 점이다. 고고학자 서욱생徐旭生(1888-1976)[245] 선생은 "치수治水하는데 있어 극히 중요한 부산물이 있었는데, 그것의 중요성은 치수治水 그 자체보다도 더 중요한 바, 바로 우물 파는 기술의 발명이었다"라고 하였다.[246]

　우물 파는 기술의 발명과 치수治水는 어떤 관련이 있는가? 우물 파는 기술의 발명이 왜 우임금의 치수治水와 동일하게 중요한가? 상세한 것을 알고자 하면 서 선생의 저서를 읽어야 한다. 나는 여기에서 간단히 소개하고자 한다.

　고고학자들은 물가에서 1, 2리 떨어진 곳에서는 절대로 석기시대의 유적지가 없다는 것을 발견하였다. 이것은 상고시대에 고대인들이 하천을 연하여 거주하였고, 또 하천이 넘칠 때 재난을 당했다는 것을 설명하고 있다. 상고시대 홍수 범람은 매우 심했는

---

245) 역주 : 본명은 炳昶, 필명 虛生, 遐庵, 河南 唐縣人. 중국 歷史學者, 考古學者. 中國科學院 考古研究所 研究員 역임. 저서에 『中國古史的傳說時代』, 『徐旭生西游日記』, 『略談研究夏文化的問題』등이 있다.

246) 『中國古史的傳說時代』153쪽. 참고로 그는 東夷族의 영수가 "蚩尤"라고 주장하기도 하였다.

데 그 원인은 고대인들이 물가에 거주한 것과 관련이 있다. 물가
의 낮은 저지대는 수해를 당하기 쉬운 곳이다. 이것은 매우 간단
한 이치이다.

백익伯益이 우물 파는 기술을 발명하였다. 이렇게 되자 어디에서
나 우물을 파서 물을 얻을 수 있게 되었다. 사람들은 고지대로 이
주할 수 있게 되었고,[247] 그리하여 하천에 가까이 거주하면서 매
년 수해의 위험을 겪지 않아도 되었다. 수해는 자연히 감소하였
다. 그래서『회남자淮南子·本經訓』에 "백익伯益이 우물을 만들자 용이
검은 구름을 타고 오르고 신은 곤륜에 기거하였다伯益作井而龍登玄雲,
神棲昆侖"고 하였다. 용이 검은 구름, 즉 "현운玄雲"에 올랐다는 것은
신화적인 언어를 통해 수해가 줄었다는 뜻을 나타내는 것이다.

우물의 쓰임은 참으로 큰 것이다.

갑골문甲骨文에 "정井"자가 나온다. "복사卜辭" 중에 물을 찾기 위
해 당시에 행했던 점占으로 물었던 "복문卜問"이 있다.

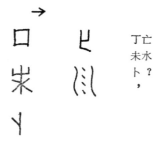

丁亡
未水
卜？

247) 선진시대 화복 대평원 지역에는 "丘""陵""阜"라고 명명한 地名이 많은데, 이
는 우물 파는 기술이 발명된 이후 인류가 고지대를 골라 거주하여 홍수를 피
한 것을 반영하는 것이다. 나중에 실제의 丘, 陵, 阜는 없어졌는데, 이는 황하
의 흐름에 의해 평탄하게 되었기 때문이다. 지명에는 여전히 이들 한자가 남
아 있다.

丁亡 [248)

未水

卜?

,

우물을 발명한 후에도 물을 찾는 것이 여전히 쉽지 않았다는 것을 알 수 있다.

『맹자孟子』에 "백성은 물과 불이 아니면 생활을 못한다民非水火不生活"라고 하였다. 즉 "물과 불이 없으면 살아갈 수 없다"는 것을 말한다. 그러나 물은 또 환란의 원인이기도 하였다. 재災, 災자는 옛날에 巛로 사용했는데, 巛는 하천을 말하고, 중간에 가로 획은 물이 넘쳐서 범람하는 것을 말한다. 우물로 해서 이미 물을 공급할 수 있게 되었고 또 수해를 피할 수 있게 되었으니 일거양득인 셈이다.

농작물은 관개할 물이 필요하다. 『좌전左傳』에 "우물로 비옥한 곳을 경작하고, 습한 초지에는 목축을 한다井衍沃, 牧隰皐"라고 했는데, 의미인 즉 평탄하고 비옥한 곳에서 우물을 파서 경작하고, 낮고 습하여 풀이 많은 곳에서는 방목하여 소와 양을 키운다고 하였으니, 우물과 농경이 밀접한 관련이 있음을 알 수 있다.

생활에서 사용하는 생활용수는 우물이 제공함은 말할 필요도 없다. 그래서 사람들은 우물을 둘러싸고 거주지를 삼았다. 우물이 있는 곳이 바로 마을이었다. 우물[井]과 마을[鄕]은 동의어였다. 그래서 고사성어에 "우물을 등지고 마을을 떠난다背井離鄕"라고 한다.

---

248) 『甲骨文合集』33357판(A)을 보라.

거주하는 사람들이 모인 곳은 또 장사하는 곳이기도 했다. 그래서 상업 지구를 "시정市井"이라고 불렀다. 『관자管子·小匡』에 "상인들을 거처하게 함에는 반드시 시정市井에 나아가게 하였다處商必就市井"라고 하였고, 『사기史記·聶政傳』에 "정政은 곧 시정市井의 사람이다政乃市井之人"라고 하였다. 당대의 장수절張守節은 이 시정市井의 뜻을 해석하여 "옛날에는 모여서 물을 길렀는데 물건이 있으면 곧 팔았다. 이로 인하여 시장이 형성되었으므로 시정市井이라고 하였다古者相聚汲水, 有物便賣, 因成市, 故云市井"라고 하였다.

우리의 이해의 한계를 넘어서는 것은 고대의 법률제정 또한 우물과 관련이 있다는 것이다. 소전小篆에 형刑자는 정井과 도刂로 이루어져 있다. 왼쪽의 편방이 정井이고, 오른쪽의 편방이 도刀이다.

『초학기初學記』

『설문해자說文解字』는 그 문자의 구조를 해석하기를, "칼로 우물을 지키는 것이다. 물 마시려는 사람이 우물에 들어서서 냇물에 빠지니 칼로 지키고 그 정情을 끊었다刀守井也, 飲之人入井, 陷於川, 刀守之, 割其情也"라고 하였다.[249) 의미인즉 칼을 가지고 우물을 지켰다는 뜻이다.

우물의 물을 마시러 오는 사람이 많았기 때문에 종종 우물에서 물을 다투었다. 그 결과 분분히 우물에 빠지게 되었다. 칼을 가지고 한쪽에서 지키자 사람들이 두려워서 함부로 물을 다투지 못하게 되었다. 그리하여 줄을 서서 차례를 기다리게 되었으므로 질서가 잡혀지게 되었다. 이것이 법률, 형벌이 확정된 것을 설명하고 있는데, 최초에는 물을 다투는 분쟁을 해결하기 위한 것으로 이것이 바로 민사소송사건의 시작이라고 하겠다.

이 같은 것은 결코 황당무계한 것은 아니다. 왜냐하면 백성들이 이익 때문에 분쟁을 벌인 것은 예나 지금이나 같기 때문이다. 당시에 물 문제는 확실히 생존에 직결되는 중요한 문제였다. 바로 오늘날에도 물로 인해서 분쟁이 많이 생기고 있다.

정수덕程樹德(1878-1944)[250)은 『설문계고편說文稽古篇』에서 형刑자의 옛 의미를 인식하였는데, 실로 잊혀진 고대사에 속하는 것이다. 우리가 고대사의 시각에서 바라보아야 칼로 우물을 지키는 "이도수정以刀守井"이 형井+ ⲱ=刑자 구성의 특징이자 그 귀한 고대문화의 함의를 이해할 수 있을 것이다.

---

249) 唐代『初學記』에 인용된 『說文解字』참고.

250) 역주 : 字는 郁庭, 福建 閩侯人. 中國法律史學者. 저서에 『九朝律考』, 『漢律考』, 『中國法制史』등이 있다.

256

58. 삼십이취三+而娶, 무武와 충忠, 절묘호사絶妙好辭

옛말에 "삼십에 아내를 취한다三+而娶"라고 하였다.[251] 중국인의
인생관에서 보면 "삼십"은 중요한 단계이다. 공자孔子가 말하기
를 "삼십이립三+而立"이라고 했는데, 이 말은 나이 삼십에는 말하
고 일을 처리하는데 확신을 가지고 행하는 것으로, 이는 곧 성숙
한 단계에 진입하였다는 것을 말한다. 앞에서 말한 "삼십이취三+
而娶"는 가정을 갖는 것을 말하고 뒤의 "삼십이립三+而立"은 창업을
말한다.

사업적인 것으로 말하자면 "삼십이립三+而立"은 일반적인 상황
에서는 연한을 낮출 수 없다. 만약 그렇게 된다면 "이립而立"이라
는 조건을 달성할 수 없다.[252] 그렇지만 "삼십이취三+而娶"의 경우
는 다르다. 고대에는 실제로 조혼早婚이 보편적이었다. 소위 "사
세동당四世同堂", "오세동당五世同堂"이 있는데 만약 엄격하게 "남자
삼십에 아내를 취한다男三+而娶"고 한다면 "사세동당四世同堂"은 120
세가 되어야 실현가능하고, "오세동당五世同堂"은 150세까지 살아
야 가능하게 된다.

『주례周禮』에 "남자 삼십에 아내를 취하고, 여자 이십에 시집가
도록 한다令男三+而娶, 女二+而嫁"고 하였는데, 여기서 "영令"자는 행
정적인 조치를 취하는 것을 말한다. 어떠한 조치를 취하는가? 이
문제에 대해서는 더 고증하지 않는다. 요컨대 "삼십이취三+而娶"

---

251) 『淮南子·氾論訓』: "禮, 三十而娶."
252) 而立은 원래 한 단어가 아니다. 뒤에 "而立之年"이 있다. 사업 시작 무렵에
기초, 기반의 해가 있음을 가리킨다.

는 그다지 쉽지 않은 것 같다.

   그러나 고대인들은 실제 생활에서 만혼과 늦은 양육의 장점을 깨달았다. 그렇지 않았으면 "삼십이취三十而娶"라는 남자의 결혼 연령을 근거 없이 언급하지 않았을 것이다. 고대인들은 과학지식이 그다지 많지 않았다. 문자학자인 동한시대 허신許愼의 경우 한 자 속에서 "삼십이취三十而娶"의 근거를 찾았다.

   ᘓ는 포包자로 최초의 포胞자이다. 소전小篆에 ᕮ로 나온다. ᕃ는 태아를 둘러싼 막이고, ᘓ은 사巳인데, 아직 완전히 발육되지 않은 상태의 태아를 말한다.

   『설문해자說文解字』에는 포包자를 다음과 같이 설명하고 있다. "사람이 임신한 것을 본뜬 것이다. 사巳가 그 속에 있고, 자子가 아직 형체를 갖추지 못한 것을 본뜬 것이다. 원기元氣가 자子에서 시작한다. 자子는 사람이 낳은 것이다. 남자는 좌로 삼십을 가고, 여자는 우로 이십을 가서 모두 사巳에 서서 부부夫婦를 이룬다.象人裹妊, 巳在中, 象子未成形也. 元氣起於子; 子, 人所生也. 男左行三十, 女右行二十, 俱立於巳, 爲夫婦"

   포包자는 임신한 사람의 모습을 상형하였고, 사巳는 그 가운데 있는 것으로 미성숙 상태의 태아를 가리킨 것이다. 사람이 태어나서 호흡을 하게 된 것을 자子라고 불렀다. 12지지地支 중에 자子부터 시작해서 남자는 좌행左行으로 30을 세고, 여자는 우행右行으로 이십을 세면 모두 사巳에서 멈춘다.

```
                      30
→男○          ○
子 丑 寅 卯 辰 巳 午 未 申 酉 戌 亥
←                △
△女          20
```

　남자의 좌행左行은 자축인묘子丑寅卯의 순서를 따라서 30까지 세어 사巳에 머물고, 여자의 우행右行은 거꾸로 자子·해亥·유酉의 순으로 20까지 세면 역시 사巳에서 멈춘다. 남자는 30에 장가들고 여자는 20에 시집가서 자녀를 낳아 길러 자손을 번창시키는 것을 말한다.

　이 같은 해석은 언급할 만한 어떤 과학성은 없다. 그렇지만 한자를 풀어서 어떤 이치를 설명하여 세상 사람들을 풍자하고 깨우치는 것은 고대에는 항상 보던 것이다. 모두들 비교적 잘 아는 것으로 "지과止戈로 무武이다止戈爲武"(『좌전(左傳)』)와 "한 임금에 그치는 것을 일러 충忠이라 하고 두 개의 충忠을 일러 환患이라 한다止於一者謂之忠, 二忠謂之患"(『춘추번로(春秋繁露)』)라는 예가 있다.

　문자학에서 볼 때 이 같은 분석은 고문자의 문자 구조와 부합하지 않는다. 소전小篆에 무武자는 𣥂로 나온다. 위에는 과戈이고 아래는 지止로 이루어져 있다. 따라서 전쟁을 멈추는 것이 무武라고 풀이하였다. 형태를 따라 해석하는 것은 전국시대의 문자 형태로 말한 것이다. 고문자에는 무武자가 𣥂로 나오는데, 아래의 지止는 족足(𡳆, 발의 모양)을 가리키는 것으로 무기를 들고 싸우러 간다는 의미이다.

　소위 이충二忠이라는 것은 이편에도 충성하고, 저편에도 충성하는 것을 말한다. 이 같은 생각은 고대의 "사군이충事君以忠" 사상과 부합하지 않았기 때문에, 이충二忠은 환患이라고 해석하였다. 그렇지만 환患의 윗부분은 관串으로 고문자에는 로 나온다. 결코 두 개의 중中으로 구성된 것이 아니다.

『설문해자說文解字』에서 사厶, 私와 공公 두 자를 분석할 때 이 같은 방법을 채택하였다. "사厶(즉 私字), 한비자韓非子는 말하기를, 창힐蒼頡이 한자를 만들었다. 스스로 영위하는 것이 사厶이다韓非曰蒼頡作字, 自營爲厶"라고 하였는데, 이 말은 오로지 일심으로 자신을 도모하는 것을 "사私"라고 한다는 뜻이다. 고문자 은 농기구를 가리키는데 이것은 사유관념은 농기구의 사적인 소유에서 유래되었다고 설명하고 있다. "공公"자는 윗부분이 팔八이고 아래가 사厶이다. 『설문해자說文解字』에 "사사로운 것을 등지는 것을 공이라고 한다背厶爲公"라고 하였다. 사실 고문자에서 공公은 로 아래 부분이 결코 사厶가 아니다. 공公과 사私의 대립은 고금이 모두 같다. 그러나 자세하게 분석해보면 다른 차원의 대립이 존재한다.

『현대한어사전現代漢語詞典』에 "공公은 국가 혹은 집단에 속하는 것이다 사私와 상대가 된다"고 하였다. 이것은 내용 순서상 공사公私의 대립이다. 그런데 『맹자孟子』에서 『시경詩經』을 인용하여 "비가 공전公田에 내리고, 마침내 내게도 이르렀네雨我公田, 遂及我私"라고 하였다. 여기서 공公은 귀족, 노예주를 말한다. 공사公私의 대립 내용이 오늘날과 근본적으로 다르다. 고문자 공公의 원래의 의미는 무엇인가? 문자학자의 견해가 하나같지 않다. 어떤 이는 그것이 술단지라고 한다. 고대에는 윗사람이 술을 마실 때 술단지를

점유했기 때문에 나아가 윗사람과 귀족을 가리키게 되었다.253)

한자를 분해하는 탁자拆字 방법과 상대되는 것은 한자를 서로 맞추는 병자拼字 방법이다. "황견유부黃絹幼婦"에 대한『사해辭海』의 주석을 보면, "절묘絶妙 두 자의 은어隱語이다.『세설신어世說新語·捷悟』에 위무제魏武帝가 일찍이 조아비曹娥碑254) 아래를 지난 적이 있었는데, 양수楊修가 수행하였다. 비석 뒷면에 '황견유부외손제구' 8자를 보게 되었다. 양수楊修가 말하기를 '황견黃絹은 색깔 있는 실[色絲]로 절絶자이고, 유부幼婦는 젊은 여자[少女]로 묘妙자이며, 외손外孫은 딸의 자식[女子]으로 호好자이고, 제구韲臼는 매운 것을 넣고 빻는 절구[受辛]로 사(辭=受+辛)자이니, 소위 절묘호사絶妙好辭인 것입니다'魏武嘗過曹娥碑下, 楊修從, 碑背上見題作 '黃絹幼婦外孫韲臼' 八字. 修曰: '黃絹, 色絲也, 於字爲絶, 幼婦, 少女也, 於字爲妙. 外孫, 女子也, 於字好. 韲臼, 受辛也, 於字爲辭. 所謂絶妙好辭也."라고 하였다.

양수楊修는 매우 총명한 사람이었다. 은어隱語를 풀어내는데 매우 뛰어났다. 그의 한자 맞추기에 보충을 약간 하자면 "색사色絲-절絶"(糸 mì, 실사 변)은 예서隸書를 가지고 말한 것으로, 소전小篆에는 절絶자가 𢇍로 나온다. 좌측 편방은 "멱糸"으로 예서隸書와 같다. 그러나 우측 윗부분이 도刀이고 아래 부분은 사巳로 𢏐이다. 따라서 결코 색色자가 아니다. 색色자는 𢏐이 잘못 변형된 것이다. 한

---

253) 酋長의 酋, 아래에는 酉이다. 역시 술단지이다. 尊자에는 위가 酋이다. 결론적으로 음주방면에서 존비의 같지 않음, 나아가 발전해서 사회적 지위의 같지 않은 것을 나타내는 것이다.

254) 역주 : 동한시대 會稽郡 上虞縣에 曹娥라는 소녀가 있었는데 부친이 강에 빠져 죽었다. 그녀 역시 밤낮으로 부친을 찾아 헤매다가 결국 강에 빠져 죽었다. 邯鄲淳이 그녀를 기리는 비문을 지었는데 문장이 뛰어나서 蔡邕이 비 뒷면에 '絶妙好辭'를 뜻하는 '黃絹幼婦, 外孫韲臼' 8자의 隱語를 기록하였다.

말 희평석경熹平石經의 절絶자는 𢇍로 나오고,『진한위진전예자형
표秦漢魏晉篆隸字形表』에 수록된 예서隸書의 "절絶"자는 모두 𢇍이다.
그렇지만 양수楊修가 잘못 이해한 것은 없다. 왜냐하면 소전小篆의
𢇍色이 이 당시에 𢇍로 변했기 때문이다.

　포包자의 아래 부분은 사巳인데,『설문해자說文解字』에서 독체자
獨體字 사巳를 사蛇로 해석한 것은 부정확한 것이다. 그러나 포包자
아래 부분의 사巳를 태아로 해석한 것은 매우 의미 있는 것이다.
고문자 중에 사巳는 𢀖로 나오는데 이는 분명히 어린 아이를 말
한다.

　12지지 중의 사巳는 뱀[巳]을 가리키는데 그 유래는 어떻게 되는
것인가? 이는 또 다른 문화적 현상에 속하는 것이다. 서로 다른
문화관념이 모두 한자 속에 포함되었을 가능성이 있으므로 꼼꼼
하게 이치를 분석해야 한다. 우리가 여기서 언급한 것은 포包자이
며, 포包자 속의 "사巳"이다.

59. 지명과 자연환경, 난하灤河와 변수氵水 및 연국燕國

천진天津은 중요한 공업도시이다. 예전에는 물이 부족해서 많은 고통을 겪었다. 80년대에 거대한 난하灤河(luánhé)의 강물을 천진天津으로 유입하는 공사를 하여 도도한 난하灤河의 물줄기가 천진天津으로 유입되었다. 천진天津 사람들은 감미로운 난하灤河의 강물을 마시게 되었다. 이에 따라 난하灤河도 더욱 유명해지게 되었다.

난하灤河는 역사상 난하濡河로도 불렸는데, 난濡은 nuǎn으로 읽고, 달리 난湲으로도 쓰기도 하는데, 따뜻한 물이라는 뜻이다. 그 상류에 또 하나의 하천이 있는데 열하熱河이다. 이 일대에는 온천이 많이 나서 하천으로 유입되기 때문에 명칭이 난수濡(nuǎn)水, 열하熱河가 되었다.

우리는 강의 명칭이나 산의 명칭 그리고 각종 지명으로부터 해당 지역의 자연환경상의 특징을 이해할 수 있다. 예를 들어 홍하紅河는 대부분 열대의 붉은 토양지대를 경유하면서 물속에 붉은 흙 입자를 포함하여 붉은 색을 띄게 되어 생긴 명칭이다.

운남의 등충騰沖은 과거에 지진이 자주 발생했던 화산추火山錐가 있고, 또 100여 ㎢의 열해熱海가 있다. 콸콸 솟는 온천, 무럭무럭 솟는 열기가 사방팔방 땅속에서 피어오르는데 등충騰沖이라는 이름이 붙은 것은 매우 적절하다.

절강성 온주溫州, 온령溫岭은 남북 안탕산雁蕩山의 중간에 위치하고 있는데 서쪽으로는 산맥이 병풍처럼 둘러 있어서 겨울철에 찬 공기가 침투하기 힘들다. 따라서 기온이 비교적 높으므로 온주溫

州, 온령溫岭이라는 명칭이 붙었다.

대만臺灣의 항춘현恒春縣은 기후 조건이 특히 좋은데 식물의 성장이 활발하여 봄빛이 늘 머무는 것 같아서 항춘恒春이라는 명칭이 붙었다. 광동 담강湛江 지구의 전백현電白縣과 전현電縣²⁵⁵⁾은 그 위치가 뇌주만雷州灣 양측에 위치하는데 대류가 왕성하고 천둥 번개가 많아서 지명에 그 지역의 기상 상태를 반영하고 있다.

장강長江 연안에는 기磯자로 명명된 지명이 많이 있다. 삼면이 절벽인 남경의 연자기燕子磯, 이백李白이 잠들어 있는 안휘 마안산馬鞍山 채석기采石磯, 안개로 뒤덮인 아득히 넓은 호남 악양 성능기城陵磯, 우임금이 단수斷水한 무한武漢 우공기禹功磯, 그밖에 백라기白螺磯, 황릉기黃陵磯, 담가기湛家磯, 용반기龍蟠磯 등이 있다.

『설문해자說文解字』에 "기磯는 구슬이 둥글지 않은 것이다磯, 珠不圓也"라고 하였다. "불원不圓"은 깎여서 평평한 상태가 된 것을 말한다. 기磯라는 명칭이 붙은 이곳 지역들은 오래 세월 강물에 씻기고 바람에 풍화되어 암석의 표면이 매끄럽고 우뚝한 모양이라 기磯(不圓者)와 상통한다. 대체로 기磯라는 명칭이 붙은 곳은 모두 이같은 특수한 지형을 갖추고 있어서 관광 유람에 좋은 곳이다.

지명은 늘 변동이 있게 마련이다. 유명한 돈황 "막고굴莫高窟"은 원래 "막고굴漠高窟"이었다. 이 지역은 돈황보다 높이가 200여 미터 높은데 시내에서 이곳에 오는 것을 "산에 오른다"고 한다. 수대에 일찍이 동굴이 있었는데 막고굴漠高窟이라고 했다. 당대에 와서 막고굴莫高窟, 막고리莫高里로 바뀌었다. 그에 따라 지명地名의 함의를 이해하기가 어렵게 되었다. 어떤 사람은 막고莫高의 뜻을

255) 현재는 海康縣으로 개명.

264

"불법佛法이 비교할 수 없을 정도로 높다"고 생각했지만 학술계의 견해는 다르다.

　오늘날 난하灤河는 역사적으로 여러 차례 명칭이 변했다. 그중에는 지리문화와 언어문화까지 포함하고 있다. 우선 언어학적 측면에서 살펴보자. 오늘날의 灤(luán)은 그 성모聲母가 L이고 暖(nuǎn)은 성모聲母가 N이다. 특수한 상황하에서 n, l은 서로 통용할 수 있다. 예를 들어 북경어의 내奶, 내耐는 n(ai)로 읽는다.256) 그런데 강서 남창어南昌語에서는 l(ai)로 읽는다. 연(輦)은 원래 l(ian)으로 읽는데, 현재 북경어에서는 n(ian)으로 읽는다. 이밖에 한자의 형태와 한자 의미의 변화에 대해 더 고려해야 한다. 청대 단옥재段玉裁는 濡→渜, 渜→灤으로 변화했다는 것을 상세히 고증하였다.

濡→渜, 渜→灤

　『한어대자전漢語大字典』에 난渜자의 항목에는 단옥재의 설명이 인용되어 있다. "그 지역은 온천이 많아서 난수渜水라는 명칭을 얻었다其地多溫泉, 渜(水)所以得名也"라고 나온다. 이 같은 고증은 일반 독자의 경우 부족한 감을 느끼게 할 것이나 여기서는 더 이상 소개하지 않기로 한다.257)

---

256) 고대에는 n(泥母字) 독음이었는데, 어떤 방언에서는 l(來母字)독음으로 변했다. 예를 들면 武漢語가 있다.
257) 北京大學 地質學科에서 일하는 華北地熱研究 전문가의 보고에 의하면, 灤河 및 그 지류 河床 부근, 어떤 지방은 溫泉이 있다고 한다. 그러나 하천 수온에 영향을 주는 것은 불가능하다. 역사 발전 중에 溫泉도 변화가 생겼다. 濡(nuán)水는 暖에서 뜻을 취했고, 그 가리키는 것도 어떤 지류나 어느 하천 일대일 것이다.

강물이나 하천의 명칭의 변화는 문자의 형태에까지 그 영향이 미친다. 여기서 변하汴河를 소개해보자. 한대 이전에는 변汴자가 없었다. 변하汴河의 변汴은 원래 “변汳”이었다. 『설문해자說文解字』에 “변汳은 물이 진류陳留[258] 준의현浚儀縣 음구陰溝를 받아 몽蒙에 이르러 옹수雍水가 되어 동으로 사수泗水에 들어간다汳, 水受陳留浚儀陰溝至蒙, 爲雍水, 東入於泗”고 하였다. 북송의 서현徐鉉 916-991[259]은 이 한자의 주석에서 부연 설명하기를 “지금은 변汴이라고 하는데 옳지 않다今作汴, 非是”라 하였다. 그러나 한자는 변천하는 것이다. 서현徐鉉이 변汴자를 부정해서는 안 되는 것이다. 사실 “변汴”자는 유행하여 하남 개봉開封의 옛 명칭인 변량汴梁이 되었는데, 이는 변수汴水에서 이름을 취한 것이다. 나중에 오히려 “변汳”자가 사람들의 기억에서 자취를 감췄다.

그런데 어떻게 해서 변汳이 변汴로 변했는가? 이것은 언급할 만한 가치가 있는 것이다. 한대 이전에는 “변卞”자가 없었다. “변卞”자는 “변弁”에서 변한 것이다.

“변弁(biàn)”은 원래 모자를 가리켰으며, 또 성씨를 가리켰다. 나중에 변卞자가 생겨나자 변弁은 모자를, 변卞은 성씨를 가리키게 되었다. 이밖에 변卞은 편방으로 쓰이기도 한다. 기뻐서 손뼉을 치다는 변抃(biàn), 기뻐하다는 변忭(biàn), 벤질 변苄(biàn), 하남 개봉

258) 역주 : 河南省 開封市 陳留縣.

259) 역주 : 字는 鼎臣, 廣陵人. 『說文解字』연구로 아우 徐鍇와 함께 “二徐”로 불린다.

의 별칭인 변汴(biàn) 등이 있다.

어떤 사람은 아마도 반反은 f(an)으로 읽고 변卞은 b(ian)으로 읽기 때문에 성모聲母가 다르다고 할지 모른다. 그러나 이 문제는 해결하기가 쉽다. 고대에는 성모聲母 f, b가 분리되지 않았다. 어떤 이는 오늘날의 북경어에서 [f]로 읽은 것은 고대에는 [b]로 발음했다고 한다. 그래서 판板(bǎn), 판版(bǎn), 반扳(bān),[260] 판坂은 반反으로 성부를 삼는다. 이밖에 한자의 편방은 서로 교체할 수 있었다는 시각에서 보면 반飯자도 〈飰〉으로 하였는데, 변汳이 변汴으로 변한 것 역시 같은 예에 속하는 것이다.

북경北京은 옛날에 "연국燕國"에 속했다. 그래서 북경北京을 달리 연경燕京이라 부른다. 청대 사람이 쓴 『연경세시기燕京歲時記』에는 청대 북경北京 명절의 각종 풍속과 유희 오락을 기록하고 있다. 과거에 "연경대학燕京大學"이 있었다. 오늘날에도 연경반점燕京飯店, 연경주점燕京酒店 등의 명칭이 있다.

그런데 이들 지역의 연燕은 모두 yān烟으로 발음해야 한다. 제비를 뜻하는 "연자燕子"의 연燕(yàn)으로 읽으면 안 된다. 이것은 옛날 연국燕國이 원래 언匽이라 하고 yān으로 읽었기 때문이다. 연국燕國은 전국시대에 마지막으로 진에 의해 병합된 국가이다.

현재 출토되는 그 당시의 연국燕國의 청동기에서 윗부분에 연燕자는 연燕이 아닌 언匽, 언郾자로 쓰여 있다.[261] 이로 보건대 연燕은

---

260) 역주 : 扳, 아래나 안쪽으로 잡아당기다 ; 틀다, 비틀다, 제끼다 ; 독점하다, 이기다.

261) 1954년 河北 易縣에서 "郾王喜銅劍"이 발견되었고, 1966년 河北 保定에서 "郾王喜銅矛"가 발견되었다. 燕王 喜는 연나라 최후의 국왕이다. 이는 연나라가 멸망했을 때 여전히 匽, 郾을 사용했다는 사실을 설명해주는 것이다.

서주 분봉 이래 전국 말기 멸망할 때까지 국명을 "연燕"이라고 한 것은 없다. 대략 진한시대에 연燕이라는 명칭이 언匽·언郾을 대체하여 오늘날까지 내려온 것 같다. 이 한자의 음은 평성平聲의 yān이 첨가되었다. 이 독음이 역사상의 흔적이다. 여기서 분명히 밝혀진 이상, 연경燕yān京을 "연경燕yàn京"으로 잘못 발음하지는 않을 것이다.

60. 한자는 중화민족의 위대한 창조물[262]

중국은 역사가 오래된 문명국가이고, 또 활력이 충만하며 사회
주의 현대화를 향해 전진하고 있는 국가이다. 한자는 중화민족의
걸출한 창조물로 그것은 빛나는 과거를 지니고 있으며 또한 찬란
한 미래가 있을 것이다.

빛나는 역사

문자가 있고 나서 인류는 비로소 몽매함과 고별하고 문명의 새
로운 시대에 진입하게 되었다. 멀리 6천 년 전 앙소문화仰韶文化, 그
시절의 질그릇[263]에서 우리는 조상들이 새긴 부호를 볼 수 있다.

Ⅰ Ⅱ Ⅹ ╪ ↑ Ｔ ↑ ↓ ╞ ╢ ╪ ※

♨ ✕ ♣ ♨

이것은 결코 문자가 아니다. 그렇지만 우리 조상들이 이미 한
자 창조의 험난한 과정을 시작하였다는 정보를 우리에게 보여주
고 있다. 다시 1천여 년이 지나서, 지금으로부터 4,500-5,000년
전 대원구문화大汶口文化, 그 시절의 질그릇[264]에서 우리는 문자에
근접한 도형圖形을 볼 수 있다.

---

262) 본편은 人民教育出版社에서 출판한 고등학교 語文 보충교재 제1책에 수록되
었다.
263) 西安 半坡 등의 新石器時代 유적지에서 출토.
264) 山東 莒縣 陵陽河 新石器時代 유적지에서 출토.

　조상들이 어떻게 이 같은 도형들을 점차 문자로 개선하여 나갔
는가? 지하에서 출토된 자료가 부족하여 현재 아직 분명한 답을
제시할 수는 없다. 그렇지만 우리로 하여금 경탄을 금치 못하게
하며 자랑스럽게 만드는 것은 일종의 체계적인 문자인 갑골문甲骨
文[265]이 기원전 14세기 중엽에서 11세기 중엽인 은상시대에 사용
되었다는 것이다.

三 彔 五 貞　三　🌾　🗡　↙
牛 示 牛　元　🌾　丁　🌾　🗡
　　　示　丁

三🦎五貞
牛示牛：
　　　元
　　　示

　문명시대로의 진입은 국가조직이라는 조건 이외에 또 도시의
출현, 야금술의 발명, 문자의 창제라는 이 같은 조건을 구비하여
야 한다. 은상시대에 이 같은 조건이 모두 갖추어졌다. 그 당시
세계 여러 지역이 아직도 무지몽매한 암흑 상태에 있었다. 그러
나 신주神州의 땅에는 이미 문명의 서광이 비추어 왔다.

---

265) 商代 龜甲獸骨에 새긴 文字. <그림>의 갑골문은 『甲骨文全集』 1,435판. 대략
　　적인 뜻을 보면, "묻기를 ; 원시(元示)에, 소 다섯 마리를 사용합니까? 잠신
　　(🦎神)에게 제사하는데, 소 세 마리를 사용합니까?(問道 ; 元示用五頭牛嗎?
　　祭示🦎神用三頭牛嗎?)"

그때부터 한자는 사회의 응용 속에서 부단히 발전하였다. 서주와 춘추시대에 한자는 주로 청동기에 주조되어 사용되었다. 청동과 철기를 고대에는 모두 금金이라고 통칭하였다. 그래서 이 시기의 문자를 금문金文이라 부른다. 춘추전국시대 서쪽의 변방에 위치했던 진국은 자국 문자의 특징을 지니고 있어서 진나라 계통의 문자인 진계문자秦系文字라고 한다. 함곡관函谷關 이동의 육국六國은 육국문자六國文字라 하는데 바로 『설문해자說文解字』 속에서 언급한 "고문古文"이다. 전국시대에는 각국의 분쟁으로 문자가 서로 다른 현상이 매우 심했다. 진나라가 통일한 후에 문자를 같은 것으로 통일시키는 "서동문書同文" 정책을 실현하여 소전小篆으로 전국의 문자를 통일하였다.

전국시대 후기에는 예서隸書가 출현하였다. 금문金文, 소전小篆은 곡선을 위주로 한 선線으로 구성된 것인데, 예서隸書는 곡선을 직선으로 고쳤다. 한대에는 예서隸書가 통행되었는데, 한말·위진 시기에 해서楷書가 등장하여 유행하였다. 소전小篆 이전은 고문자古文字에 속하는데, 해서 이후에 한자가 안정되어 가면서, 예서隸書는 고문자와 해서楷書의 과도단계였다. 만약 사람으로 비유하자면 고문자단계는 한자의 유소년기이고, 예서隸書는 청소년기이며, 해서楷書 진입은 성인이 된 것이다.

한자가 생겨나자 정치 강령의 반포, 경제의 발전, 문화의 전파 및 교육시행에 편리하게 되었고 사회의 발전을 촉진시켰다. 한자가 있게 되고 나서 중국민족의 응집력이 더욱 증대하였다. 한자가 있고 나서 고대의 훌륭한 문학, 풍부한 철학, 유구한 사학, 뛰

어난 군사학 및 천문, 역법, 건축, 의학, 농학 등등이 전해내려 오
게 되었고 아울러 세계문화 속의 귀중한 재산을 이루게 되었다.
한자의 공적은 위대하고도 위대한 것이다.

한자는 여전히 훌륭한 문화의 전달자이다. 서기 2-3세기경 한
자가 일본에 전해져서 지금까지 가나와 혼합 사용되며 일본 문자
의 한 부분을 이루고 있다. 한자는 역사상 한국과 월남 등의 국가
에도 전해졌다.

기묘한 역할

문자는 언어를 표기하는 부호이다. 그 기능의 우열은 언어표기 효
과가 어떠한가를 보아야 한다. 한자는 어떻게 한어를 표기하는가?

언어는 일련의 연속된 소리의 흐름이다. "Wǒmén rèài wǒmén
wěidà de zǔguo"를 한자로 쓰면 "我們熱愛我們偉大的祖國"이다.
한어의 음절의 한계는 분명하다. 각 한자마다 정확히 한어의 한
음절을 기록해서 완전하게 들어맞는다. 자의字義로 말하자면 그
것이 기록하는 것은 사의詞義 아니면 사소의詞素義로 통칭하여 어
소의語素義라고 한다. 그래서 한자는 어소語素를 표현하는 음절문
자라고 한다.

한자의 오묘함은 음音과 의義 관계를 절묘하게 처리하는데 있다.

각각의 한자마다 한어의 한 음절을 기록한다. 그렇지만 한자는
음을 기록할 때 특정성을 지니지는 않는다. 그러나 한자가 기록
한 사의詞義나 사소의詞素義는 오히려 특정성을 지닌다. 예를 들어

"애愛"는 한어의 ài 라는 한 음절을 기록한 것이다. 그러나 우리가 『신화자전新華字典』을 보면 이 음절에는 그밖에 애皚, 애艾, 애石+艾, 애磑, 애曖가 있는데 이들 한자는 모두 ài 라는 음절을 기록하는 기능을 한다. 그러나 좋아한다는 ài는 오직 "애愛"자에 이 같은 의미를 지니고 있다. 다른 한자는 다른 사의詞義와 사소의詞素義를 나타내는데, 각각 분담을 하고 서로 상관하지 않는다. 한자가 한어를 기록할 때 시각적으로 동음同音의 사詞나 사소詞素를 구분하도록 해준다는 것은 커다란 장점이다.

한자는 음을 기록할 때 특정성을 지니지 않으므로 방언을 초월하는 모종의 특징이 있다. "애愛"는 북경어에서 ài로 읽지만 기타 방언에서는 애愛의 발음이 다르다. 그러나 한자의 뜻에서는 특정성을 지니기 때문에, 다른 방언 지역의 사람은 비록 발음이 다르더라도 애愛 자의 의미에 대한 이해가 일치하거나 기본적으로 일치한다. 물론 이 같은 일치는 근본적으로 말하자면 각종 방언이 동일한 어원에서 유래했기 때문이다. 한자는 방언에 있어서, 음은 서로 다르지만 의미는 같다는 두 가지 측면을 절묘하게 해결한다. 이렇게 다른 방언 지역의 사람도 한자를 사용하여 사상을 교류할 수 있다.

똑같은 이치로 한자는 고금古今을 소통시키는 기능도 지니고 있다. 공자孔子는 이천여 년 전 춘추시대에 살았는데, 『논어論語』는 그의 여러 가지 말을 기록하였다. 예를 들어 공자孔子는 일찍이 "벗이 먼 곳에서 찾아오면 또한 즐겁지 않은가?有朋自遠方來, 不亦樂乎?"라고 하였다. 고대한어에 대한 약간의 지식이 있는 사람이라면 이해하는데 어떤 어려움이 없을 것이다.

한자의 제자 방법은 중국 민족의 뛰어난 지혜를 충분히 드러냈다. 한자의 제자 방법에는 두 가지 차원이 있는데, 필획으로 한자를 구성하는 것은 독체자獨體字이고, 다시 이 독체자獨體字를 이용하여 합체자合體字를 구성한다. 예를 들어 오五, 구口는 두 개의 독체자獨體字이다. 구口를 형방形旁으로 하고 오吳를 성방聲旁으로 만든 것이 "오吾"이다. 오五와 구口는 음과 뜻을 지닌 사용 가능한 단위이다. 오五는 wǔ로 발음하며 숫자이고, 구口는 kǒu로 입을 말한다. 그것을 한자 구성의 단위로 삼을 때는 독음과 의미가 분리된다. 구口는 의미를 나타내며 kǒu라는 독음과 무관하고, 오五는 독음을 나타내는데 한자의 의미와는 무관하다. 이렇게 구口와 오五의 음과 뜻은 기능이 다르고 각각의 역할을 수행한다.

합체자合體字는 또 편방으로 한자를 만들 수 있다. 예를 들어 "오吾"자에 다른 형방形旁을 더하여 오浯, 오郚, 오梧, 오晤, 오麌, 어語와 같은 계열의 한자를 만들 수 있다. 형성자形聲字의 형방形旁은 확장하는 특성이 없다. 우리가 사용하는 형방形旁은 『설문해자說文解字』의 부수 범위를 유지하고 있다. 예를 들어 많은 화학용어의 형방인 석石, 금金, 기气는 모두 옛날부터 있었다. 뿐만 아니라 형방形旁은 합쳐지는 추세를 보인다. 예를 들어 저猪, 묘猫는 모두 "견犬"을 형방形旁으로 하고 있다.

성방聲旁은 확장시키는 특성이 있다. 그래서 오五→오吾→오梧식으로 계속 진행시킬 수 있다. 한자의 성방聲旁 대부분이 우측에 있는데, 많은 한자의 우측 성방聲旁의 필획이 비교적 많다. 예를 들면 박溥→박薄→박磚, 박轉, 박欂 등이다.

형성자形聲字는 한자의 대다수를 차지하고 있다. 형성자形聲字를 제외하고 합체자合體字에는 또 회의자會意字도 있는데, 예를 들면 명明, 림林, 삼森, 염炎, 조灶, 휴休, 왜歪, 루泪 등이다. 회의자會意字도 편방으로 다시 새 한자를 만들 수 있다. 눈덩이가 불어나는 식으로 한자를 만드는데 어떤 것은 필획이 비교적 많아서 우리가 사용할 때 "간화簡化"의 방법을 사용한다. 예를 들면 간체자 办은 원래 판辦이었다. 간화하여 办인데 사용하는데 매우 편리해졌다. 기타 예를 들어 징癥→症, 유齲→吁, 우優→优, 옹癰→痈, 옹擁→ 등이다.

한자는 수천 년간 사용해오면서 사용하는 지역도 매우 넓어졌다. 그래서 축적된 한자가 몇 만에 달한다.[266] 그러나 실제로 사용하는 수량은 한계가 있다. 『사기史記』에 4,971자가 쓰였고, 『홍루몽紅樓夢』에는 4,462자가 나온다. 현대한어 상용자常用者는 3,500자인데 일반 독서 범위의 99.48%를 차지한다. 우리가 만약 한자를 사용함에 있어서 모두가 벽자僻字, 이체자異體字, 번체자繁體字를 남용하지 않고, 오자誤字의 사용을 힘써 줄일 수 있다면 한자의 기능은 더욱 잘 발휘될 것이다.

도전을 받아들이고 위대한 21세기를 향해 나가자.

우리는 이미 컴퓨터 시대로 진입했는데, 이것은 새로운 시대이다. 인류의 생산과 생활 등 각 방면에서 컴퓨터의 응용으로 큰 변화가 발생할 것이다. 한자는 컴퓨터에 사용할 수 있는가? 이것은

266) 『漢語大字典』 수록 54,000자.

한자 역사상 부닥치게 된 최대의 새로운 도전이다. 문자가 생기고 문명사가 있게 되었다. 그런데 오늘날 언어문자를 처리하는 컴퓨터의 응용으로 새로운 시대, 즉 정보화시대로 나아갈 수 있게 되었다. 이 때문에 어떤 사람은 한어병음 체계를 실행해야 한다고 주장한다. 만약 그렇지 않으면 현대화의 수용에 적응할 수 없다고 한다. 그러나 보다 실행해야만 하는 것은 한자를 어떻게 컴퓨터에 응용할 것인가를 연구하는 것이다. 우리는 연구해야 한다. 한자를 사용하는 국가와 지역도 연구하고, 다른 국가도 함께 이를 연구해야 한다. 한자의 컴퓨터응용 문제는 국제적인 연구 과제이다.

병음문자는 다만 몇 십 개의 자모字母로 되어 있다. 그런데 한자는 수천 수만 개이다. 기계 처리시에 당연히 곤란한 점이 많다. 초기의 문자 기계 처리를 좀 보자. 우리의 한자 타자기와 외국어 타자기를 비교해보면 분명 훨씬 육중해서 집안에 들여놓을 수가 없었다. 그래서 어떤 사람은 우리가 타자기시대를 잃어버렸다고 했다. 한자의 컴퓨터 응용은 반드시 해결해야 하는 과제이다. 이를 위해 입력문제를 해결하려면 수천 수만 개의 한자를 컴퓨터에 입력시켜야 한다. 현재 비교적 많이 사용하는 것은 컴퓨터 코드화이다. 이는 한자를 컴퓨터코드로 전환하는 것이다. 각 한자를 일련의 부호나 숫자에 대응시키는 것이다. 현재 이미 5, 6백 종의 컴퓨터코드화 방안이 있는데 매우 비경제적이라서 우수한 것을 선택해야 한다. 한자의 컴퓨터 출력은 보다 고도의 기술을 요한다. 이를 위해 한자 데이터 창고를 만들어 한자의 자형字形 정보를 컴퓨터에 저장, 출력할 때 사용해야 하는데, 그중에 지시기능 및 타자인쇄 등의 각종 문제도 해결해야 한다. 컴퓨터의 고성능과 과학기술자 및 언어학자의 노력 그리고 한자 자체가 지닌 거대한 적응력 덕분에 초기에 성공하여 한자도 컴퓨터에 활용할 수 있게 되었다. 1986년 미국『뉴스위크』주간지에 "오래된 문자가 마침내 컴퓨터시대를 따라잡았다"는 특집 기사가 실렸다. 그 글에서는 "오랜 역사를 지닌 한자와 컴퓨터 세계의 특이한 결합은 아시아의 경제와 문화생활 구조에 거대한 변화를 가져올 것이다"라고 예언하였다. 이것은 결코 지나친 찬사가 아니다. 그렇지만 우리는 아직도 해결해야 할 문제가 산적해 있다는 것을 분명히 깨닫고 더욱 노력해야 한다. 그렇게 할 때 비로소 한자를 정보화시대의 요구에 맞출 수 있고 그에 따라 경제, 사회, 문화, 교육 및 국방 등 각 방면에서 큰 역할을 담당하게 될 것이다. 현대 기술의 도전을 맞이하여 위대한 21세기를 향하여 전진하자.

중국어 한자의 어원

漢字文化漫筆

후기

중국어 한자의 어원

漢字文化漫筆

후기

후기

1988년 홍콩의 상무인서관에서 나의 저서『자리건곤字裡乾坤』을 출판했는데,『한자문화만필漢字文化漫筆』은 바로 그 책을 토대로 전면 증보 개정한 것이다.

『자리건곤字裡乾坤』서문에서 이런 말을 하였다.

이것은 소책자로 60편의 단문으로 이루어져 있습니다. 각 편은 제목에 따라 서술한 것으로 각기 상호 연관성은 없습니다. 그렇지만 책 전체에 일관된 특징이 있습니다. 각 문장마다 모두 한자에 착안하여 문제를 토론하였다는 것입니다. 이 같은 출발점은 마치 실로 구슬을 꿴 것과 같이 흩어진 문장을 엮은 것입니다. 책의 제목『자리건곤字裡乾坤』은 본서의 취지를 드러낸 것입니다. 한자의 분석을 통하여 독자에게 관련된 지식을 소개하자는 것입니다.

본서에서 소개하는 지식은 대체로 한자, 한어 어휘, 중국문화 등의 3방면으로 구성되어 있습니다. 모두 구분이 되면서도 밀접한 연관을 지니고 있습니다. 예를 들어「개대환희皆大歡喜」편은 환희歡喜/회환喜歡처럼 형태소는 같지만 순서가 다른 어휘의 차이점을 분석하여 순서가 어의에 미치는 영향을 설명하였습니다.「고대의 천장과 토장」은 전서 '장'자의 분석을 통해서 상고시대 천장제도가 존재했으며 묘와 분 두 자를 분석하고 토장제도의 변화 발전을 소개하였습니다.「용의 어원, 고문자 탐색」에서는 갑골문甲骨文의 용자를 소개하고 3천 년 전 은상시대의 용자와 그 문자가 나타내는 의미를 탐구하여 중국문화사상 중요한 현상인 용 숭배에 대해 설명하고 그 근원이 자연현상인 구름의 숭배에서 유래하였다는 것 등을 밝혔습니다. 본서는 한자의 분석을 통해 중국문화에 대한 지식을 소개하고 있습니다. 비록 편린에 불과하지만 내용이 상세하고 믿을 만하며 성실히 집필하였으므로 독자께서 얻으시는 바가 있으리라 생각됩니다.

　현재 문자와 한어 어휘에 대한 지식을 소개하는 데 속한 17편을 삭제하고 새로 17편을 보충하였다. 그밖의 각 편 대부분도 수정 보충한 것인데, 어떤 것은 거의 다시 쓴 것에 가깝다. "한자의 분석을 통해 중국문화를 소개하자"라는 것이 1988년에 내걸었던 집필 요지이다. 이번에 수정하여 책의 제목을 『한자문화만필漢字文化漫筆』로 고치고, 집필 의도를 더욱 명확하게 밝혔다. 즉 한자의 형形·음音·의義의 분석과 한자의 응용을 통해 중국문화를 탐색하자는 것이다. 각 편의 내용을 보면 논한 내용은 다르지만 각기 중점이 놓여있음을 보게 된다.

　본서를 출판함에 특별히 여숙상呂叔湘 선생님께 감사드린다. 내가 『자리건곤字裏乾坤』을 드린 후에 나는 선생님께서 몇 페이지만 보셔도 크나큰 영광이라고 생각하였다. 나중에 선생님께서는 책 전체를 보았다고 하시고, 또 내게 좀 더 써도 좋겠다고 격려하셨다. 최근 신문 잡지 등의 간행물에 원고 약속을 받고, 다시 한자문화 방면의 글을 몇 편 썼는데 비교적 좋은 반응을 얻었다. 그래서 나는 『자리건곤字裏乾坤』을 대대적으로 수정 보충하여 『한자문화만필漢字文化漫筆』을 출판하게 되었다.

　1957년 내가 북경대학 중문과 3년 재학 때, 여 선생님은 우리에게 『마씨문통馬氏文通』을 강의하셨다. 깊고도 예리한 분석, 심오한 내용을 알기 쉽게 표현하며, 강의 중에는 언제나 생동감 있는 비유를 삽입하여 수강의 즐거움을 만끽하도록 하셨다. 30여 년이 지나서도 당시의 모습이 눈에 선하다. 그날 이후로 나는 선생님의 문장을 보기만 하면 즉시 학습해야 즐겁고 또 안심이 되었다.
이것은 소책자인데 내가 늘 존경해온 여 선생님께서 서문을 내려
주시니 감사와 부끄러움이 교차하고 어깨가 무거워짐을 느낀다.
나는 내 자신의 연구와 집필에 더욱 분발하고 있다. 전문가와 독
자의 아낌없는 지도편달을 충심으로 환영하는 바이다.

曹先擢
1992년 봄 北京大學 中關園에서

저자

著者 : 曹先擢

1932年 中國 浙江 長興 生
北京大學校 中文科 卒業
北京大學校 敎授 歷任
中國社會科學院 語言文字應用硏究所
中國辭書學會 名譽會長
『新華字典』『新華詞典』
『現代漢語詞典』編纂·修訂 等

著書

- 『通假字例釋』
- 『字裡乾坤』
- 『漢字文化漫筆』
- 『古代漢語講授綱要』(共著)
- 『古代詞書講話』
- 『八千種中文辭書編目提要』(主編)
- 『漢字形義分析字典』

譯者 : 宋康鎬

高麗大學校 中文科
高大 大學院 中文科
高麗大學校 哲學科
韓國學中央硏究院 韓國學大學院
高大 人文情報大學院 中國語飜譯學
高大 民族文化硏究院 中韓大辭典 編纂室
최근 淸史滿文史料硏究會에서
康熙朝 奏摺과 『滿洲實錄』 등
滿洲語 文獻을 번역하고 있다.

論著 및 飜譯

『만한합벽삼국지』
「『淸文啓蒙』의 滿洲式 漢語에 대한 考察」
「北京語의 滿洲語 基層 硏究-청대 북경어의 언어접촉」
「『老乞大』의 원진찰 장면 분석-『淸語老乞大』를 중심으로」
「『祭祀全書巫人誦念全錄』圖說 譯註」
「三田渡 大淸皇帝功德碑의 硏究」 등

중국어 한자의 어원

초판 인쇄 | 2011년 7월 1일
초판 발행 | 2011년 7월 5일

저　　자　조선탁(曺先擢)
역　　자　송강호

책임편집 홍선아

발 행 처　도서출판 지식과 교양
등　　록　제2010-19호
주　　소　132-908 서울시 도봉구 창5동 320번지 행정지원센터 B104호
전　　화　02-900-4520 / 02-900-4521
팩　　스　02-900-1541
전자우편　kncbook@hanmail.net

인 지 는
저 자 와 의
합 의 하 에
생 략 함

ISBN　978-89-94955-27-8　93720　　　　　　　　　　　정가　14,000원

이 도서의 국립중앙도서관 출판도서목록(CIP)은 e-CIP홈페이지(http://www.nl.go.kr/ecip)에서
이용하실 수 있습니다. (CIP제어번호: CIP2011002730)